语林拾薪

言耕笔犁教语文

岳国忠 著

吉林出版集团股份有限公司

图书在版编目（CIP）数据

语林拾薪：言耕笔犁教语文 / 岳国忠著. -- 长春：吉林出版集团股份有限公司, 2022.9

ISBN 978-7-5731-2240-7

Ⅰ. ①语… Ⅱ. ①岳… Ⅲ. ①中学语文课—教学研究—文集 Ⅳ. ①G633.302-53

中国版本图书馆CIP数据核字(2022)第173227号

语林拾薪　言耕笔犁教语文

YU LIN SHI XIN YAN GENG BI LI JIAO YUWEN

著　　者　岳国忠
出 版 人　吴　强
责任编辑　刘东禹
开　　本　710mm × 1000 mm　1/16
印　　张　16.75
字　　数　250千字
版　　次　2022年9月第1版
印　　次　2022年9月第1次印刷

出　　版　吉林出版集团股份有限公司
发　　行　吉林音像出版社有限责任公司
（吉林省长春市南关区福祉大路5788号）

电　　话　0431-81629667
印　　刷　三河市嵩川印刷有限公司

ISBN 978-7-5731-2240-7　　定　　价　68.00元

目 录

自　序

登高自卑　达己度人

——回眸二十年语文教学专业之路

岳国忠

我自乡野发蒙入学，而登三尺讲台，由读书而教书，栖身讲台，舌耕未辍，笔犁不息，教书育人，谋得稻粱。

一路跌跌撞撞，侥幸撞进省城，“农的传人”远离乡土稼穑，美其名曰“侨居”蓉城，“土著”虽乔装“侨胞”，却深谙居“蓉”不易。毕竟祖宗八代熟稔农事，无不四体勤健，五谷历分，恪守务农深耕传家之道；而今我辈“中道”辍耕，颇有憾焉。如此绝非刻意逃离稼穑，甘为“四体不勤、五谷不分”之徒。虽远离稼穑做了“不肖子孙”，家族反倒沾了点“耕读传家”祖训遗泽——发蒙入学而得启蒙，由小学而中学，由中学而大学，经诸位老师鞭策，受无数考试考验，与读书人为伍而终究忝列识字人之列，终得填补祖训“耕读传家”中，若十世代“耕实”而“读虚”之空白，也算不曾辜负远祖的一片苦心。

父辈耕得其“实”，我方读得其乐。因读书而教书，教得其乐觅稻粱，因教书再读书，乐获生趣促长进。读书教书，书卷文墨，濡染光阴岁月；教书读书，舌耕笔犁，品咂多味人生。

蓦然回首，匍匐于语文教学之路，已然廿载有奇。虽孜孜矻矻百般求索，泥途曳尾复走复停，愁染双鬓华发已生，憾乎久觅捷径而未得津梁。然欣逢时贤俊彦扶掖，同行翘楚引领，故丝毫未敢有所倦怠，深恐以己之昏昏而辜负师朋道友殷勤，蹉跎学子青春韶光，毁其大好前程。故以登高自卑、达己度人为安身教坛、立命讲台之准绳，务读书为文之本，授课解惑以导生——语文学习，老老实实读书；语文教学，认认真真教学，不敢稍有怠惰也。

我自幼便不曾“了了”，于师友心目中，“聪明”二字，素非我所属。故常自勉自励，以为“大必定佳”，惜乎马齿徒增，今虽老大亦不曾佳。多年读书，渐呈皓首之态，非但“老大”未成“佳人”，反倒厕身“短视”之徒——鼻梁上悬厚重镜片，徒增头颅负担，不胜其苦也。所幸读书时始终坚信，书，善读者医其愚、救其失；教书中时常自省，书，善教者启人思，长人智。愚钝如我，欲医其愚，唯有勤读书、善思考，方可化愚增智。

教后知困。若得闲暇，便囫囵翻阅语文学科教学、课程教学论、文学、语言文字学、教育哲学、美学、文艺学、历史类书籍，旁涉书法、摄影等书籍，欲以此丰富见识，拓展精神视野。尽管翻阅之后未能深谙书中要义，权且装潢门面以壮胆识。所幸一路跋涉，欣逢同行翘楚开我蒙昧，指点迷津，便勤学于诸君师友，博观约取，强基固本，增强自身语文素质，增长自身学科素养，丰厚自身人文素养，为语文教学，借得一抹春晖，烛照心头幽微。希冀良师益友朗朗春晖，众智慧我，一扫我心头愚昧，引领我追求语文课堂之“味”：有语文味、文化味、生活味、人情味，有学科魅力吸引，有思维活力舒展，有文化内涵滋养，有市井气息氤氲，有生命情意涌动……诚如是，则可谓有道而正焉，便无往而不至，教学不亦乐乎？人生不亦快哉？！

尝试研读、理解高（初）中《义务教育语文课程标准》，广泛阅读文本解读理论、先贤名家的语文教学文章，聚焦于厚实学生的语文学习基础、拓展学生的语文视野、提升学生的语文学习素养，尝试基于课堂教学的文本解读研究，以选择、重构适切学生、适切文本的教学内容，厘定适切学生的教学重难点，聚焦语文学科核心能力、语文核心知识，优化学习环节，优选学习方法，尝试创设课堂活动，以发挥教师主导作用，确保学生主体地位，调动学生上课参与积极性，提高课堂教学效益。

多年的初、高中语文教学实践，着力探索“文本的教学解读与语文学科教学”这一问题，围绕“不同体裁的教材文本如何转化为教学文本”这一主线，不断加大学习力度，拓展自己的文本解读视野，增强文本解读能力；深入思考学习，深化思想认识，在操作方法上去蔽遮，撰写学科主题（专题）论文；根据教学文本的特质，围绕不同体裁的文本，完成基于教学的文本解读、教学内容选择及重构的案例研究，在散文、古代诗词、文言文、古今小说等不同文体教学的文本解读方面，就文本体式、文本意识、问题意识、学习活动、学法指导等，撰写文本解读案例，解读设计教学，基于设计开展教学并形成教学实录，在此基础上，初探不同体裁文本的解读基本切入点、教学设计的创新点，生成教学设计及实录的新颖点。

常积跬步，认知亦日渐清晰。初步建构了“个体真实阅读，初读有悟—基于阅读经验，展开思维碰撞—教师相机点拨，突破疑难释疑解惑—反思归纳小结，拓展阅读延伸”的“读—思—议—启—省”的教学模式，形成了“读、思、评、写”的推进策略；在教学中非常注重“基于对话的教学创生”，在预设的基础上，引导学生积极思考，获得教学的生成体悟，逐渐形成了基于“对话”理论的创生教学个性。

育人先育己，读写思相携。语文教师读书原为本分，语文教师写作更是必需。于是忙里偷闲，寄情文字世界，为单调而惯常的工作平添一点别样的滋味；填补生活空白，为自己的生活增添一抹希望的亮色。教学之余，我乐享阅读之趣，且读且思，笔耕不辍，以读促写，追寻阅读的真趣，丰厚自我的教育认知，努力在阅读的世界里，构建语文教师自我的精神空间。

一路匍匐，在研究课、赛课、论文撰写、教学设计、教材文本解读等方面所做的尝试有了一点收获，便诉诸笔端，形成并发表了一些小文，以此不断梳理、总结自己的教育教学，鞭策自己拾薪于语林而有柴火可取。幸得时贤抬爱扶掖，曾参加省、市级的语文学科赛课活动并小有收获，也曾积极参与课题研究，在省、市级教育教学成果评审中沾溉雨露。语林中所拾掇之禾薪，历时半载，束而成捆，柴火初成，拾薪献芹，贻笑方家。

窗外阳光烂漫，春草新绿，柳絮殷勤，生气日新。然不惑已往，半百相逼，生有竟日，学不可已。更待时贤引领，同仁帮扶，以期觅得金针度我度人。我将蹇驴奋蹄，观书医愚，达己度人，达人成才！不负韶光，不负学子，以此快慰吾心。

匍匐于语文教学之路，我将一如既往，携手人文经典，在文字营造的世界里追寻人生别样的真趣，不断丰厚自己的人生底色。润根向光，向善向上，言耕笔犁，不枉余生。

谨以为序。

岁在壬寅正月人日

第一章 管窥语文 概览语林

何为语文？语文在不同的学科里有不同的所指。“语文”二字，单看字面，语文之“语”，意为“自己及他人的言论”，通俗理解就是说话人说话时所运用的语言，“文”意为“文字”“书面言论”。“语文”二字连用，意为自己及他人的言论与文字。语文又可以是口头语言和书面语言的简称，还可以是语言文字或语言和文学的简称。

作为基础教育课程体系中的一门教学科目，《义务教育语文课程标准（2011年版）》认为：语文是最重要的交际工具，是人类文化的重要组成部分。工具性与人文性的统一是语文课程的基本特征。其教学的内容是言语文化，其运行的形式也是言语文化，教学内容和运行形式均为“言语文化”。为此，本章聚焦作为教学科目的“语文”，从“言语文化”这一点切入，理解“语文”的教学内容和运行形式。

第一节 习语达己：我的语文教学认识观

一、携手语言与人，和美共生

（一）“和”：教育目的与手段，教学过程与效能的整体统一

语文，着力追求“语与言”“语与文”“文与言”“人与语文”的和谐。

“和”，作为中华民族精神品质中不可忽略的核心词，自古洎今，都闪耀着迷人的光辉。《论语》中孔子云：“君子和而不同。”和则利生，和则智融，和则共进，和则玉成。

我们所追求的“和美”语文教学，“和”既是目的，也是手段；“美”既是愿景，也是表征。我们渴望语文教师所教与学生所学，都聚焦“和美”，努力探索，以期臻于至美至善。师之教与生之学，过程中追求和融共生，效果上追求和润雅行，达己度人。教师和学生依托语言文字，探识文脉理路，涵泳品味意蕴，识美审美创美，实现语文学科的化育功能，追求师生生命的和润之境。

（二）“和”：因语而和，因文识美，“语”“文”相辅相成

和悦求诸内心，学习情绪愉悦；和雅追求外显，学习修养行为。“身”与“心”相和谐，“和”最终达成，需要彼此之间求得共识，心气相通，意气相投，情意相携。为此，师生教学相长，追求教学内容与实践主体的整体统一。

1. 理解“语”“文”内涵

“语”：《说文解字》中解释为“语，论也。从言，吾声”。《广雅》中解释为“语，言也”。动词：谈论，议论，读音yù。名词：言论，言辞，读音yǔ。“文”：《说文解字》中解释为“文，错画也。象交文，今字作纹”。

我们在语文学科教学视阈中理解“语”，还可以是语言、语体、语篇、语义、语境。“语”，左言右吾，“我”表达我的内心、我的发现。“文”，可以是文体、文章、文学、文言、文化。“语文”，言语交流、以文化人，是求“和”、生“和”、维“和”的手段。“语文”不但要会交流，还要交流出内涵，交流要有层次，表达要有品质。

2.“语文”贵“悟”，画像自我生命

已知语文何谓，语文教师更应认识自己，在思悟中为自己的生命画像。

“悟”由吾心，从“心”从“吾”。翻阅字典可以发现，从“心”或“忄”的字很多，譬如“思”“想”“忐”“忑”“怒”“怨”，譬如“惊”“惧”“怕”“愉”“快”“悦”，等等。横着的“心”，也不全是积极情绪的美好愉悦，有自然安宁，也有消极情绪；竖着的“心”，可能表达的是轻松，或者是紧张情绪。

“心”的摆放位置不同，会带来不同的情绪体验。“心”竖着，有紧迫感或宁静美；“心”横着，有安适度或消极感。

作为语文教师，面对教材、学生、文化、生命、思想、灵魂，一个个、一届届鲜活的生命，我们这颗“心”不能只安放于考试的旁边，这或许对学生现实分数能有几分贡献，但这又难以支撑起学生的未来生命；不能只安放于静态沉默的课本，这或许有助于学生背诵记忆大量的知识，但这样的填筑又难以激活学生个体生命的潜能；更不能摆放在功名利禄的天平，这或许能换取几枚闪耀着金光的钱币，赢得赞誉和美名，但这样的交易又很难去哺育和引领学生高贵的灵魂。

作为语文教师，我们应该明白，语文核心素养中的“语言、思维、审美、文化”，宛如天之四维，足以支撑起我们语文学科天空的精神穹顶。在这一方精神穹顶之下的我们，自个儿精神的天宇中必须牢牢系住这四维，心中明白敞亮；我们教语文，得以有点语文人的“样儿”这一追求来激励、鞭策自己。唯独有这个“样儿”，才能主动支撑起我们通向至善人性的大道和远道。

作为语文教师，我们应该重视“语词”，以“语言”和“言语”支撑我们写就教育生命的诗篇。我们运用烙上了自己生命色彩、个性符号、气质涵养的语言，去表达我们的发现和收获，去言说我们的生命感悟，去彰显我们的生命气象和人格特质。正是在“语言”和“言语”的支撑下，我们散发出语文教师应有的风采，这时我们才能自豪地说，我们是一名“语文教师”，而非一个“教语文课的人”。

我们应该清醒，我们确实是在教语文课，而我们又不只是在教课文。我们的教学中应该有文化的底蕴，有文明的精神，有思想的唤醒，有道义的传承。我们要通过自己的语文课教学，不仅仅教学生学习一篇又一篇的课文，我们所教出且必须教出的，应该是带有我们生命底色的精神世界。

3.因和而雅，因和悦兴，因和雅行

在语文学习过程中，追求学习者的“四和”——学习者与语言文字的和意、与自然环境的和律、与自我心灵的和悦、与社会大众的和谐，习得“和雅”语文，乐享“和雅”人生。

与语言文字的和意：意气相同、合情合意。积极汲取文字中的生命智慧，不断丰厚自我的生命内涵；汲取语言表达的多样形式，丰富自身生命表达的形式。

与自然环境的和律：情意相携、识美创美。积极运用语言表达自我的发现，眼观体察身触，五官体触自然。积极运用语言表达自我的情意，心音共情共鸣，识美审美，表达美创造美，美美与共。

与自我心灵的和悦：学以达己，学以化人。为师者因语文的涵养和颜悦色，心平气和，和蔼可亲；为生者因语文的滋养和和美美，气韵相谐，求学常沐春风，和悦秀雅，和合雅行。

与社会大众的和谐：学以致用，学以惠人。因语文学习而和光同尘，拥抱一种不露锋芒、与世无争的处世态度；因语文学习而和衷共济，与他人同心协力，共同克服困难；因语文学习而和平共处，修身齐家治国平天下。

4.因和识美、因和生美、因和美行

“润根厚积”携手“向光致远”，师生乐享和美人生。语文教师以爱心滋润学生心田，引领学生通过触摸语言文字，崇善、识真、尚美、求新，点滴润根，把学生引向有光的人生。

润根厚积，重视语言形式和内容的点滴积累，带领学生触摸语言现实，搭建语言大厦的基石，于丰富的文本阅读、“我手写我心”的心灵言说过程中，穿行于言语的丛林中搜罗语言、思想宝库的奇珍；在语言的文本富矿中挖掘语言的异宝，不断丰富语言的感触、认知、体悟，不断积累语言运用的方法，培育学生的语言素养。以语言为弦，拨动学生青春心韵的律动；以语言为翼，舒展学生灵动思维的羽翼。

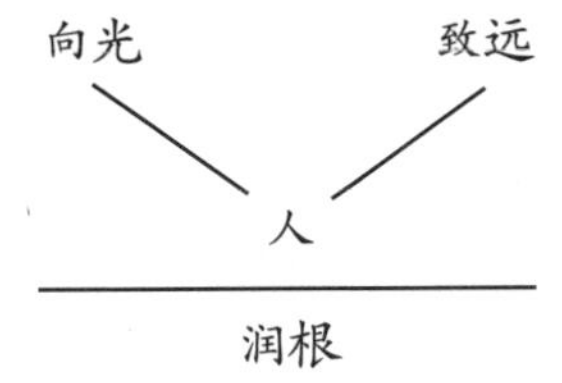

因和生美——润根厚积、向光致远

图1-1 语文滋养人生

向光致远，注重思维激活、思想引领、审美熏陶，引领学生寻觅语文之光，憧憬人生之光。在语文的天地里，启迪心性、润泽心灵，憧憬美好、建构自由灵动的精神家园，寻觅人生之光。

二、语文同频生活，语言天地，文化古今

天地有大美而不言，人情练达即文章，世事洞明皆学问，无一不启示我们，如果拥有一双善于发现的眼睛、一颗敏感细腻的心，与天地精神相往来，精骛八极，心游万仞；一花一世界，一叶一菩提；自然包容着无限神奇的密码，诗意、哲思、审美、瑰丽……难以言说处，处处有语文。人生处处皆学问，生活处处有语文。生活里，有语文难以穷尽的奥妙；语文中，有生活难以企及的无垠。语可言，言天言地，心骛八极，目穷万里；文可化，化古化今，神在骏奔，思接千载。

社会生活的方方面面，也都离不开语文。日常生活中，张嘴说话，良言一句三冬暖，恶语伤人六月寒，是语文；亲朋之间，书信往来，互通消息，是语文。编短信，发微信，离不开语文；读书看报，听书观影，离不开语文；公文写作，发言报告，离不开语文；事务谈判，文学创作，离不开语文；起个网名，取个姓名，需要语文；商标冠名，宠物取名，还是离不开语文。语文和生活，是天然的兄弟，如影随形，密不可分。学以致用，是基本；学以妙用，显水平；学以智用，增素养；学用自如，集大成。

三、语文律动生命，语文在场，生命焕彩

语文，与生命结缘，伴生命远行。生命中，因有语文做伴，平添人生乐趣；语文里，因为生命在场，个性异彩纷呈。我们渴望，作为语文人的生命

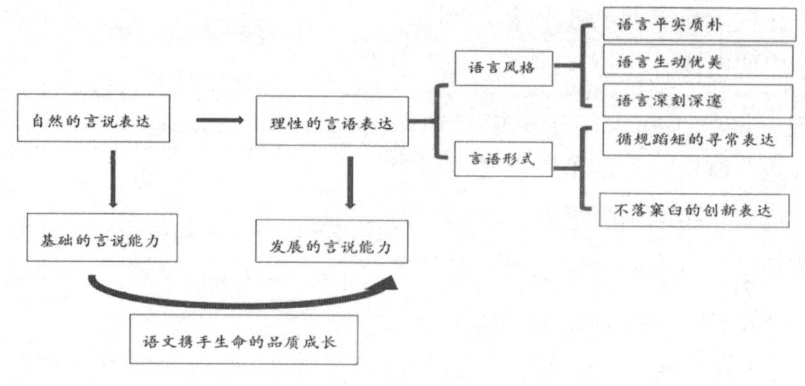

图1-2：语文携手生命成长

里，因语文而添彩生辉。

博观而约取，厚积而薄发，慎始而善终。语文生命的生长过程，需由大量的阅读支撑起精神大厦，而自主阅读，又是将自我与书中的文字、与社会生活的点滴、与自然万物互通声息的精神交流。

语文教师，亲近阅读、海量阅读，天经地义。阅读对于语文教师成长的重要意义不言而喻。教语文者，必先读“语文”。读语文，不能仅仅局限于读语文课本、语文教学教参用书。只有找到语文教师专业发展的“一”，才能“一生二、二生三、三生万物”，觅得语文教学的“道”。一即是多，多即为一。“读书”之读，此为“一”，有此“一”方能有“多”。腹有诗书气自华，语文教师读书养气，读书怡情，读书启思，读书涵养性灵，追求以少总多，以简驭繁。功夫在诗外，强调（自我积淀）内化习得。

语文之新，就在这样的读书、读文、读人、读天、读地、读万物的过程中，慢慢洇染开去，把自己的语文气质传递出来，把自己的语文心音传递给学生，把带有个人生命体悟的个性化情意风神传递给学生，沿着语文教师自己所寻觅到的方向，执着思考，积极探索，执着前行，不断优化，便成就了自己语文的鲜活。

语文之大，就是在“千淘万漉虽辛苦，吹尽狂沙始到金”的漫长熬炖中，蒸发尽水分，淘漉完杂质，在金与石、水与火、物与我的相互洗礼过程中，在语言文字丛林的迷茫、触动、开悟、突围、识新、创美的过程中，在语文教师自我的情志修为与书本中，大千世界的对话交流过程中，发人之所未发，言人之所未言，琢璞成玉。

四、语文辉映人生，顺势成长，应时长成

语文为生命添精彩，人生因语文而丰盈。语文携手成长，是对自己的尊重。名师也不是自然而然长成的，而必须是炼成的。百炼成钢、破茧成蝶、百折不挠、坚韧不拔、持之以恒、锲而不舍、孜孜以求、海纳百川、转益多师、虚怀若谷、诚恳友善、知恩图报等词语，都可以说是他们共同的特征。这也启示我们，语文教师的专业成长，是对自己专业的尊重，更是对自己生命的尊重。

亲近阅读，勤于阅读，持之以恒。在阅读的世界里，种下一颗求真、向善、尚美的心灵种子。以阅读对抗生命中的坚硬和孤寂，在阅读的世界里收获见识、明白事理。从阅读中汲取广博的知识，洞察为人处世的道理，丰厚自己的精神底蕴，丰富自己的人文情怀，提升自我的处世格局，明亮自己的精神气象。通过阅读，垫高自己的灵魂高度。在阅读中，感知不同作家、不同作品的语言风格，汲取不同作家的人生态度、性格修为、思想、理想与情怀。在阅读中，通过与文字的亲近，培育自己对语言文字的敏感性；通过与作者的对话、与作品中人物的对话，丰富自己的心灵，厚实自己的思想，磨砺自己的生存意志，培育自己的悲悯情怀。

主动思考，积极探索，锲而不舍。在思考的世界里，描摹出自己作为语文教师的“样儿”。要比较确切地描摹出自己心中渴盼的那个“样儿”，空想只会徒劳无益。在阅读的基础上，面对实践中的困惑和迷茫，要主动思考，经过自己的思考之后，再去尝试做一点点探索和改变，在阅读积淀、思考孵化之下，经过主动实践检验，逐渐把自己心头的那个“样儿”，一步一步地呈现在自己的学生、同行、老师面前，最后，让那个“样儿”堂堂正正地站到自己面前。

语文教师自己的专业成长，肯定主要是他自己的事。“成长”，可以是自然的过程。活着，生命就会向前推进，这是自然的过程，而能否在“长”中有所“成”，能成为什么样的自己，全在于自己的选择。毕竟，成长，是对自我存在的一种尊重！善于找寻自己生命成长的新动力，找到了差距，看准了方向，就开始行动。有所为，必有所不为。自己可“为”为何？“不为”为何？在思悟的过程中，一次次认清场中的甚至场外的自己。再回到自己的语文

课堂，与一帮鲜活的生命徜徉于语文的广袤原野。之于我所教的学生、之于我所教的语文，我须用我的语文生命去影响学生的语文生命，用我自己的语文印记——“阅读”“积淀”“思考”“写作”“研究”“创意活动”，为学生的语文学习留下一点“语文学习”的意义。

第二节 以文化人：我的语文教学实践观

一、语文学科教学的整体构想

（一）语文学科教学的认知起点

语文教师的专业成长，需要有自己的教学见地和主张。依托自我对文本的深度解读，于深度解读中触碰文字，探寻情思，把握文脉，挖潜意义。筑牢文本解读的坚固基石，建构起语文教学大厦。

激活解读思路，探寻深度解读的路径，寻觅好课的标准，教学设计觅新径，觅曲径，觅妙径！提升专业高度，厚实学养。追求“宽、博、活、达”，探寻文字中蕴藏的“厚实、扎实、真实、朴实”！

“宽”：厘清价值取向，开阔视野，舒展目力，开展内涵丰富、具有意义的阅读；挖掘文本内涵，发现阅读意义，明晰理解态度，丰富感知程度。

“博”：夯实阅读过程，阅读从容展开，充分对话。追求从容舒展，注重理性沉思，追求智慧发现，思维深度沉潜。追求读者与作者、与文本、与自我心灵在文本这一独特的场域中的心灵的交互和吸纳倾吐。

“活”：进阶思维层次，阅读精研精思、价值导引。改变随机提问的方式，走向“价值性置问”，追问掘问，通过精读精思、精研精解，发现作品的深度价值，实现思维进阶。

“达”：追求成果显影，阅读深思慎取，读出自我。解决阅读指向，探幽文本而不囿于文本，指向阅读者内心，不断提升阅读者能力，丰富阅读者情感体验和哲思感悟。

（二）围绕言语实践与运用，促进师生言语实践能力的有序提升

体认《义务教育语文课程标准（2011年）》，把准“教”的方向；厘清“课程目标”，抓实“教”的内容；明晰落实“课程内容”，聚焦“评”的核心，培育发展“核心素养”。

聚焦语文学科教学核心要素，科学、务实地开展教学研究。以学科核心素养培育为本，选择与重构“教学内容”；以学科核心能力发展为基，锤炼与深耕“课堂教学”；以学科核心能力发展为准，问诊与优化“教学评价”。

二、语文学科课堂的建构依据

从四个方面推进教学基本要素支撑下的课堂教学深耕。

（一）立足语文学科教学的文本解读

着力“定篇”解读，聚焦散文、古诗词、小说、文言文四类文体篇目的选择；挖掘文本的教学价值，为教学内容做足准备。

（二）基于文本解读的学科教学内容选择与重构

厘定教学内容选择的边界；确立教学内容重构的基准；提炼学科教学内容选择与重构的基本策略。

（三）基于学科教学内容选择与重构的教学设计

观照教学设计中教学内容选择的“少”与“多”，教学实施中教学环节取舍的“泛”与“精”，教学评价中教学评价导学的“点”与“拨”。

（四）基于教学设计的同课异构与文体教学建模

着力同课异构，探究基于学科核心能力培育的“同”文本素材中的“异”能力指向；基于学科核心能力培育的“同”文章体式中的“异”能力层级；开展教学建模，探究基于教学实效达成的“同”实施路径中的“异”教学风格。

三、语文学科教学的思行实践

（一）我思故我在，善思方知味

帕斯卡尔认为，人是一根能思想的苇草。子曰：“学而不思则罔，思而不学则殆。”《说文解字》：“思，容也。从心，囟声。凡思之属皆从思。”思想，彰显人的伟大。人，全部的尊严，就在于能思、会想。可见，“思”是人之为人特有的属性。思想包容万物，可在有限中望见无穷。

语文学习，离不开“思”。《普通高中语文课程标准（2017年版2020年修订）》中语文的“学科核心素养”便有“思维发展与提升”这一维度。为此，语文教学，要着意于培育学生的思维能力，养成勤于思考的习惯，促成思想的发展提升。思维、思考、思想三“思”相携，着意于“思”，激发学生动眼、动嘴、动手、动脑、动心、动情，听、说、读、写、思，多向活动，“动”则生慧。着意于“思”，善于类比、整合、迁移、化用，既要能“入得书”读出滋味，更要能“出得书”道出奥妙。思行结合，行稳致远。

（二）我行故我在，乐行期有获

语文教学，道阻且跻，行者能至，行则致远。“行”，或步履所及行万里路，或目力所及读万卷书，或心向往之潜心静思；“行”，或知行合一，读写结合，教阅读则爱阅读、广阅读、乐阅读、善阅读；教作文则思作文、常著文、乐为文、善作文。语文教学，需建构客观实际与理性抽象之间的桥梁；建立感性认识和理性思考之间的联系。善于将抽象的言语词汇转化为生动真实的现实场景；将生动真实的自然风物抽象为凝练含蓄的优美词语。引领学生，实现知识“输入”与能力“输出”之间的思维转场。

教学坚持使用“批注”这一学习方法，引领学生走进语言的殿堂。从“听、说、读、写、思”多个层面，培养学生的学习习惯，指点学习方法，提高学习能力。以“批注”撬动“一篇文”乃至“整本书”，开展批注教学研究，引导学生从“不动笔墨不读书”走向“勤动笔墨真读书”；强化品读经典，加强方法指导，既关注“批注”方法，更着意“批注”内容，精选批注点，搭建批注阅读的“脚手架”；引导学生就“手法运用、语言赏析、情感意义、审美感悟、内容概括、仿写启思”等多个方面进行批注；以读促写，读写结合，引导学生坚持练笔，每日坚持一段小练笔，语海探珠，日有所积。

（三）我手写我心，笔耕彰其品

语文教学，注重培育学生的语文实践运用能力，发展学生的语文学科素养。引导学生积极参与“言语实践”，丰富情感体验，丰厚生命底蕴。“会听、能说、爱读、善思”固然重要，“乐写”亦不可舍弃。“说”与“写”同为表达，“写作”更让心灵尽情展翅。

以读促写，引领思绪再往前飞几米：以读促写，结合课文开展诗词仿创、对联拟写、文言习作、课文续写、文本改写、课本剧编排演等写作实践活动。

畅游于听、说、读、写、思的语言王国，开展语文综合实践活动：引导学生有话好好说，把话说好，开展“总想对你说”口语交际活动，从口语表达内容的选择、情境选择的适切、实践方式的优选、情感主旨的体悟等角度，引导学生思考如何有意义地沟通，有品质地表达。

开展“音画同期声：乘着歌声的翅膀”音乐赏鉴会，精选歌曲，带领学生听音乐、品歌词，感受音乐的旋律，想象音乐中的画面、故事，激活学生的想象力，培育学生的口头表达与书面表达能力。

开展“聆听四季密语：走近春夏秋冬”游览活动，走出课堂，走出校园，走进大自然、博物馆，引领学生与江河湖海、岭峰岫峡、日月星辰、花草树木、飞禽走兽、云霞霓虹等自然万物对话，与文物宝藏、名胜古迹、历史遗址对话。读静态的文字，读动态的生活，读市井烟火气，读人间百业风。

（四）夯实专业基础，增强专业素养

第一，博观而约取，不断增强自身的学养。读书为治学之基础，广泛读书，扩充自己的眼界和知识面，于博览中博采众长。在阅读中集中目力，聚焦主体，不断优化自己的思维方式，不断扩充自己的知识面，不断丰富自己的知识储备，努力让自己的知识结构变得立体而有序，让自己的思维结构变得轻灵而多维。

第二，深思而慎取，不断激活自身的储备。阅读中不只是泛览，不只

是带着功利心去求得“速成”。在阅读中，带着自己的头脑，去思考，去辨析，去取舍，去整合，于读中悟，在悟中取，运用自身已有学力、知识储备对文本内容选择与重构，进而读出自我的人生体悟，找寻并建构适切于教学的文本内容，并将这些带有生成性质的教学内容与文本中所蕴含的传统文化底蕴进行联系，与时代精神、文化文明进行联系，深度挖潜文本的教育、教学价值，实现知识的传授、思维的培育、能力的发展，既能依托文本求真，也能利用文本审美，更能立足文本实现教师自我、学生的语文素养乃至人文素养、发展素养的整体提升。

第三，融合与创生，不断提升自身的课程建构力。语文教师，不应是教练，只会指导学生去考试，会考试；也不应只是教员，只能运用语文教材教学生学习语文；他还可以是风景的寻觅者，光亮的指引者，思维的开导者……

他会借助“语文”这一扇窗口，带领学生去仰望窗口之外的宏大天宇、广袤原野、灿烂星河、高山流水、绿树红花、飞瀑悬泉……

去聆听鸟兽虫鸣、鸡鸣犬吠、虎啸猿啼、马鸣风萧、车声汽笛……

去呼吸繁花馥郁、泥土芬芳、稻麦清香、幽兰吐穗、硕果飘香……

或带领学生从一扇已知的窗口去寻觅另一扇甚至很多扇不同形状、格调、位置、材质、方位的窗。更期待自己能够从书本中、生活中去发现、去提取、去凝结语文学习的素材，并融入自我的人生体验、生命感悟，去创生有益于学生语文素养提升、有鲜明的自我个性、有生命理性、有学识高度的语文课程，进而引领学生在学语文的过程中，不断丰富自身的人格，丰厚自身的学养，提升自我的素养。

第二章 细读深耕 觅径拾薪

语文教学，不仅是一门科学，崇尚“求实”；更是一门艺术，追求“审美”。阅读教学更可被视为艺术中的“艺术”。文学类文本中的散文、小说、诗词以及文言文，作为初中语文教材阅读内容的重要组成部分，其教学更是需要在尊崇科学的基础上探究、追求其艺术性。

散文、小说、诗词、文言文等文体自身题材内容丰富，表达方式自由多变，情感价值丰富多元，表达作者在时代语境中的独特情感、个性思想、人生感悟、价值诉求，带有鲜明的时代性和独特的个性。因此，散文、小说、诗词以及文言文等文体的阅读教学，在新课程教学的理念诉求中应着力建构散文、小说、诗词以及文言文阅读教学的审美化路径，不局限于教会学生求真，更应带领学生立足文本，通过感悟去识善、明理、尚美，这样才可能有效解决阅读教学“教得真”“教得实”“教得好”的问题。

第一节 观念牵引方法，为教善知出入

一、思维一转天地宽

对于新时代背景下的语文教学，语文教师应该转变一种观念——从教学生学习学科知识，到教学生习得学科学习方法，教学生学会主动有意义地思考，主动运用语文学习的思考方法去感受语文、理解语文、欣赏语文，而不是一味地将书本中已有的“是什么”“有什么”等知识点找出来，搬到课堂中灌输给学生，更不是直接从名目繁多的各色参考书中“搬运”那些数十年来都不曾改变的“中心大意、段落结构、写作手法、语言特色”等陈述性的知识条目；而应教学生认识程序性的知识，更要善于运用明确的策略性知识帮助、引领学生建构有着自我生命印迹的学科学习知识树。

教师在日常教学活动中，应对学生积极施以方法的引领、思维的启迪，用源头活水激励、帮助学生的知识树向光、持续健康地生长；教会学生抓住文本中的语言，漫步于语言丛林，运用语文的思维去感悟语文，思考语文、启迪自己的语文学习心智，丰富语文学习的内涵，把语文学习和自我的生命丰盈二者联系起来，在生活的广阔天地里建构语文学习的场域，全面提升自己的听话、说话、读书、思考、口头表达、书面表达、演讲、交流、创意的习惯和能力，促进自身语文知识的积淀、语文能力的发展、语文方法的习得、语文情意的体悟、语文内涵的提升，发展自身言语实践运用能力，增强自身语文素养。

二、万法归宗有路数

语文教学有法却教无定法，早已成为常识。然而在教学实践中，语文教学尽管方法多样，但“万法归宗”，种种方法都必须遵循语文学科性质，促进学生言语实践运用能力的发展。而言语实践运用，一定难以绕过“读”与“写”去谈“言语实践运用”。为此，可以这样说，“读”应当是语文教学万法中的“基本大法”。

《义务教育语文课程标准（2011年版）》指出："要让学生充分地读，在读书中整体感知，在读中有所感悟，在读中培养语感，在读中受到情感的熏陶。"这一要求，可以认为兼具"求实"与"求美"。散文、小说、诗词、文言文阅读教学之"求实"，即运用科学的阅读方法，掌握一定的阅读知识，提高阅读的技能，积累阅读体验；阅读教学之"求美"，即在散文、小说、诗词、文言文的阅读过程中，不仅要增长知识、习得能力、发展思维、拓展人文视野，还要在大量的阅读练习中培养语感，实现从"量"的积累到"质"的飞跃，提升认知和审美的水平，丰富情感体验，完善人格修养，丰赡阅读意义，最终实现促进阅读教学目标高效、优质地达成，阅读意义充分实现的目标。

第二节　辨识文体个性，寻找解读突破

一、深思而慎取，确立读解边界

阅读的本质，就在于通过语言文字理解作者的思想情感。要有合乎文本义理的理解，就离不开语文教师在一定解读边界范围内对语文教学文本内容的真实、准确甚至个性化的解读。为此，语文教师依托文本解读，筑基课堂教学的真实思辨，方能深思慎取而言必有中。

教师备课时的自我体悟，是否具有教学价值，是否科学有效，还必须有"慎取"做保证，对解读过程中深思过的教学内容进行选择与重构。慎取，需要考虑教师与文本、教师与作者、教师与学生之间，在认知视阈、思想深度、思考精准度、思维广博与延展、立场选择、价值选择等多个方面的差异；遵循透过问题现象去探求问题本质的基本路径，多元、多维、多角度进行思与辨，有个性亦有边界，不为了批判思辨而批判思辨，批判与思辨，聚焦文本之质，文本所载之道、所载之情、所明之理等。

语文教师基于解读，精研、深思而慎取后确定的教学内容，形成教学内容的备课与教学设计，教师合理的思辨，适度的取舍、选择便显得尤为重要，唯其如此，才能以教师的批判性阅读示范，为学生的批判性阅读提供学习方向或搭建支架，为课堂上学生批判性思维的发展确立基本的思辨边界。

因此，语文教师对教学文本的解读，要有“深思”的意识、“明辨”的能力和“慎取”的习惯，以此为课堂上的思辨、批判与建构筑牢坚实之基。

二、因文以辨体，读解觅道识真

语文教师阅读、解读文本，善知出入，既入得书（文）中去，又出得书（文）来。教师在自主独立阅读文本的基础上，结合自身的阅历，充分调动自身的知识储备，就文本进行真实、深刻的思考，融入个性化、自主独立思悟的生命体悟，而选择适切的、有教学价值的文本内容，形成备教与备学的内容，为学生的批判性阅读提供方向或搭建支架。

既善于培育学生主动思考的读书习惯：读书而不唯书，能读懂作者，还能读出自我；更善于引导学生识得文中真意，品得文中真趣，悟出文中真理。

解读注重因文辨体，为教学寻找“着力点”和“突破口”。文体形式通常蕴含着独特的文本密码，解读中要尊重不同文体的个性，努力寻觅这一类文体的解读突破口。唯其如此，在教学中才有可能摸到不同文体的门道，教出属于“这一类”文本的必教内容，发展学生阅读“这一类”文本的基本能力。文体形式也决定着解读的方法运用和路径选择，决定着教学内容的取舍。

散文解读与教学，需要告别“形散神不散”的套路，探寻散文潜藏的“新路”，带领学生体认散文作者个性化的情感体悟、个性化的语言风格及个性化的表达方式。

古诗词解读与教学，追求“以诗的形式教学古代诗歌”，注重涵泳语言、循言觅意，洞悉文本的生动与思想的深刻；重视诗词体式，以诗解诗，开展多重对话，辨言悟意；跳出缺乏思维升阶的重复诵读，破解“一读解千文”的教学套路。

文言文解读与教学，“三文”并举，“三思”携行。基于文字理解，“三位一体”，系统观照“文言、文学、文化”，注重思考跟进，思维训练，思想锤炼。善于运用“情境还原”和“文意补白”两种方法，挖掘文本中潜藏的文化信息，建构“立足品言深挖文化内涵，聚焦主问题，多支架助力，深度品析文本内核”的教学路径。

小说解读与教学，尝试跳出“三要素”的藩篱，从“填补言语空白，挖潜作品内蕴”“深度解读文本，建构教学内容选择的新路径”“细读文本，挖潜经典名篇的‘新、美、力’”“聚焦灵魂个性，聚合人物群像”四个维度探析小说教学的新路，破解程式化的阅读套路，追寻真实而有意义的品读，进而达成《义务教育语文课程标准（2011年版）》中“欣赏文学作品，有自己的情感体验，初步领悟作品的内涵，从中获得对自然、社会、人生的有益启示。对作品中感人的情境和形象，能说出自己的体验；品味作品中富于表现力的语言。”等课程目标。

概言之，教学文学类作品，语文教师应当牢牢抓住“文本解读”的牛鼻子，细读玩味文本，综合运用情境还原填补文本空白、比读揣摩类比迁移理解文意、反复涵泳沉潜玩味等多种方式，读出多元，读出个性，读出创意。

第三节 依托文本解读，重构教学内容

一、重视文本解读，夯实教有所依

文本解读实效决定课堂教读实效。为此，语文教学，特别是文学作品的教学，需要高度重视文本解读。对教学文本有真实、适切、准确的解读，才能为其注入源头活水。阅读教学课堂实践中，教学内容的切实开展，教学目标的有效达成，离不开课前的“读”和“解”这一重要手段，因此“读”“解”的价值追求决定了“读”“解”的形式选择。

教师需要根据文本的特质和课堂教学的发展与生成状态，根据“读”“解”的形式及其特点，精选读解视点，优选读法，切实达成“读”“解”的效果，实现从“六经注我”向“我注六经”的超越，实现阅读教学立足于读，由随意浅读跃升到理解思悟的精读、深读。

二、精选解读方法，精炼解读内容

对读书，朱熹认为，“大抵观书先须熟读，使其言皆若出于吾之口。继以精思，使其义皆若出于吾之心，然后可以有得尔（《诗书之要》）”。这一“熟”字，不仅是文字层面读得顺畅，还应该思考如何将读与思进行有效的结合，需要有意志、情感、兴趣、毅力等诸要素的协同作用。由此可见，阅读教学的重中之重就是“读”。特级教师于永正老师也说过：“书不读熟

不开讲。”因此，语文教师要想在阅读教学中实现阅读价值的最大化，就必须先刷新自己的语文课程观。新课程视域下的语文教师，不只是语文课程的忠实执行者，还应该是语文课程的主动建设者与开拓者。

对于语文课程的教学内容选择，王荣生教授在《语文教学内容重构》中强调：“我们必须充分认识与恰当运用现有的语文教材，对每一篇课文做深入的研读，以发现每篇课文独有的语文教学价值，从而提炼出合宜、精当的教学内容。越是重要的教学价值，越隐藏在课文文本的深处，也就越难发现，我们还是采用笨办法，那就是自己朗读、思辨，在朗读中发现文本中感到陌生的语言材料，有‘陌生感’的地方往往隐藏着富有教学价值的教学内容。①”一切形式的选择都只是外在之貌，而内蕴和意义的追寻才是内在之神。只有在精准把握语文学科的价值、意义、目标、精神之后，选择的教学方法，才是真实有效、体现教的意义的教学方法，才是有益于学生语文素养的培育与提升的学习方法。为此，语文教师必须改变语文教科书作为语文教学的唯一内容的狭隘认识，语文教师要能精准把握教材中的教学内容，依托课前的文本解读，筛选、重构语文教学内容并广泛开源，引入与教学内容适切、相宜的教学“活水”。

教师通过课前的文本解读之“读”，主动运用自身教材深度解读的能力，在深入钻研课程标准和熟读钻研教材的基础上，精准把握教材要点，融入自己独到的体验与发现，疏通文字的经脉，敲开文本的密码，再结合自己所教学生的学习实际，确定教学目标和教学重、难点，去整合重构教学内容，去厘定文本的教学内容，创造性地设计教学内容，将教材变为指导学生学习的学材主体，从而解决课堂教学可以“教什么”的问题。在了解了学生的阅读期待、读解方式及接受水平的基础上，重视研究学生读解方式及接受水平的形成；在教师与文本的有效对话之后，为阅读教学中的教师与学生、学生与文本、学生与学生、学生与自我对话的实现提供基本依据，也为阅读教学审美化路径的建构找寻依据。

---

① 王荣生等．语文教学内容重构 [M]. 上海：上海教育出版社，2007.

第三章 觅道阅读 读涌新意

本章重点探讨有关语文课堂创意阅读的认识、策略、方法和课型，着力梳理自己在长期的初、高中语文教学实践过程中，直面中学语文阅读教学，就人教版初、高中语文教材中的散文、古代诗歌、文言文、小说等文学体裁的解读与教学，名著整本书阅读、专题阅读、读写结合等阅读形式，聚焦中学语文学科核心素养，紧扣文体特点依文辨体，运用适切中学教学的文本解读方法及解读策略，精选语文教材典型篇目，选择和重构相关篇目的阅读教学内容，立足语文课堂教学实践、语文综合实践活动，开展基于实证、实践运用的创意阅读教学探究。

第一节 读有创意，常思常教常新

一、创意阅读，核心在于“创意”

“创意”新而“阅读”新，“创意”活而“阅读”活。阅读要有“创意”，离不开眼界大开，博览群书；离不开博学约取，厚积薄发；离不开读书百遍，自见其义。所言“百遍”，绝非阅读次数的简单叠加，而是念兹在兹，持之以恒；咂摸咀嚼，涵泳品味；推敲沉吟，兴味沉潜。多维开掘，虽绞尽脑汁亦不觉苦；多点着力，虽“旁敲侧击”也不为过；多遍咀嚼，虽韦编三绝亦兴趣盎然。觅得“千方百计”，历经“千锤百炼”，饱受“拈须之苦”，冥思苦想，夜以继日，终于“山重水复疑无路”处觅得转机而“柳暗花明又一村”，曙光乍现，别开新境，拨云见日，豁然开朗。读懂了文本，识得文中千般趣，或识得文本中流露的真情，或探得文本中潜藏的深意，或懂得文本中阐述的哲理，或觅得文本中蕴含的雅趣……读懂了作者，或与作者心气相通，或与作者同病相怜，或与作者同喜同悲，或与作者同仇敌忾，或随作者一道与天地精神相往来……读出了自我与作者或作品中人物于生命时空穿越重叠，于人情世故交错显影，于人性情怀交相辉映，求真觅善向美，丰富自我的情感体验，乐享清新高雅，丰厚生命的价值底蕴……

二、创意阅读，关键在于“认识的创新”

顾泠沅教授曾说，“教育就是明白之人使人明白”。对语文学科、阅读学理的认识有所创新甚至发展，语文教师首先要做“明白人”。对阅读教学，观念认知上不能局限于“教知识”，还要关注“教方法”“活思维”。要教“阅读的策略与方法”，真实展开阅读过程中的思维激活和思维延展，不仅是零星地关注“字、词、句、段、篇、语、修、逻、文”等知识点，更要系统观照“语言建构与运用”“思维发展与品质”“文化传承与理解”“审美鉴赏与创造”诸要素的关联与融合。在教学实践过程中，语文教师首先要着力思考如何围绕语文学科核心要素的突破与达成，辨识文体，聚焦“这一类文本”的解读与教学共性，研读文本，将问题资源化，经过提炼真问题，思考其产生原因，谋划其解决措施，预设其解决效果，最终促成问题解决形成闭环；在教学实践过程中，要力求问题突破有关键，聚焦阅读中问题的普遍性、典型性，立足具体文体、文本进行实践操作，呈现问题解决的可操作步骤、路径，提炼问题解决的操作策略，体现问题解决的可操作性和可执行性，多维、多点、多重视角观照文学文本的教学，宏观上观照文学的共性，中观上聚焦文类文体的特点，微观上着意文本的个性特质和文本的结构脉络，有系统上的整体架构，有局部中的细节支撑，探索并建立文本文体解读、备教备学的基本操作范式，建构文体教学的课型课模，精炼文体视域下的文本解读与教学的基本策略方法，用“通行通法”以少总多，以“举一隅而知三隅反”迁移类比，积攒积淀，迁移提升。

三、创意阅读，基础在于教师博观约取，常思常新

用力多者收功远，勤觅源头活水来。对于语文教师自身的专业发展，有助于保有持续动力源，有助于语文教师主动投入、认真研读阅读教学，博观而约取，慎思而明辨，勤勉而笃行。在“读”的过程中“观书有感”，品文有思，体物有悟，确保语文教师的教学思维一直“在场、在线”，不游离于学科本质，不断线于课堂教学。教师之思有学科新意，教师之导有学科新法，教师之教有学科个性，课堂教学中不断涌现独到之处、新颖之处、深刻之处；语文教师的专业发展，日臻接近语文教师的学科专业本真，真真实实，真教语文，实实在在，教真语文。

四、创意阅读，目的在于教学相长，互促共进，惠己达人

研究阅读，持之以恒，常读常思常新。智者曾言：“施教之功，贵在诱导，进学之功，贵在心悟。善思则得，善诱则通；诱思交融，百炼成钢。”语文教师博学善思有创意，才会在课堂上循循善诱，才能让教师之教有获，学生之学有得，才能促进教师的教学“专、精、通”，学生的学习“趣、活、乐”。有如此探索，对自己的专业而言，是一种自励自新；对学生的学习而言，是一种助力引领。教师与学生之间，学生与学生之间，携手同心，

相向通行，共同行进于觅“创意”、用“创意”、活“创意”的探究之旅；互相启发，扶助共进，不断生“创意”、优“创意”，最终实现既“惠己”的读有所悟所乐，又“达人”的读有所获日新的专业互促，成长共享。

第二节 读重“四目”聚焦学科核心素养

何为语文学科核心素养？《普通高中语文课程标准（2017年版2020年修订）》在第二部分的“学科核心素养与课程目标”中开宗明义，对这一概念做了诠释：

语文学科核心素养是学生在积极的语言实践活动中积累与构建起来，并在真实的语言运用情境中表现出来的语言能力及其品质；是学生在语文学习中获得的语言知识与语言能力，思维方法与思维品质，情感、态度与价值观的综合体现。主要包括“语言建构与运用”“思维发展与提升”“审美鉴赏与创造”“文化传承与理解”四个方面。

如何在阅读教学中，将语文学科核心素养落实落地落细？让学生立足阅读主场，通过阅读与鉴赏、表达与交流、梳理与探究等语文学习活动，在语言建构与运用、思维发展与提升、审美鉴赏与创造、文化传承与理解等方面都获得进一步的发展？

我们不妨再回顾“阅读”二字的字源，从“阅”与“读”二字的原初本义入手，循本而识新。语文学科核心素养中“语言建构与运用”这一方面要求，在学习语言文字运用的过程中，“学生在丰富的语言实践中，通过主动地积累、梳理和整合，逐步掌握祖国语言文字特点及其运用规律，形成个体言语经验，发展在具体语言情境中正确有效地运用祖国语言文字进行交流沟通的能力。”[《普通高中语文课程标准（2017年版2020年修订）》]

只有主动参与建构语言运用机制，不断增进语文学养，才能学活用活，学以致用，在正确、熟练的基础上，有效地运用祖国语言文字，这样的建构与运用才能促进“思维发展与提升”，真正习得并发展语言运用的实践能力。为此，去梳理“阅读”原本是什么，去探究“阅读”还可以是什么，可以做什么？

一、循其本，立足字义理解“阅读”

“阅”，繁体字写作“閲”。《说文解字》：“具数于门中也。从门，说省声。”[①]《说文解字注》云：“具者，供置也。数者，计也。计者，会也。”[②]“阅”意为“在门内清点物品，并一一阅览过目”。

而“兑”字又有“悦”的意思，“门”字内一个“兑”字，又可以理解为自己在门内静心、专注地阅读而心情愉悦，精神舒展，阅有所获，读得其乐，沉浸其中，酣畅自由，不断收获属于自己的那份独到而愉悦、充实又饱满的精神享受。

(yuè)

在门内清点物品，一一阅览过目。

■“阅”读有方

“阅”字的间架结构也启发我们，作为阅读者，面对所阅读的文本内容，要有“三到”的意识，要具备“三观”的能力：

第一，“眼到”，眼中有物，不遗漏、不缺失。即要能看到阅读内容的客观之物，如文字、标点、图画、标识、表格；文本的篇章节目；文章的段落结构；文段的字、词、句等客观存在于文本中的具体之物。

第二，“手到”，手上有活。阅读过程中，既要眼到识象察物，又要手记笔录，圈点勾画，摘抄批注，记录笔记，查阅资料，收阅检索，阅读有痕。

第三，“心到”，心中有数。阅读心中有路数，对不同的作品，既要了解这一类文本的基本特点，又要熟悉这一类文本中的“定篇”的常备阅读、解读路数；要熟悉不同的文体，要能够“因文辨体”“依文识体”，对不同的文体，找到适切其行文的一般阅读路径和阅读规律，谋篇布局、起承转合

①[汉]许慎著，[宋]徐铉校．说文解字[M]．北京：中华书局，2004.

②[清]段玉裁撰，萬獻初整理．说文解字注[M]．北京：中华书局，2013.

的行文章法，叙事、写景、抒情、议论、说明等表达方式的运用，既要能读出不同“文体”的一般共性，更要能识别不同“文体”的独特个性，感受文本、文体的丰富性和独特性。在体认丰富多样的文本的过程中，“获得直觉思维、形象思维、逻辑思维、辩证思维和创造思维”[《普通高中语文课程标准（2017年版2020年修订）》]等不同思维的发展，“促进深刻性、敏捷性、灵活性、批判性和独创性等思维品质的提升”[《普通高中语文课程标准（2017年版2020年修订）》]。

由此，阅读文本，眼到手到，眼观、手作、心念。宛若庖丁解牛，首需观照文本整体熟知全牛，再者详审局部批郤导窾，最后体察细微技经肯綮；精选和重构文本教学内容之时才能收获解牛之时那“奏刀騞然，莫不中音。合于《桑林》之舞，乃中《经首》之会[①]”之效——合乎教学期待的音律，与教师所教乐教，学生向学乐学之心音，合律合拍。聚精会神、心无旁骛、全神贯注、一气呵成之后，既览文本全貌而知大体，亦明文本肯綮而识细节，再收文本读得其乐审美创造之趣。

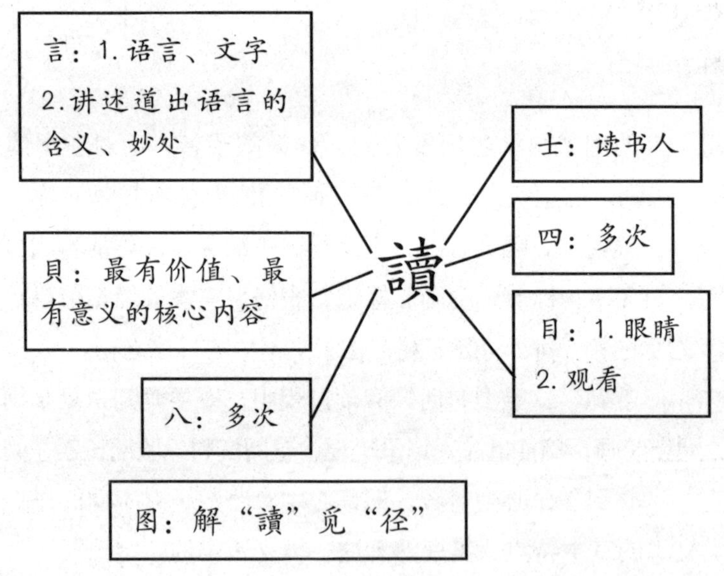

图：解“讀”觅“径”

■ “读”有深意

循此思路，再看看“读”字能带给我们哪些启示。

① 庄周撰，庄子·内篇·养生主[M].上海：上海古籍出版社，1989.

“读”字繁体字写作“讀”，左边为“言”字旁；右边上部为“士”，中上部为“四”（“四”字里面改为两竖），中下部为“目”，最下面为“八”。为此，我们可以对“言”字做两种理解：

第一为名词词性，意为“语言文字”；第二为动词词性，意为“讲述、说出”。综合起来，就是讲述、道出“语言文字”的含义。可以将“士”字理解为“读书人”；“四”字理解为“多次”；“目”字理解为“眼”，“眼”又可以理解为动词“眼观”。“八”字理解为“多次、反复”，而“目”与“八”又可以组合为“贝（貝）”，那就可以视为“看出、观到最有价值、最有意义的核心内容”。

为此，通过解读“阅”“读”二字，我们可围绕其构成要素，进一步思考要开展有创意的语文阅读教学，需要作为“读书人”的语文教师和“学习者”的学生，形成“阅读共同体”，师生共同聚焦语言文字，多次观照品读文本，聚焦语文学科核心素养中的语言、思维、审美、文化四个方面，反复品味揣摩，提炼阅读策略，建构阅读路径，习得阅读方法，收获阅读体验，道出阅读收获，表达阅读发现，进而建构课堂阅读的“教读生态圈”，营造书香氤氲、品位高雅、积淀丰盈的极富语文气象、语文味道、语文意境的阅读课堂。

二、识其新，紧扣课标再悟“阅读”

《义务教育语文课程标准（2011年版）》中，对阅读教学、阅读教学的内容把握，以及教师的教材解读的相关要求，现胪列如下：“阅读教学是学生、教师、教科书编者、文本之间对话的过程。”可见，“阅读”过程中，需开展“多维对话”。阅读过程，便可视为围绕“文本”，学生、教师、教科书编者、作者之间的“多维、多重”对话的过程。

《义务教育语文课程标准（2011年版）》：“阅读叙事性作品，了解事件梗概，能简单描述自己印象最深的场景、人物、细节，说出自己的喜爱、憎恶、崇敬、向往、同情等感受。阅读诗歌，大体把握诗意，想象诗歌描述的情境，体会作品的情感。受到优秀作品的感染和激励，向往和追求美好的理想。阅读说明性文章，能抓住要点，了解文章的基本说明方法。阅读简单的非连续性文本，能从图文等组合材料中找出有价值的信息。”

对“叙事性”“说明性”“非连续性文本”的阅读，必须依文辨体，聚焦文本文体特质，开展有针对性的解读与教学。而对教师解读教材，《义务教育语文课程标准（2011年版）》有如下要求：“应认真钻研教材，正确理解、把握教材内容，创造性地使用教材；积极开发、合理利用课程资源，灵活运用多种教学策略和现代化教育技术，努力探索网络环境下新的教学方式；精心设计和组织教学活动，重视启发式、讨论式教学，启迪学生智慧，提高语文教学质量。”

由此可见，教师解读教材需要“认真钻研教材，正确理解、把握教材内容，创造性地使用教材”，强调“用教材教”而非“只教教材”，教师对教材必须有真实的解读，有个人对教学文本的研究、体悟、收获等独到的发现，再充分考虑学生的学段、接受能力、思维进阶的认知起点等因素，设计并实施教学，绝对不能只是照搬教材，照本宣科，一案“千课”，“千课”一貌。

第三节 “四目”齐观，本立导生促发展

在探寻课堂创意阅读的过程中，阅读之“阅”重在静心专注，阅读之“读”重在“四目”，以此树立课堂创意阅读的“四眼”教学观。

一、别具只眼识语言，养其根

阅读即理解。扬雄在《法言·问神》中谈到，“故言，心声也；书，心画也。声画形，君子小人见矣。声画者，君子小人之所以动情乎[①]”。言为心声，语言为“心声”，读者要于读中体察语言，因语境而听心音，在语境中品析语言的内涵。

语言是思维的外壳，敲开语言的密码，探寻语言背后潜藏的思维奥秘。文字是“心画”，从语言（心声）和文字（心画）中可以分别“君子”和“小人”。可见，“语言”为文本言说之根本。

学习语文，需要培育学生感知语言的敏锐性，要培育学生的语感，更要在探寻、撬动思维的过程中，加大学生“语理”的培育力度，引导学生运用

① 扬雄撰．宋版扬子法言[M]．成都：巴蜀书社，1988.

语言结构、语言逻辑、语言音韵、语言色彩等要素去分析语言表达的理数和妙处，既知其然，更知其所以然，在习术的基础上问道、觅道、悟道。

二、眼观六路活思维，蓄其力

阅读即思悟。《史记·五帝本纪》中司马迁言：“书缺有间矣，其轶乃时时见于他说。非好学深思，心知其意，固难为浅见寡闻道也。[①]”这提醒我们，好学深思，心知其意，才不至于“浅见”。子曰：“多闻阙疑，慎言其余，则寡尤[②]。”尽管孔子此处强调要“多听才不会有疑惑”，其实多听如此，多读亦然。善读者要于读中存疑，激活思维，谨慎表达，多向对话，思维交锋。

阅读过程中，“多向对话”便须眼观“六路”，观字形字貌，观句段衔接，观段篇结构，观文章体式，观文气脉络，观内涵主旨，如此眼观“六路”，由表及里，窥斑识豹，不断历练、增长见识并积蓄理解、分析、审美的力量。

阅读过程中还需要思辨，“思辨”过程可以去粗取精，去伪存真。孟子有言：“尽信书则不如无书[③]”，“信”与“不信”，离不开思辨。不但是凭感觉，而且要讲事实。只有经过理性的思辨和审视之后，“信”或“不信”才有真正的意义，否则便是盲目或盲从。

三、舒眉展眼乐审美，立其本

阅读即创造：于读中丰富审美，识美得趣，创美有方，化文育人，入得文本又出得文本。文章斯有路，在眼观“六路”之后，审视文本传递的形式美、音韵美、情感美、哲思美、理趣美，文本营造的意象美、意境美，文中字词的音韵美，遣词造句的形式美、修辞美，谋篇布局的结构美，人物角色的人性美等诸般“美”，进而在美的熏陶渐染中，不断蓄积识美、审美的能力，不断唤醒自身感召美、领悟美的意识，不断发掘和提升自身创造美的能力，入得书，又出得书，不拘泥于书本的世界，还桥接现实的生活，还构想

① [汉] 司马迁. 史记 [M]. 北京：中华书局，1992.

② 杨伯峻译注. 论语译注 [M]. 北京：中华书局，2010.

③ 杨伯峻译注. 孟子译注 [M]. 北京：中华书局，2010.

未来的生活，既在创造、创新的过程中赋予所读文本以新的内涵，又将立德树人的根本任务落地生根，“君子务本，本立道生[①]”，语文教师牢牢守护这一“本”，本立导生，真正实现教学促进人的发展这一“本”贯穿于阅读教学的全过程之中。

四、独具慧眼习文化，俟其实

阅读即对话：于阅读中领悟文化，理解传承文化，分享表达文化。学语文，习得文化，以文化人，促进学生作为人的生命发展有内涵，生命彰显有品质，这才是语文学习之于人的发展的最大价值。正如《义务教育语文课程标准（2011年版）》所强调的那样：“语文课程还应通过优秀文化的熏陶感染，促进学生和谐发展，使他们提高思想道德修养和审美情趣，逐步形成良好的个性和健全的人格。”在课程的“总目标与内容”部分，则要求学生“认识中华文化的丰厚博大，汲取民族文化智慧。关心当代文化生活，尊重多样文化，吸收人类优秀文化的营养，提高文化品位”。

可见，“文化”的熏陶渐染、思想道德修养和审美情趣的提高，个性人格的健全，是语文学习之核心之“实”。

但这一“实”，必须通过博览群书，知行合一行万里路，学思结合为万篇文，厚积薄发，循序渐进、慎思笃行，思维能力螺旋上升，才能采得百花成蜜后，腹有诗书气自华。

---

① 杨伯峻译注．论语译注 [M]. 北京：中华书局，2010.

第四章 缘读施教 教焕新貌

其实中学生并非不喜欢阅读，而是不大喜欢“阅读教学”。他们为什么喜欢自主看书，却不喜欢带有专业性的“语文阅读”，尤其讨厌考试、练习中的“阅读理解”？他们为何有时候喜欢听语文教师讲解、分析课文，却不愿意自主阅读课文并分享自己的阅读感受、阅读理解？面对同样的阅读内容（文本），他们为何有时候会喜欢某些语文教师的阅读教学，却不乐意接受另外一些语文教师（哪怕是天天与他们见面的语文教师）的阅读教学呢？

可见，单说学生不喜欢“语文阅读”只是问题表象，而学生缺乏语言实践运用的专业阅读才是问题的症结。

学生大多缺乏“语言实践运用”的专业能力，虽然能够读文本内容，也只是停留于辨识“是什么、有什么”，却不能理解“为什么”和“怎么样”。不能读出文本的意义、深意甚至新意，这历来是绝大多数学生语文学习中难以突破的厚障壁，也是绝大多数语文教师在语文阅读教学中“千篇一律”“万文同体”的尴尬写照，更是数以百计的教材名篇虽被语文教师“教尽千遍”而相当数量的学生依旧终“不知其所云”，阅读教学实效、阅读理解能力难以真正实现举一反三、类比迁移的天堑鸿沟，以及广大中学生虽经过小、初、高12年的语文阅读，却依然不愿意独立阅读、不愿意主动亲近经典名著、不能养成良好阅读习惯的根本原因。

究其原因，学生对阅读尤其是教材名篇的这般阅读，与现行语文课堂教学中，语文教师囿于自身的教学习惯、定式、积淀等，不能或不愿扣住文体特点，未能或不愿熟谙所教文体的成文思路，未能或不愿“因文辨体”“依体识文”去真实、扎实解读文本，或“惯性”“任性”甚至“随性”解剖、肢解文本，导致语文教学的阅读文本，虽文体自身千姿百态、繁花似锦，却最终被教得千篇一律、千课一貌；导致语文阅读教学的经典文本，虽已历经数代教师解读、教读，存活于万千语文课堂，却依旧“千文一貌无差别”“今年江映去年月”，而不能“今年花胜去年红”，百花齐放色不同。

为此，语文阅读教学强烈呼唤读有创意，教有新意，积极开展创意阅读。创意阅读，强烈呼唤语文教师要自觉回归语文教学本真，回归教学文本，专业解读文本，因文辨体，依体识文，细读文本，出入文本，积极开展多维、多元对话；精选精炼文本解读策略，识术问道。创意阅读，强烈呼唤学生要主动参与阅读，亲近文本，明辨文体，建构策略，言语实践，习得方法，积极对话；运用提升，习术悟道；举一反三，类比迁移，内化为力。

本章汇编了个人20余年教学的一些文本解读案例、教学设计、教学实录等操作实例。于此基础上，精炼了散文、古诗词、文言文、小说等文体的文本解读、创意阅读的解读案例、设计案例及课堂教学实录，思考探索了一些教学方法，形成了一些基本的教学体认和实践举措，以期丰富新课程理念指导下的中学语文阅读教学的形式和内容，为有志于中学语文教学研究与实践的同仁，提供参考与借鉴。

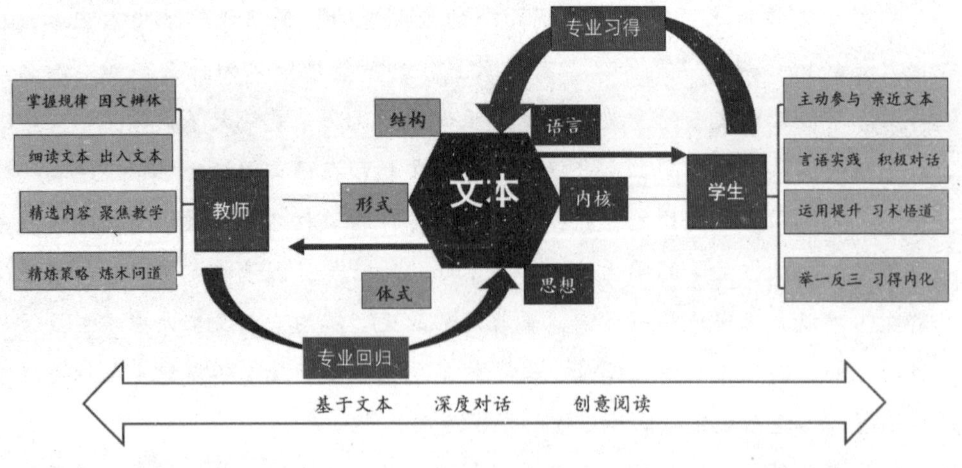

■图4–1 创意阅读言语实践思维导图

第一节　散文教学，管窥文体的“个性化”

散文教学教什么？平常教学中，最常见者莫过于墨守“形散神不散（形散神聚）”“线索加情感”的文本认知理念或所谓散文特点，即：梳理散文中所写到的人、事、景、物有哪些，有何特点，印证式地“识形”“辨形”，再在这些“形”中，提炼散文作品的主题，完成“神”的显现；当然也不会缺少对“语言”的品析，对词语、句子的理解与品析，对文章结构的分析等环节。

散文，这一作者以“个性化”的表达方式表达“写作者个体个性化的情感体验”这一极具“个性化”色彩的文体，除了可以教这些内容外，还可以教什么？怎么教？

本节试图从“涵泳语言，沉潜玩味兴味长”“循言觅意，探幽语词丛林”“深味文本内容，洞悉生动与深刻”“审时度势，知人论世需适宜”四个维度，就“语言品析”“主题挖掘”“深度解读”“知人论世手法运用”等教学中最常见且易用的教学点展开探讨，以散文“教读者”的个性化理解，选择和重构教学内容，遵循文本体式设计并开展教学，尝试切中散文文体的“肯綮”，着力凸显散文文体的“个性化”特质，于解读、教学中师生携手，明晰散文文本的特质，品析散文文本的意蕴。

一、涵泳言语，沉潜玩味兴味长

教学老舍先生的散文《济南的冬天》，很多教师会着力于概括济南冬天的特点、雪景的特点，反复咂摸“温晴”，品析修辞手法及其效果等；教学莫怀戚的散文《散步》一文，很多教师会纠结于本文的主题究竟是“亲情”“孝道”“责任”“生命的使命”“中年人的责任”“家庭责任”“爱”等诸多主题中的哪一个，而忽略了在作者所描写的“散步”的具体情境中，带领学生去涵泳语言，调动生活的积累和情感体验，去感知文字背后作者的蓄存的情感温度，去触碰作者于此散文中那独特的情感体验和情感体验的独特表达方式，综合感知作者的“言语运用”——既关注文本的言语内容，又关注文本的言语形式，兼顾内容和形式，激发师生共同围绕文本生发“阅读体验”“阅读收获”的活力，进而读出文本中丰富的意蕴，赋予文本个性、鲜活、新颖的生命活力。

解读案例1

“小”中妙可言

——《济南的冬天》教学偶拾

《济南的冬天》中，老舍先生笔下那“济南的冬天”里，那山、那水、那阳光、那白雪……都带给人一种新美的享受。如诗如画的美景中所浸透的那一份浓郁情致，更是令作品别具神韵、韵味悠长。

教学本文，值得玩味的地方的确有很多，“响晴”“温晴”“慈善”“安适”“宝地”等词，历来为解读者、执教者所青睐，围绕这些词语展开的教学内容选择及教学设计不胜枚举。然蹈袭良久，不经意间也会落入窠臼，鲜有新意。经反复揣读，发现本文中存在多个“小”；仔细玩味，在这诸多的“小”之中，却又蕴含着若干的“妙”。这妙，便在于语言的启示性——“生动的语言可以唤起读者的想象与联想，进而在读者脑中唤起对光、色、态的组合[①]”。于是，本文试着意于“小”，去发掘“小”中所蕴含之“妙”，以此开掘本文教学的另一小窗，以期觅得一丝读解新意。

（一）着力三处“小”，品读其精妙

1.“小山”小摇篮，彰显冬天之慈善

小摇篮，赋予小山别样的温情。济南周围的小山，在作者笔下已经饱含深情。“小山”之于“济南”，好似“摇篮”之于“婴儿”。“小山”为“济南”，提供的是“安全、舒适、暖和”。“小山”对“济南”的言语里——“他们全安静不动地低声说：你们放心吧，这儿准保暖和”，其情态、语气，恰似长者般的呵护备至，又恰如亲人般的疼爱有加。

---

① 按：袁行霈在《王维诗歌的禅意与画意》中强调，王维的“诗中有画”，最主要的还是由于王维能“最大限度地发挥语言的启示性，在读者头脑中唤起了对于光、色、态的丰富联想和想象，组成一幅幅生动的图画。”此处化用这一说法。

细品这三个词语："安静""不动""低声"，每个词语各有侧重而又和谐统一：

"安静"，符合下雪时，群山周遭环境的万籁俱寂；"不动"，扣住"山"的本质特点，群山本为静态，这里便以"不动"一词扣住了"小山"之"稳"而"实"的特点；而"低声"，则以拟人手法赋予小山以"人"之情态，这"低声"既写出小山呵护之慈爱，也与下雪时环境的寂静相吻合。

于此，"小山"对"济南"的呵护之态、爱怜之情，"小山"带给济南人们的安全感、幸福感，令济南的人们对于"春"来临得或早或晚，竟然毫不着急，因为济南人们所享有的这一切的安然自得，都源于济南之冬所特有的"慈善"——济南之冬给予济南的人们虽身逢冬天时令，却心享春日暖意，人们于这份舒适安然之中，对生活、对未来更是充满着希望，对济南的山水暖意，也给予了无限的感激之情。

2."小雪"小娇美，外化冬天之娇媚

小雪在别处可能不足为奇，然而，"小雪"之于济南周围的"小山"，着实别有一番秀美风姿：雪之"小"，亦为山坡上雪中、雪后的景致做足了功夫。

"小雪"，彰显了"小山"的形态之美。只有"小雪"，才能让"山坡上有的地方雪厚点儿，有的地方草色还露着"；也正因为是"小雪"，才能让山坡呈现出"一道儿白，一道儿暗黄"，才会"给山们穿上一件带水纹的花衣"。试想，若是"漫天大雪席天卷地"，则会是碎玉琼浆漫天飞迸，令群山万壑"白茫茫一片真干净"。唯有"小雪"，才能牵引出这"小山"所着的"花衣"；"人雪"所带出的将会是厚重的"棉被"，"小山"的形态之美便浑然全无。

"小雪"，赋予"小山"明艳的色彩。山坡上小雪后那斑驳的色彩，作者将其比作"给山们穿上一件带水纹的花衣"，"带水纹的花衣"秀美明艳动人。这件"带水纹的花衣"更是启人遐想——试想，究竟是什么样的人，才会着这样的"花衣"？如果我们再联系后文——"叫你希望看见一点儿更美的山的肌肤"，不难看出，"着花衣"而"现更美的肌肤"者，必当为娇媚女子而非粗犷大汉。此处以"小雪"，既写出济南冬天特有的"响晴"的特点，又以"小雪""花衣"写出"小山"的娇媚。这样一来，与前文中“小山”基于“济南”的那份温情呵护、慈祥爱怜，又巧妙呼应，相得益彰。

如果我们再联系这两句——“那点儿薄雪好像忽然害了羞，微微露出点儿粉色”“济南是受不住大雪的，那些小山太秀气”，把雪后夕阳斜照下那粉色的薄雪拟作害羞的娇媚少女，“薄雪”此刻的颜色宛如害羞少女脸庞娇羞的红晕，薄雪的情态便越发温婉可掬；再者，以“薄雪”之“害羞”与“小山”之“秀气”并提，二者相映成趣，也与“着花衣”“现秀美肌肤”者之身份、情态高度契合。

3.“小村”小名画，凸显冬日之神韵

作者写了冬日里济南的小城、小山坡，似乎还不能完全传达济南冬天的神韵。作者的目光开始打量起济南城内的小村庄来。这济南城内的“小村庄”，之于“雪后的小山坡”，于作者笔下，可谓涉笔成趣，美图天成：

“山坡上卧着些小村庄，小村庄的房顶上卧着点雪”，天地之间，浑然成画——这张小小水墨画，其墨色之浓淡，写意与剪裁，依然与“小雪”关联紧密。

小水墨画，赋予济南独特的神韵。“小”水墨画，与前文“小山”“小村庄”“老城”之“小巧”一以贯之，并巧妙地将其格局，“剪裁”于方寸之间，足见济南城内小村庄之“小巧精美”且合度相宜——这“小水墨画”，来历非同寻常，并非一般绘画，而是“唐代名手画的”——这小水墨画出自“唐代”，不经意间便道出了其“历史悠久”，更透露出了“古朴”之意，实则道出了济南城的历史古朴；再者，时代久远且为“名手”佳作，便更彰显出这“画图”之古雅、珍奇、悠久、可贵。

由此，作者以静态名画的神韵，比拟雪后济南城中小山坡的神韵，足见作者对济南城、对小山坡上小村庄的雪后风采的珍爱、称道之意。于言语的生动鲜活之中，唤起读者的想象与联想，进而在读者脑中唤起对光、色、态的组合审美期待。

尽管文段中作者对于小雪后济南的山色情态，正面未着一词，但通过“山坡上卧着些小村庄”“小村庄的房顶上卧着点雪”等语句中的两个“卧”字可以窥得一斑：第一处的“卧”字，着意于“小村庄”，写出了雪后小村庄的惬意、舒适、安宁；第二处的“卧”字，着意于“小雪”，写出了“小雪”积于屋顶形貌的秀雅、轻盈。两处“卧”字于“卧”中绘形拟态，写意传情。

为此，不仅是泛泛体会修辞，更需要体会“卧”中所传达的“小村庄”在小雪后的安适优雅之态，宁静秀美之姿。

（二）教学巧串珠，涵泳品精妙

“小山”“小雪”“小村”，为《济南的冬天》撑开了教学的新天宇。为此，本文教学可以围绕“小”字展开，带领学生品读“小”中之“妙”。

1. 聚焦问题，文本觅“小”

【问题设置】

本文所写“济南”周围的“山”、济南冬日的“雪”、济南城外的“山坡”，从形态上来看，都具有怎样的特点？

【设计意图】

此问题旨在引导学生阅读课文，在感性认识的基础上，还能够运用比较思维，异中求同，找出济南之“山”“雪”“山坡”三者在形态上的共同特点——“小”，为后面进一步细品“小”中蕴藏之“妙”做铺垫。

【学生活动】

学生在通读课文的基础上，聚焦文中写到“山”“雪”“村庄”的相关语段，扫读并圈画其中的语句即可。

2. 开掘问题，品读辨“小”

【问题设置】

“小”，只是在描绘济南的“山”、济南冬日的“雪”“村庄”的形态吗？请结合作者笔下济南冬天的特点，进一步思考，这每一处“小”中，还有没有别的含义？如果有，请结合具体文段或语句进行探究，并表达你的发现。

【设计意图】

引导学生，在获得直观感受、收获感性认识的基础上，再进一步思考，这“小”之于“山”“雪”“村庄”各自的情意、神韵等审美特点。激活学生的思维力，能透过事物的“表象”去体察事物内在的“风采”“神韵”，能结合“小山”与“济南城”、“小雪”与“小山”、“小雪”与“小村庄”，以及与作者自己的关系，综合运用类比思维、关联思维，于迁移比较、因果关联中体味三处不同语境中的“小”所蕴含的巧妙。

【学生活动】

结合作者笔下济南冬天“响晴”“温晴”“慈善”等特点，细读写到“小摇篮”“小雪”“小村庄”的相关文段、语句，找出运用了修辞或炼字独特的语句，调动自己的想象，活化自己的积淀，品读每一处“小”中的情感，然后结合具体文段或语句，分享自己的发现。

3. 深研问题，涵泳品“小”

【问题设置】

作者在修辞用语上颇为讲究：以“小摇篮”比喻济南周围的“小山”，以“娇美”女性比拟“小雪”及“雪后的小山”，以“小水墨画”比拟“雪后的小山庄”，这样安排在内容关联和情感表达上有何妙处？

【设计意图】

此题目旨在引导学生把握语言表达的“独特”与“精准”。

“小”虽为直观可感的外在形态，但是“小”所关联的载体或者物象，却可以赋予“小”独特而别致的审美特质。这就需要教师在教学中，着力语言的细微之处、表达的独特之处，通过具体的语境，引导学生体会语言的“比喻义”“引申义”，体会语言表达之“精准”，而不是只流于浅表的概念化、程式化或笼统模糊的表述中，从而教或者学得“千文一面”。

【学生活动】

（1）调动想象和生活经验，思考：“小摇篮”的使用对象是什么？这一对象在“小摇篮”中的生活图景是怎样的？“小摇篮”给予“摇篮”中的对象的情感通常会是怎样的情感？“小摇篮”在文中实际所指是什么？它同“济南城”的关系与“小摇篮”同“摇篮”中婴儿的关系有何相似性？

（2）调动生活经验，思考：“给山们穿上一件带水纹的花衣”中的“花衣”通常为什么人穿？“秀美的肌肤”通常为什么样的人所具备？这里的小山为何只能着“带水纹的花衣”而非“棉袍”？这与“小雪”有何关系？这体现济南冬天怎样的特点？

（3）调动知识储备，思考：“唐代名手画的小水墨画”，从历史和文物的角度看，具有怎样的价值？此处以“小水墨画”比拟“雪后的小山庄”，只是在写“小村庄”？是否写到“济南城”？除了表达济南冬天的“响晴”“温晴”“慈善”等特点外，还表现了济南城怎样的历史内涵？

“细微之处见精神”。在语文教学中，如果我们能够常着意于一些细微之处，并习之以为常，或许便能品出一点新颖的味道，觅得一些探析的新径，发现一些独特的风景。

若能长期坚持，我们所追求的“语文味”也许便能在这般品咂之中慢慢化开……

解读案例2

在成都市锦江区2010年初中语文主题教学研讨活动上，我执教莫怀戚先生的散文《散步》，本课立足文本言语内容和形式，通过“情境还原”和“补白”等解读方式，引导学生调动生活积累和情感体验，激活了语言中蕴含的情感密码，促进学生积极思考，并主动与文本、教师、自我、同伴之间开展多维对话、多向对话。其文本解读及教学设计如下：

“四字”串珠品《散步》①

《义务教育语文课程标准》指导下的阅读教学实践，教师应努力跳出“一元解读”桎梏，另觅“多元解读”蹊径。本文拟就文本的“多元解读”做一番尝试，围绕一组“关键词”（文眼）提线串珠，带领学生去品味语言，揣摩文意，领悟情感，探究文本。教师对文本“多元解读”，既可以促进教师自身在教学中加强文本研习，释放教师和文本的活力，进而带领学生对文本的深度把握，又可以真正唤醒语文课堂（阅读教学）中学生的生命意识和体验意识，激扬学生在阅读教学中的生命活力，增强阅读教学的实效，从而建构语文的高效课堂。

关键词：散与步；生命；熬；笑；望；背。

人教版七年级上册所选莫怀戚先生的《散步》，教学者众多，探究者亦众多。了解诸家教学短长，发现大家多围绕以下几个角度进行探微：

（1）围绕“美德”“生命”“亲情”：“美德的凸显”“亲情的传

---

① 岳国忠．四字串珠品《散步》[M]．成都：四川师范大学电子出版社，2015.

递”“生命的传承”[①]；

（2）围绕“尊老爱幼”分析：“爱幼的艺术”“尊老的艺术”[②]；

（3）围绕中年人的使命感分析：“分析《散步》有别于那些单纯表现亲情之类的文章，尊老爱幼的伦理性渗透并彰显出来，‘尊老’和‘爱幼’之间寻找平衡点以及中年人的责任感和使命感的凸显，本文的厚重性”[③]；

（4）围绕“孝”：“把玩品味这个‘孝’字，我感受到了爱的传递”[④]；

（5）围绕语言美：《散步》的语言美解读[⑤]；

（6）围绕“家庭责任与使命，以及古朴的伦理道德之美”：我认为教学的难点在于理解、感悟蕴含在家庭生活琐事中的浓浓亲情，“我”和妻子所负的家庭责任与使命，以及古朴的伦理道德之美。如何激活学生的思维，让学生感悟这些在平凡的生活小事中蕴含的深刻哲理[⑥]。

我们知道，新课程的三维目标中强调“知识与技能”“过程与方法”“情感态度与价值观”三维并举，现行《义务教育语文课程标准（2011年版）》更是强调“尊重学生在学习过程中的独特体验”。这一标准，在教学内容的价值取向和解读作品的策略选择上有了显著的变化：在教学内容的价值取向上，由过去的关注教学内容的思想教育意义到现在的不仅关注文章内容的思想教育价值，同时更多地关注教学内容的文化认同，文化积淀的价值和情感熏陶、艺术审美的价值；在解读策略上，由过去的按照教参强制灌输的“一元解读”到现在的倡导在教师学生文本基础上的“多元解

① 冉茂易.“散步”的多重意蕴 [J]. 语文天地 ,2009(08).

② 孙建锋.最是人间留不住，朱颜辞镜花辞树——兼谈《散步》爱的艺术 [J]. 小学语文教学 ,2009(07).

③ 张斗和.“散步”：在平衡中彰显主题 [J]. 语文教学通讯，2009(01).

④ 王丽波.把“孝”揉进“散步”教学 [J]. 语文教学通讯初中刊，2007(04).

⑤ 冯述田.采撷几朵雅致的小花——《散步》语言美解读 [J]. 阅读与鉴赏（初中版），2009(11).

⑥ 薛国芳.读中悟情，说中悟理，思中悟美——《散步》教学尝试 [J]. 语言文学研究，2009(12).

读”[1]。

因此，在阅读教学中，我们必须紧扣这一要求，追寻语文阅读文本的教育价值。在教学实践中，“只有突破单一的、强制性的一元解读的桎梏，充分调动学生的生活经验与阅读积累，对文本内容进行多元化的思考与挖掘，才能充分解放学生的心灵，才能让学生的思维自由地飞翔”，也才能让学生在情意浓浓、思绪幽幽之中感受到语言作品的魅力。

只有尽力追求“多元解读”，才可能从根本上改变“一元解读”带来的学生思维僵化、兴趣低迷、阅读能力低下的残酷现状。因此，我在教学实践中，尝试独辟蹊径，围绕“熬”“笑”“望”“背”这几个关键词来聚焦文本深邃的生命哲思，来深度解读文本，深挖文意，从而提升课堂教学的有效性、激活学生课堂阅读的生命活力。

（一）“步”即“生命”，形质兼备：“形”为散步，“质”为散生命

本文虽写身为儿子的“我”，携妻带儿陪伴自己身体衰弱的老母亲，在初春的田野散步，但透过文本的背后，深度挖掘，亦可体察本文的“散步”与“散生命”二者其实互为表里，“形”虽为散步，“质”则为散生命——对生命的呵护和保养！散步是“实”，散生命为“虚”，“实”为“虚”之表，“虚”为“实”之核，一家四口在初春的田野散步这一活动，处处散发着浓郁的生命气息。

联系前文我们可知，这一次初春散步是“我”年迈体弱多病的母亲挺过严冬的催逼之后，以孱弱之躯在春寒料峭的初春田野上舒活筋骨的活动。因此，在形式上，这虽是一家人的自由散步，舒活筋骨，实质上则是羸弱母亲的生命在生命气息浓郁的初春，又一次来之不易的展示。“母亲本不愿出来的，她老了，身体不好，走远一点就觉得很累。”“但春天总算来了。我的母亲又熬过了一个严冬。”由此看来，年迈体衰、病体龙钟的老母亲，岂止是在儿子三口之家的陪伴之下散步！母亲这一次走出家门，这一次亲临田野的散步，既是对生命的呵护和保养，又是对生命存在的一种见证，更是对她生命得以延续的一种敬畏和珍惜。因此不难看出，这一次散步是在散生命之

① 赵亚夫，石义堂，李金云等．初中语文课堂的有效教学 [M]. 北京：北京师范大学出版社，2007.

“形”，而展生命之“质”。

（二）“散”即“呵护”，言近旨远：“言”为散步，“旨”为尊重、呵护

“散步”，原意为“作为一种休闲的方式，随便走走”。品味“休闲”，不难看出，这是一种极为平常、自由自在、无拘无束、随意的活动。本文中的“散步”，在一家三代四口（年迈的祖母、年壮的夫妻和年幼的孩子）之间展开，通过文本不难看出，这三代四口人在散步的时候，至少围绕着两个“生命核心”在活动：

第一个生命核心：“我”那年迈的母亲、“我”儿子的祖母，这一生命核心的价值指向侧重于“回望过去”，彰显的是人到中年的子女对年迈父母的亲情反馈和感恩。“我”那年迈的母亲身体不好，是我们一家人的牵挂和担忧：“母亲本不愿出来的，她老了，身体不好，走远一点就觉得很累。”“但春天总算来了。我的母亲又熬过了一个严冬。”“本不愿出来”“老”“身体不好”“觉得很累”“熬过”，这些语句已明确写到母亲这一次出来散步，不再是我们一家人（包括母亲本人）平常心境之下的“休闲的方式，随便走走”那么简单。因为沐浴在春光之中的这一次“散步”，作为家中支柱的“我”和妻子已经背负起对“生命”尊重、呵护和保养的重任，“散步”之中的“散”，已经在“随意的走”这一行为之中赋予了“生命”的要义。这一“散”，体现出正当壮年、身为人子的“我”对年迈体衰的母亲的孝顺呵护、亲情回馈。正因如此，“我”才能在母亲的有生之年，还带着孱弱的母亲在尽管有些寒冷的早春时节，到大自然中来“散步”，这更是对“我”的整个家庭中生命系统“衰老—新生”和谐的本初观照。

第二个生命核心：“我”那年幼的儿子、“我”母亲的嫡亲孙儿，这一生命核心的价值指向侧重于“未来”，为人父母的中年人担负家庭中养育下一代、培养后代、传承生命的重任。在这个四口之家中，“我”的母亲，已年老迟暮、风烛残年，这是对生命最后的守候和呵护；然而“我”的儿子，顽皮活泼的小家伙，在这个三代四口之家之中，则是家庭生命传承新的希望，他的价值指向侧重于“未来”。因此，带他出来散步，更多的是支持年幼的儿子生命在自然环境中的愉悦生长。为此，文本中可以看出，年迈体衰

原本想走平坦大路的老母亲最终顺从了孙儿的意愿“走小路”，这时的散步已升格为对生命的呵护和培育、扶掖。这时的“散”，已绽放出生命活力，释放出家庭温馨和美的信号。

（三）敬畏、感喟、希冀、承担——文中“熬”“笑”“望”“背”四字力透纸背的生命情怀

1.“熬”字开篇，感喟敬畏，厚重深沉

“今年的春天来得太迟，太迟了，有一些老人挺不住。”深冬时节，天寒地冻，劳碌了一生的老人们，他们的生命微弱如风中的烛光，深冬季节的寒冷和肃杀，让很多辛劳而羸弱的老人，生命之花凋零在寒风的催逼和霜冻的覆压之中。作者以看似平静的笔调，委婉含蓄地写出了村中“自己”所熟悉的老人纷纷离开人世的凄冷。不言死亡，而用“挺不住”三字来暗示，这既表明自己对老人们纷纷离世的深切哀悼，又有一种对生命、对长者的敬畏之情，如此三字，读来令人顿生感喟和悲悯。

作者对普罗生命尚且如此敬畏，便更凸显出对“自己”亲人生命的无比敬畏。在写到“自己”的母亲时，却饱含着一种对生命的祈盼——“但春天总算来了。我的母亲又熬过了一个严冬。”一个“总”字，既写出自己对“春天”这一季节的祈盼，更写出自己对那寓含着母亲生命希望的春天的呼唤和祈盼！“我的母亲又熬过了一个严冬。”这一个“又”字，体现了“自己”的母亲在严冬之中的那种岌岌可危的生命状态，不言而喻，便可见其微弱，“自己”对母亲孱弱生命的牵挂和担忧，就在这个看似平静却又厚重深沉的“又”字之中体现。“自己”的母亲延续衰老生命的极不容易、万般艰难便越发清晰可见。

2.“笑”字蓄情，言简意丰，言近旨远

带着学生解读到一家四口在散步过程之中的这一细节：“我”那活泼顽皮的儿子的一句话：“‘前面也是妈妈和儿子，后面也是妈妈和儿子。’我们都笑了。”我发现此处这一“笑”字，可谓尺水兴波。

于是教学时，便围绕这个“笑”字，带领学生进行了自主体验后的深度挖掘。

【教学微镜头】

探究“笑”的原因，品味“笑”的深意。

师：这里的“我们都笑了”，大家想想，文中究竟指的是“哪些人”在笑呢?

生（齐声道）：指的是“我、我的母亲、我的妻子、我的儿子”。

师（赞许点头）：那你们能谈谈文中四人各自究竟为何而笑呢？（教师投影如下句式，供学生思考填写）

母亲的笑，是因为__________，她在笑中收获了__________________。

我的笑，是因为__________，我在笑中收获了__________________。

妻子的笑，是因为__________，她在笑中收获了__________________。

儿子的笑，是因为__________，他在笑中收获了__________________。

教师指导学生仔细阅读该段文字前面的几个自然段后，经过一番思考，学生慢慢发现了这之中的奥妙。

生甲：母亲的笑是因为母亲看到自己的孙儿这么活泼天真，她很高兴，于是笑了。

师：哦，你发现了母亲是对自己孙儿的天真活泼而感到欣喜，这很不错，大家继续沿着这一思路想想，文中写到“我”的母亲最近有过怎样的经历?

生乙：母亲最近终于熬过了这一个严冬，身体很不好。

师：好，请大家继续按照这一思路，先探究家庭成员中“我”的母亲笑的具体原因。在小组内分享交流后以小组为单位呈现你们的探究结果。

一时之间，学生议论纷纷，5分钟后，教师梳理总结如下：

母亲的笑：

被亲情环绕，儿子、媳妇、孙儿陪伴自己散步而高兴；

庆幸自己还在人世间，自己比起那些同村的没能挺过这个严冬的老人们，是幸运的；

对现在生活的满足，发自内心的幸福甜蜜；

对自己抚育的小孙子的聪明伶俐乖巧而骄傲自豪，有一种成就感；

对春天的眼前美景，充满生命气息的田野带给自己美好的享受，享受生活的愉悦。

顺着这一思路，我继续启发学生进一步思考：“我的笑”“妻子的笑”“儿子的笑”各自由于什么原因。

“我”的笑：

看到了久病的母亲的欣慰，我心情愉悦；

一家人在融融春意中幸福地散步，初春景美，极富生命气息，母亲尚在人世且能出来走走，温馨的气氛、和谐的情景带给自己愉悦；

自己的儿子如此聪明，善于观察，活泼机灵，内心颇感欣慰，有成就感；

自己的母亲终于熬过了严冬，生命重新绽放在初春的田野，“我”一直以来内心的沉重和不安、牵挂和担忧在此刻释怀，这是一种舒坦的笑。

妻子的笑：

为儿子的天真活泼、机灵、聪明乖巧而感到满足和自豪；

一直为婆婆的身体担忧牵挂、心力交瘁的丈夫终于笑了，妻子内心的愉悦；

对自己的婆婆终于熬过了严冬，能够在初春的田野绽放自己的生命，为家人的安康，对生命的祝福的笑，为婆婆的生命祝愿。

儿子的笑：

儿童的天真烂漫的笑；

家人的笑，感染自己，让自己高兴；

自己的话语得到了大家的赞同和肯定，有自我满足和内心愉悦的成就感。

师总结：一家四口的这一“笑”，由子孝、媳贤、孙慧共同营造的亲情世界和对生命的呵护、尊重意识支撑和环绕，带给了大家幸福温馨的亲情感知。

由此，接下来带领学生理解“我”的背上，和我妻子的背上加起来就是整个世界的含义便水到渠成：这世界既是责任、亲情的世界，也是对生命的敬畏和呵护，对美好、温馨、责任世界的捍卫。

3.“望”字，生命回望、憧憬希冀

文中散步的尾声，“她的眼随小路望去：那里有金色的菜花，两行整齐的桑树，尽头一口水波粼粼的鱼塘”。这一个“望”字，既是“我”的母亲对她自己即将终老的一生的回望，更是对她余生的展望、珍惜和憧憬；这一“望”字，此时无声胜有声，“望”字所包含的内容和深意，正是“我”的母亲在这一次散步中，流露出来的强烈而直观的生命渴望情怀！

不难看出，眼前的这一条乡间小“路”，既是老母亲此刻脚下所走的这条充满勃勃生机的乡间小路，更是老母亲的生命行进的前路！她这一

“望”，既是回望过去——自己已经走过的小路何其多？更是展望余生——究竟还会有哪些风景变幻？还有多远将是自己风烛残年的生命尽头？“水波粼粼的鱼塘”此刻在春日里洋溢着生命的光彩，而自己孱弱的生命尽头会是明亮还是黯淡？面对自己儿子幸福和美的一家，作为长者的老母亲，自己的这一切似乎都无从言说，任由自己的生命和未来都在这一条小路上起落，生命的憧憬和希冀都在母亲的这个“望”字里面升腾跌宕。

4.“背”字，生命呵护，亲情担当

作为儿子的“我”，已是中年人，蹲下背起自己年迈体衰的母亲，“我”这一“背”，已彰显出天地之大义：“孝亲敬慈”；同为中年人的“我”的妻子，背起“我们”幼小的儿子，则是对生命的呵护和守卫，自然彰显出和谐的伦理亲情。我和妻子的这一“背”，既是对亲人生命的坚强捍卫——呵护和尊重，更是对爱的守护和传扬。这一“背”，既是守卫家人责任的担当，更是对亲人生命的捍卫；既是对天地大义的彰显，更是人间真情的写照。这一“背”之中有责任、有孝顺、有守卫、有传扬，也有温馨、有感动，更有真、善、美的流淌；这一切都极富生命和亲情本真的底色。一家四口人、三代人、两对母子共同用亲情和责任为整个家庭（家族）的生命，展现最本真的生命亲情接力。

这一“背”，既“轻盈”又“厚重”。“轻盈”在于“我”的母亲年老而瘦弱，“我”的儿子幼小，他们的体重都很轻，故显得“轻盈”；“厚重”在这一份责任和伦理，“我”背起“自己”的老母亲，是一份孝顺、回馈和感恩，对母亲的养育之情的反哺；“我”的妻子背起儿子，是母爱的关怀奉献，是母亲的责任担当，是对子女的呵护，作为夫妻二人的中年夫妇，敬老爱幼的这一“背”，“厚重”的是人伦的奉献和亲情的传承。这一“背”字，共同用亲情担当起对生命的呵护和颂扬！

（四）两处春景生机勃发，生命行进低回奏鸣

1. 简笔写意，透露着生命的苏醒

“这南方初春的田野，大块小块的新绿随意地铺着，有的浓，有的淡；树上的嫩芽也密了；田里的冬水也咕咕地起着水泡，这一切都使人想着一样东西——生命。”这一番春景，带给人强烈的视觉冲击：“大块小块”展现

着生命的形态；“新绿”中“新”字传达出生命的信息，“绿”字更是预示着生命的希望，或“浓”或“淡”总相宜，这就既描绘色彩又展示形态，勃勃生机，油然而生；“冬水也咕咕地起着水泡”，听觉上感知生命的活力，初春时节，天气转暖，水解冻，冰融化，生命的僵化不复存在，带来的是春水解冻之后的灵动和对生命的呼唤！这视觉和听觉的感知，正契合“自己”对母亲经历严冬的催逼而终究拒绝死神的微笑，正艰难地走向生命的春天的一种形象化的感知，这一番春景，虽为写景，但“一切景语皆情语”，实为抒情，这春景之色泽、形态、音律都在为“自己”年迈体衰的母亲在初春的田野散步，在初春的田野苏醒她自己的生命而欢欣奏鸣。

2. 细节传神，传达出生命的希冀

“她的眼随小路望去：那里有金色的菜花，两行整齐的桑树，尽头一口水波粼粼的鱼塘。”眼中小路亦含深情。此刻此景之下，母亲抬眼所望的小路，已然不单是供人行进的小路。小路两旁的景色，年迈的母亲她原本就很熟悉，毕竟这是她生命历程之中可能早已熟稔于心的场景。而在此情此境之下，这一次初春的散步之中，年迈体衰的母亲这一“张望”，已经不只是在张望小路本身的风景，这一张望之中，更多的是在对自己的生命的张望。不难看出，前方的小路中，有初春生命气息浓郁的风景：金色的油菜花、整齐的（嫩芽满枝）的桑树，还有水波粼粼的鱼塘——这生命的色彩金黄，这人生的历程回眸，都是令母亲触路生情，感喟自己的生命的媒蘖。母亲她所度过的此生，正如小路“曲折有意思”，有幸福甜美、舒心和悦，或许更有坎坷辛酸、波折伤感充盈其间。母亲的生命还能走多远，她余生的路途、风景又会怎样，均不得而知。因此，对小路及路旁风景的这一“张望”，必然包含几许感慨和多少希冀！

两处所写到的初春之景，共同为这一次“散生命”进行着生命行进的低回奏鸣。王夫之在《姜斋词话》里说：“以乐景写哀，以哀景写乐，一倍增其哀乐。”[1]对朝气勃发的初春美景寥寥几笔的勾勒，这勃勃生机无限好，在病体羸弱的老母亲这儿，不难品味出“只是近黄昏”的几许哀愁和凄凉。

---

① 王夫之著，戴鸿森注解．姜斋诗话笺注 [M]. 上海：上海古籍出版社，2012.

3. 意蕴隽永，温暖着厚重亲情

尽管生命的行进有低回的曲调，然而，这一次“散生命”中，亦有温暖人心的亲情小调时时在奏响。不难看出，人到中年的夫妻二人带着小孩，陪伴年迈体弱的老母亲在初春的田野散步，不仅在散步，更是对生命的呵护和亲情的绽放。这一曲暖人心的亲情小调唱响于霜冻严寒之后，春寒料峭之中。这一朴实而隽永的意蕴，以看似平静的笔调，为文章添加一抹亲情的亮色，于委婉含蓄中吹奏洋溢着亲情的暖心小调，令人倍感欣慰、舒爽。

总之，我们在研习文本、解读文本的时候，要在结合具体文本的同时，尽可能多地关注教学内容的文化认同，文化积淀的价值和情感熏陶、艺术审美的价值；还需要融入教师自我的生命体悟，既关注文章内容的思想教育价值，同时尊重学生在学习过程中的独特体验。本文聚焦课文中“熬”“笑”“望”“背”等一些关键词句，教学中带领学生积极展开探究：品味语言，揣摩文意，领悟情感，从而有的放矢地聚焦文本深邃的生命哲思，引领学生尝试深度解读文本，深挖文意，从而提升语文课堂教与学的有效性，厚实课堂教与学的密度。如此解读，提线穿珠，既对文本的解读大有裨益，又有助于学生习得语文学习的方法，对文本的深度把握，还能唤醒语文课堂的生命意识，促进教师自身教学的文本研习，建构语文高效课堂而增“一石三鸟”之效。

教学设计

《散步》

【导学目标】

1. 品味散文的语言，揣摩人物在特定场景中的语言特点并探究还原语境，展示人物的性格。

2. 揣摩本文景物描写的特点，体会景物描写在表达独特感情上的作用。

3. 理解本文的思想内容，感悟作者对生命的敬重，对传统文化中“孝长敬亲”美德的躬行传承。

【导学重点】

1. 揣摩人物在特定场景中的语言特点并探究还原，展示人物的性格。

2. 揣摩本文景物描写的特点，体会景物描写在表达独特感情上的作用。

【导学过程】

（一）激趣·导入

品读“读”字，我们这样读书：抓住语言，读懂作者，读出自己。

大声读一读：有情味地朗读，有思考地悟读，有收获地议读。

（二）问题·导学

1. 教材导读

【听文入境】

伴背景音乐，听老师朗读，你可以轻声地跟读课文。

思考并说一说：散步过程中发生了什么事？又是怎么处理的？

2. 主问题导思·读懂作者

（1）品析人物的情味：请你精读（默读）2、3、6、7段，结合自己对文中人物的感知和理解，将散步中的“分歧”这一部分进行情景还原，补出人物在场景中的对话，并读一读、议一议。

【情景还原补对话】

后来发生了分歧，母亲说：“__________”；一旁的儿子拽着妈妈的衣角赶忙插话：“__________”。

不过，一切都取决于我。我的母亲老了，她早已习惯听从她强壮的儿子；我的儿子还小，他还习惯听从他高大的父亲；妻子呢，在外面，她总是听我的，一霎时，我感到肩上的责任重大。我想一个两全的办法，找不出；我想拆散一家人，分成两路，各得其所，终不愿意。我决定委屈儿子：“____________________”。

儿子一直静静地望着我，妻子赶忙蹲下身，亲亲儿子的额头，贴着他的耳朵轻轻地说：“__________”，但是母亲摸摸孙儿的小脑瓜，变了主意：“还是走小路吧。”

（2）品析景中的活力。从文中找出几处写景的句子，读一读、品一品。

【提示】

你可以抓住4、7、8段中的景物描写。围绕某一个字，某一个词，某一种场景谈你的理解。

3. 探究导思·读出自己

这一次散步，其实也是生命的一次舒活和旅行。从文中找一找，除了景物中蕴含的生命气息，还有哪些字、词、句打动了你的心？找一找、品一品。

【提示】

你可以品析下列句子，重点关注加点字。

（1）我蹲下来，背起了母亲，妻子也蹲下来，背起了儿子。我和妻子都是慢慢地、稳稳地，走得很仔细，好像我背上的同她背上的加起来，就是整个世界。

（2）第5段中写道，“小家伙突然叫起来：前面也是妈妈和儿子，后面也是妈妈和儿子。”我们都笑了。

【探究】

我们各自笑的原因。

我们都笑了

母亲为（　　　）而笑，她在笑中收获了（　　　）

我为（　　　）而笑，我在笑中收获了（　　　）

妻子为（　　　）而笑，她在笑中收获了（　　　）

儿子为（　　　）而笑，他在笑中收获了（　　　）

【提示】

可联系前文母亲的身体情况、初春的景物特点、我们散步的心情、各自的性格特点等来分析。

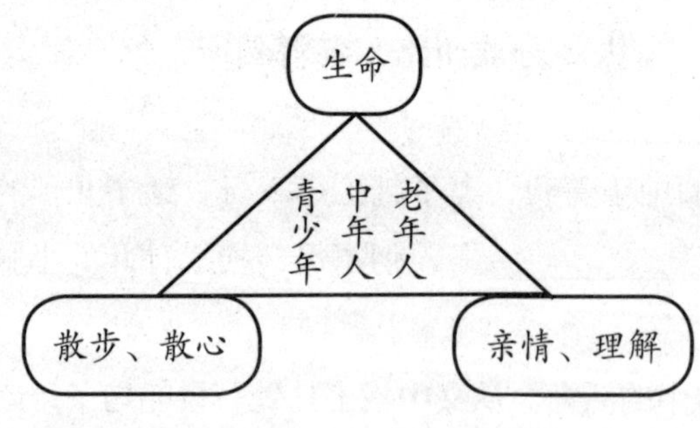

■《散步》教学板书

4. 学法导悟

请结合从文中学到的方法，在练笔写作中，借助人物在具体场景中的语言，真实地呈现事件发生的进程，并展示人物的性格。

（五）板书设计

【教后反思】

教学《散步》一文，需要避免“主题先行”，不再纠结于本文的主题究竟是“亲情”“孝道”“责任”“生命的使命”“中年人的责任”“家庭责任”“爱”中的哪一个，不忽略作者描写的“散步”的具体情境。

需要带领学生综合感知作者的“言语运用”，既关注言语内容，也关注言语形式，内容与形式二者兼顾。需激发师生围绕文本，多重对话，生发“阅读体验”，激发“阅读收获”活力，进而读出文本中丰富的意蕴，赋予文本鲜活新颖的生命力。为此，带领学生着力于语言涵泳，创设生活场景去诱导激发、调动学生生活的积累和情感体验的经历，有助于拉近学生生活与文本内容的距离，有助于引领学生感知这些文字背后作者的情感温度，进而触碰作者独特的情感体验，明晰作者情感体验的独特表达方式。

二、循言觅意，探幽语词丛林

语文教师所漫步的那一片语词丛林，孕育着神秘与美丽、奇诡与生趣的文本世界。语言，因其结构令思维倍增质感，它彰显着思维的丰富多彩、仪态万方、摇曳生姿，传递着思考者、表达者的思想价值及人生个性。

我们教学语文，在语词的丛林中，将面对多种选择，在由语词建构的丛林中，可以窥见语词组合的多样性、丰富性，可以领略语词丛林世界的神秘、奇幻、诡谲。这启示我们，教学课文，不能简单地把由语词构建的文本世界，以切割字、词、句、段、篇的形式，简单化地处理语词的碎片；而应该视语词与语词、语词与段、段与段、段与篇章为一个严整的、依存度很高的生态系统。

我们在教学内容的选择上，应有“整体观照”和“局部建构”的意识。我们从文本世界中去发现的，绝非只是对“语词”做一般意义上的辨识，绝非只对其中一望而知的意思进行理解；应当像行走于丛林世界中去体会“丛林”之美与具体“树”或“木”之美的关系那样——因为“丛林”，绝非只是一棵灌木、一株乔木、一片荆棘、一朵花、一丛草等单一植株的简单组合，“丛林”中自然包孕着植株内生的结构法则与生态和谐。

语词的丛林里，“言为心声[①]”“言有尽而意无穷[②]”“状难写之景，如在目前；含不尽之意，见于言外[③]”。正如钱锺书在《谈中国诗》中所言，“用最精细确定的形式来逗出不可名言、难于凑泊的境界[④]”“说出来的话比不上不说出来的话，只影射着说不出来的话[⑤]”。经典名篇《背影》，历来为语文教师青睐。如何借助语言，循言觅意，在语词的丛林中品咂作者的情意？体会情感的独特深沉与含蓄隽永？

如何由“这一篇”及“这一类”，在散文教学中，带领学生涵泳作品语言，循言觅意，从语言有限的“所指”中品味语言无限的“能指”，深味人物的情感？

以散文《背影》教学做一尝试，教学中，紧扣文本中父亲的五句话，带领学生品味人物语言，体悟人物真情，感受人物的“心声”，聆听人物的“心音”。

教学实录

语浅情深品《背影》：立足文本的“以读促写”初探

（一）导入

师：同学们，今天我们将主要围绕《背影》中父亲所说的那五句话，体会写作中的“说真话，抒真情”，希望大家在自己的作文中，也能够真实地再现人物在你所写事件语境中所说的真实的话，从而在你的文章中表达你自

---

①［汉］扬雄著，韩敬译．法言 [M]. 北京：中华书局，2012.

②［南宋］严羽撰，普慧，孙尚勇，杨遇青注．沧浪诗话 [M]. 北京：中华书局，2014.

③［宋］欧阳修．六一诗话 [M]. 北京：中华书局，1980.

④ 钱锺书．钱锺书散文 [M]. 杭州：浙江文艺出版社，1997.

⑤ 钱锺书．钱锺书散文 [M]. 杭州：浙江文艺出版社，1997.

己的真情实感，摒弃那些惯常的空话、假话、套话，甚至废话。

今天我们探究的主题：“语浅情深”——真实再现场景中人物的语言（板书）。

现在请大家各抒己见，谈谈你对“语浅情深”中的“浅”字和“深”字的理解，看看分别有哪些含义。

生1：浅：简单。

生2：浅：简洁。

生3：浅：朴素。

生4：浅：浅显。

生5：浅：平静。

师：大家说得都不错，那“情深”中的“深”可以怎么理解呢？大家说说看。

生6：深：深刻。

生7：深：深邃。

生8：深：深沉。

师：大家别老围绕“深”字组词啊。再想想，思路再放开点，“深”还可以是＿＿＿＿＿＿？我们平常说，你这话说得委婉＿＿＿＿＿＿？

生9：含蓄。

师：很好，含蓄。“含蓄”着，可能就是“深沉”。那我们现在来看看《背影》中朱自清的父亲所说的五句话，是否也体现了“语浅情深”这一特点。请大家迅速在书中找出这五句话并做好记号，放声读一读。

生（全体）：在书中勾画，朗读。

（二）教师示范

师：这五句话，大家齐读一遍（生齐读）。现在我们来结合“父子相见”这一场景，对父亲所说的“事已如此，不必难过，好在天无绝人之路”进行探究，体会话语之“浅”，品味情意之“深”。

希望在探究过程中，大家能够结合说话人当时所处的情境，尽力还原说话人、听话人双方的语境和心境，补出那些隐含在话语之内的潜台词。（板书：识语境，辨情形）

师：现在，请大家读一读这一句话。注意语气、语调和情感。

生：全班齐声、高声朗读。

师：（遗憾地摇头）大家的情绪都很饱满。但是，大家想想看，父亲是在怎样的情形下说出这句话的？再联系前文，看看你们刚才的朗读，语气、情感恰当不？大家先找找作者在前一、二段写到了家庭中的哪些情形。

生1：祸不单行。

生2：光景惨淡。

生3：父亲差事交卸。

生4：祖母去世。

师：不错，那你们现在想想，此时父亲说这句话的心情应当是怎样的？

生5：我觉得应该很沉重。

生6：很焦虑，很忧郁。

师：沉重、焦虑、忧郁，还会有别的情绪吗？父亲是在儿子怎样的情绪之下说的此话？

生7："我不禁簌簌地流下眼泪"，在儿子流下眼泪的情形之下说的这句话。

师：既然儿子流下了眼泪，父亲此时该怎么办？

生8：父亲该劝解儿子不哭了。

师（疑惑地）："劝解"？这个词语用在此处妥当吗？"劝解"是什么意思？

生9："劝解"用在此处不妥当，"劝解"是劝告解释的意思，这里面没有劝告和解释的必要，我认为这是父亲在安慰儿子。

师：你的理解很不错。其实啊，"劝解"有两个意思，一个是"劝架"，用在这里妥不妥？（生齐答"不妥"）这个词语还有一个意思是"劝导宽解"，"劝解"的第二个意思还是有一点"宽慰"的意思，用在这里还是能说得过去。那父亲的这番话你们再读，读的时候留心"好在"这个词，体会父亲说这番话的目的是什么，还有怎样的情绪在里面？

生：自由读。

（师抽几个学生揣读。完毕，教师用四川话范读了一次，将"如此""难过""好在""绝人之路"加上了咏叹的语气，并让学生再试读体会）

师（期待地）：想想看，父亲说此话的目的是什么？有怎样的情绪在里面?

生10（兴奋地）：父亲说此话是为了安慰儿子，“好在”在这里还带有一点期望和憧憬的情绪。

师（赞许）：你的理解很到位。你说的“期望和憧憬”，能读一下吗?把父亲的这种情绪读出来。（生朗读）

师（点头）：面对家境的败落、家庭的变故、自身的失业赋闲，父亲的心里其实是很难过的，但是面对自己年轻的儿子当面痛哭流涕，父亲更多的却是在儿子面前展示出自己坚强、乐观的一面。大家看看文末一段中，有哪些语句能够作为父亲展示坚强性格的依据?

生11：少年出外谋生，独立支持，做了许多大事。

师：大家看看，“出外谋生”“独立”“许多大事”，这些词语体现出父亲不同寻常的人生经历，这都体现出父亲是一个见过大世面、阅历丰富的人，因此他才能在儿子面前显得坚强而乐观。大家再看看父亲所说的“天无绝人之路”，在文中又有哪些依据呢?

生12：还能变卖典质，还可以借钱。

师：还有吗?继续找找。提示一下，父亲虽已下岗，但是还要去?

生13：父亲还要去找工作。

师：儿子要去?

生14：要去北京念书。

师：大家注意这里的去“北京念书”，朱自清是去清华大学念书，在那样的年代，儿子能在清华大学读书，作为父亲应该是很骄傲的，所以父亲用“天无绝人之路”来安慰、开导儿子，鼓励儿子坚强面对眼前的困难日子。

（三）学生探究

1.“不要紧，他们去不好”

师：出示问题——“不要紧”，什么不要紧?他们去干什么?什么不好?谁去干什么才好?请同学们一一理解。

生1：“不要紧”，我认为是“我不要紧”。

师：“我”不要紧?具体点，“我”的什么不要紧?可以联系上文父亲这次出门的目的以及父亲开始决定送不送“我”这一内容。

生1：父亲这次出门是去南京谋事，父亲因为事忙。

师：那还原到语言中就是，“我”的什么不要紧？

生1：“我”的工作不要紧，“我”的事情不要紧。

师：他们去干什么？

生1：陪“我”同去。

师：那又是“什么不好”？

生1：陪伴“我”这种方式不够好。

师：那后一个问题就自然清晰了，只有父亲亲自陪“我”同去才是最好的。父亲的话里面省去了很多内容，但是儿子能够听懂，我们今天能够读出，“语浅情深”，“浅”在？（生：简洁、简单）那“情深”，“深”在？（生：含蓄、深沉）

2.“我买几个橘子去，你就在此地，不要走动”

师：出示问题——“我买几个橘子去”，父亲为谁买？买橘子干什么？你就在此地干什么？“不要走动”的潜台词是什么呢？

生2：为你买几个橘子去。

师：还原到语境中就应该是“我为谁？买几个橘子去”。

生2：我为你买几个橘子去。

师：买几个橘子干什么？

生2：买几个橘子路上吃。

师：是啊，那年代路上又没有矿泉水什么的，只能买几个橘子解解渴，联系前面父亲给我做的紫毛大衣，考虑了我的穿着，尽管他穿的是？

生2：“戴着黑布小帽，穿着黑布大马褂，深青布棉袍”。

师：大家想想，父亲为我做的“紫毛大衣”和父亲自己的“深青布棉袍”之间，有什么差异？这一差异体现了父亲怎样的情感？

生2：“紫毛大衣”比“布衣”值钱。这体现了父亲在家境惨淡的情形下对儿子的关爱，为儿子考虑得很周到。

师：是啊，父亲在家境惨淡的情形之下，尽管自己事忙，还亲自送儿子到浦口去坐火车，而且“行李太多”“紫毛大衣铺座位”“买橘子”等细节，都体现出父亲对已经20岁的儿子一路上“衣”“食”“行”做了周到的安排。买橘子这一个细节体现了父亲对“我”在路上的食物关怀备至，考虑充分。

3.“我走了，到那边来信”

师：这里究竟是谁在“走”，是父亲还是儿子?

生3：是父亲送别儿子走。

师：那为什么父亲说“我走了”，而不说“你走了”？这里的“走”可以换成别的词语吗?

生3：“走”可以换成“离开”。“我走了”就是“我离开你了”。

师：你的理解很不错，你能在“我离开你了”之后，再补一句什么话?

生3（沉思）：“你自己照顾好自己”。

师（赞赏道）：很精彩，把父亲当时的心理揣摩得很到位。那“到那边来信”有怎样的潜台词呢?

生3：你到那边来信。

师：那是你到那边半年以后再来信?

生3：应该是一到那边就来信。

师：为什么补上“一到那边就”来信?

生3：这突出了父亲对儿子的牵挂和担忧。

师：那后边的来信告诉什么应该很清楚了吧?

生3：应该是“告诉我已平安到达”。

师（高兴地）：大家的揣摩很不错，大家联系上文“于是扑扑衣上的泥土，心里很轻松似的。过了一会”，为父亲说这句话补写一个动作，计时5分钟。

生：写作。5分钟后，交流评价。

学生写作片段示例：

学生彭妍：我走了，父亲一边说一边把我朝车厢带，两只手颤抖地抬起来，轻轻朝我招了招，就离开了。

师：谁愿意来点评一下?

生4：我觉得她写了细节。

师：具体点，哪些是她所写的细节?

生4：颤抖地抬起来，轻轻。

师：“颤抖地抬”是比“抬”显得更具体，“轻轻”写出了父亲当时的情态。你分析得很不错。

生5：我觉得她写的“招了招”，此处用得不妥。

师：为什么？说说理由。

生5：“招了招”，是叫我过来，这里是父亲走，不妥当。

师：你这样理解有你的道理，我尊重你的理解。那我再读一遍“父亲一边说一边把我朝车厢带”，并在朗读中加重“朝车厢带”，听完以后，问刚才发问的学生，你现在听出了什么？“招了招”用错没有？

生5：哦，我听漏了“朝车厢带”这几个词语，如果是“朝车厢带”，那就对了。

师：那你再分析一下，对在哪里？

生5：父亲把我朝车厢带，表明他在我前面引领我，所以朝我招手是在带我上车，更显出了父亲对我的关爱，要亲自把我送上车他才肯离去。

师：你这个分析我很欣赏（拍拍孩子的肩膀），你看，专心听了，才能准确地理解别人的文章。希望你养成这种好习惯。

学生彭妍：父亲深深地叹了口气，缓慢地举起手在黑色的衣服上擦了擦，为我理了理衣领，拍拍我的肩膀，语重心长地说，我走了……

师：你希望谁来评评？

学生彭研：我希望钟若诗来。

师：掌声有请钟若诗。

钟若诗：她的片段中，细节抓得好，如“深深地叹了口气”“缓慢地举起手”“为我理了理衣领”都是在借助动作表现父亲的心情。特别是“手在黑色的衣服上擦了擦”中的“擦了擦”照应了前面父亲在衣上扑扑泥土的细节，“拍拍我的肩膀”这一动作中，有一种父亲对儿子的不舍。我还觉得省略号用得好，言有尽而意无穷。（此句话音一落，掌声响起）

师：你同意她的评价吗？

彭妍：我同意。谢谢她。

师（高兴地）：我觉得作者写得好，评价者评价也很到位，大家如果同意，用掌声表达你们的意见（掌声起）。现在我们来看看第三位同学的文稿。（问作者）你自己念还是我念？

学生李董明惠（期待地）：您念。

师：你们都很关照我，不让我在课堂上“赋闲”哈。（生大笑）我想听听你自己的心声。

学生李董明惠：火车将要开了，他仍搭在窗上望着我，说完后，他举起手，又在衣服上擦了擦，抬起他的手，吃力地挥了挥，随后又放下，望着我，望着列车。

师：作者你自己先评评，觉得自己用得最精彩的词句是？

李董明惠（自信地）：我对“搭”感觉很到位。

师（期待地）：具体点？

李董明惠：我写出了父亲要离开我的时候那种内心的失落和沮丧的情形。

师：我同意你的看法，你觉得还有用得好的词句吗？

李董明惠（默默不语）：摇摇头。

师：你很谦虚，我觉得你写的有句话，唐朝大诗人早就写过了。

生：（大家都很吃惊）不可能呀。

师：大家背一背《送孟浩然之广陵》这首诗。

生齐背诵。

师：大家看看这两句“孤帆远影碧空尽，唯见长江天际流”中，“孤帆”在哪里行走？

生6：在江上行走。

师：单单只有“帆”吗？

生6：写“帆”是在写“船”。

师：那船上还有谁？

生6：友人。

师：对了，比比看，“望着列车”一句，单单在望列车吗？望车的目的是在望谁？

生6：望即将坐着列车远行的儿子。

师：大家看看同学所写语句有没有唐诗的风采？（掌声响起）继续分享。

学生艾南希：沉重地摆摆手，眼一半看着天空，一半似乎在偷瞄着我，心想，儿子长大啰！

师：大家说，这一段中，哪些内容写得好？

生7：沉重。

生8：眼一半看天，一半偷瞄，神态写得好。

生9：心想，儿子长大啰。有心理描写，“啰”字很亲切。

师：很亲切，你用四川话读一读？

生：认真地读。（读完掌声起）

师：我同意你们的看法。我对这里面的“偷瞄”这个词不理解，“偷”一般都和不好的事件联系在一起，这里的“偷瞄”对父亲的形象有没有矮化呢？

生10（认真地）：我觉得没有矮化，“偷瞄”在这里写出了父亲装出不想看我，其实又很想看我的那种矛盾心情。

师：你分析得很好，那你能用一个更好的词语来替换吗？大家也想想。小作者也再推敲推敲。

4.“进去吧，里边没人”

师：“进去吧”，是谁对谁说的？为什么这么说？

生1：父亲对我说，可能车要开了。

师：还可能是？联系前文“父亲因为事忙”，还可能是？

生2：还可能父亲马上要赶着离开，去找工作。

师：这样理解很不错，还可能是？

生3：父亲让我进车里把自己的东西和物品照管好。

师：大家再进一步想想，里边没人一句中，“人”在此处的含义有哪些？是没有别的乘客，还是没有别的什么人在车里？

生4（不假思索）：没有别的乘客。

师（疑惑地）：这样理解合理吗？偌大的火车里面没有乘客，那我坐的岂不是专列了？（众生齐笑）大家再想想，父亲在送别我，他一离开，就没有什么人了？

生5（犹豫地）：别的熟人？

师：仅仅是熟人吗，此处是谁在对谁说话？还可以是？

生6：是父亲对儿子说话。

师：那父亲和儿子之间的关系是？那还可以是？

生7：亲人。

师：那我们继续看看，“里边没人”，后面可以补充什么呢？

生8：你要看好自己的物品。

师：为什么是看好自己的物品？

生9：因为上文说过，“行李太多了”。

师（点头）：不错，看看这一次出门，父亲给我做的衣服是“紫毛大衣”，在祸不单行、家境惨淡的情况下，如果再不小心丢了行李，那又会给家庭增加负担了。大家想想在这种情况下，父亲为什么不直接说“你要看好随身物品，免得弄丢了”呢？

生10：父亲这是在关爱我。

师：有点抽象，具体点，“关爱”的背后有什么别的意思？联系前文，我的年龄有多大了？是什么身份？

生10：二十岁。去北京念书，是学生。

师：对，是学生，是清华大学的学生。父亲作为一个读过书的人，和已是大学生、知识分子的儿子在公共场合谈话，大家想想，除了提醒之外，还得照顾儿子的？

生10：面子问题。

师：父亲很尊重儿子，但是联系前文，儿子对父亲的态度呢？看看父亲为行李的事情、托茶房的事情，我当时怎么想的，做了些什么？

生10：“我心里暗笑他的迂”“总觉他说话不大漂亮，非自己插嘴不可”，等等。

师：那这些想法和行为体现了我对父亲怎样的情感呢？

生10：“瞧不起父亲”。

师：瞧不起？是骨子里就看不起自己的父亲吗？那为什么我还和他一起到浦口？大家想想，“瞧不起”这个词语，此处还可以是？（生沉思）

师（启发）：我对父亲的所言、所行理解吗？认同吗？

生11：对父亲不理解，不认同。

师：但是父亲对我又是怎样的态度呢？

生11：处处关爱，照顾面子。

师（追问）：这体现了父亲对我的爱，这一份父爱有怎样的特点？

生11：深沉、包容。

师：这一“深沉”和“包容”概括得很好！大家再读文末父亲的来信，

看看我此时流的泪水中，包含了哪些复杂的情感？（生诵读）

师：此时这一“晶莹”的泪光中，有哪些情感？

生12：有“思念”。

师（追问）：父亲只是“惦记着我，惦记着我的儿子”。我对膀子疼痛厉害的父亲，没能在身边照顾，就只有思念？还应该有什么？

生12：愧疚，没能尽到孝道的愧疚。

师：用“思念”，还是用？

生12：惦念！

师（追问）：我当年在车站“暗笑他的迂”“说话非自己插嘴不可”，现在想起来，心中还多了一份？

生13：自责。

生14：后悔。

生15：懊悔。

师：这些理解都有道理，我们在品读文章的时候，要注意语境，要注意前后文语句的照应，这样才有助于理解语境中话语的真情实感。

（四）写作迁移

师：父亲给予我的爱，我并不是一开始就理解，而是逐渐明白父亲的一片苦心，这是一位慈母般的父亲，在自己的垂暮之年，给儿子写了信。大家读一读父亲来信的内容。

生齐读父亲的来信。

师：读完这一封信，此刻，假如你就是朱自清，你一定有千言万语要对父亲倾诉。请拿起笔，铺开纸，想想该对父亲说点什么？请大家在10分钟内完成给父亲的这一封家书。

（生写信，10分钟过去，教师展示几个学生的家书，并请学生结合“语浅情深”这一特点进行评析）

学生展示片段如下：

【示例1】

手里拿着父亲的来信，手有些微微颤抖，愣了愣，才慢慢放下手中的信长长地舒了一口气，提起笔，在信纸上这样写道：

父亲大人：

我在这边一切安好。您大可放心，看到您的来信，我，……很抱歉。我最放心不下的是您的病。假期临近，我定当立即回家探望您。

您的儿子

即日

【示例2】

用钢笔在信纸上深深地画上了最后的句号，又缓缓地放下笔，在那信纸内容省略处，几滴泪早已浸湿在了信纸上，也深深浸透在了我的心里。（八年级三班：刘颖）

【示例3】

父亲大人，近年与您联系太少，望谅解。今儿北上后，收入稳定，与妻儿关系融洽，家庭和睦。我与妻子近日来颇担心您的安康，吾妻提议南下。父亲大人若身体不好，应找郎中看看，注意身体，钱够用，父亲大人身体为重，儿远在他乡，不能尽孝，是当惭愧。父亲大人可记得浦口那一别，儿至今惭愧，做了许多对不起父亲大人的事，儿记得橘可在路上起了大作用，味可甜了，很解渴。那紫毛大衣为我抵御严寒也起了很大的作用，北方的雪如鹅毛般大，可穿上大衣顿觉不冷，您的小孙子如今犹爱那紫毛大衣。

父亲大人保重！

八年级三班：李董明惠

教学设计

《背影》：立足于语言形式和语言运用的教学[①]

重温《背影》，选点聚焦谋深化。对于学生已经学过的经典名篇散文《背影》，如何现场备课，力求出新意？

【背景】

2016年11月16日，笔者为“西华师大国培项目西充县骨干教师培训”送教，原计划讲授九年级下册的《那树》一课，但组委会临时调集的学生

① 按：本设计系 2016 年 11 月 16 日赴四川省西充县，为全县初中语文骨干教师送教送培，现场点课而临时生成的教学设计，此为行课后及时整理所得。

均为八年级学生，在场的听课老师们又希望听朱自清的《背影》这一课，而这些学生纷纷表示他们昨天才刚刚学完《背影》。如此情况下，如何快速备课，带领刚刚学过《背影》的学生重读《背影》？

【思考】

鉴于学生已学过课文，本次重温《背影》，聚焦教学目标为：引领学生品析“父亲过铁道买橘子时”“背影”的特点，体会作者如何借“刻画那一背影”“见那一背影流泪”而抒发真情的?

【备教】

聚焦特定场景中的“背影”，品析情感[①]。

教学基本思路：扣住父亲买橘子的文段，细读文本，逐层剥茧，品语悟情。

父亲买橘子的直接原因：我要乘车北上、与父亲离别——父亲关爱我，此处勾连文章开头与结尾。

回顾文章开头：“我与父亲不相见已二年余了，最难忘他的背影”，闪回往事，怀想背影。

文章结尾：北来后，我见父亲来信，于回忆中闪现当时父亲买橘子的背影，照应开篇之“回忆”。

【活动设计】

五次诵读，抓实语言品读，一步一步落实对语言的品位，逐渐走向文本深处。

第一次诵读：慢读这一段内容，读出父亲过铁道买橘子这一过程中的“那一场景、那一画面”。

第二次诵读：读出父亲那一场景中的“那一背影”的特点。

【思考】

艰难、笨拙——年迈、肥胖。

【对比】

（攀）——抓？（缩）——蹬？（倾）——斜？换词语后行不行?

---

① 岳国忠．再品《背影》，2016 年 11 月 16 日，为“西华师大国培项目西充县骨干教师培训”示范课。

第三次诵读：面对“父亲”那时的背影，读出作者当时的那些感受。

读直接体现作者情感的语句：这时我看见他的背影，我的泪很快地流下来了。

第四次诵读：再读“这时我看见他的背影，我的泪很快地流下来了”。读出“我”“瞬间流泪”的情感之“急”。

抓住“这时”“很快”“流下”这三个词语，抓住“他的”“我的”两个视角——重点体会“这时候”“我的情感”。

【原因探析】

学生分析作者“流泪”的原因：

生甲：“同情”！分析，“同情”这个词语是否准确？

生乙：感激：“我”我已经20多岁，却仍在享受父亲的照顾。

生丙：自责：“我”曾经一路上暗笑父亲的迂！父子同行、父亲一路叮嘱、“我”心里暗笑他的迂，写出之前的“我”对父亲的不理解甚至厌烦的情绪。

生丁：“我”情感的转变：由先前的“暗笑”到此刻的“泪奔”，写出了刹那间“我”的情感转变；“我”对父亲的态度：对父亲由“厌烦、暗笑、嫌弃”到“理解、感动、尊重”的转变之快！

第五次诵读：读出父亲的话语“进去吧，里边没人”这一句中的隐含信息，体悟父亲的话言虽少，而情甚丰的特点。

【内容对比】

在来车站的一路上，父亲的话语与此刻的差异，分析为何会有这一差异？

之前：一路上对我叮嘱、对茶房的叮嘱——可谓话多到令我不耐烦，暗笑他！

此刻，父亲的话语如此俭省。

【情意探析】

为何此刻的话语如此俭省？

【点拨】

尝试还原情境，补出父亲话语里面省略的信息：

“（你）进（车里边）去（坐好）吧，里边没（亲）人（照看行李、陪伴你了）。”

【分析】

言语形式上，与前文父亲的唠叨、叮咛、啰唆至极形成了鲜明对比，言语内容上的俭省里却情意丰富：父亲的沉默少言，道出了父子离别时父亲内心的复杂情感。

再次联系前文，加深理解：父亲遭遇了哪些令他伤感的事情？

【回眸文本】

父亲已遭逢自己的母亲去世；
已遭遇自身下岗外出谋生活；
已遭遇家道中落老境颓唐；
父亲又将遭遇与儿子的离别。
——可谓旧恨未了，更添新愁。

【写作启示】

如何在典型场景中、记叙具体事件中勾勒人物形象，凸显人物性格特点？

儿子对父亲的态度由“误解”而至于“感激”，仅仅在不到半天的时间里，转变如此快、如此大，这源于对父亲的“言行”的刻画。父亲“翻越铁道为我买橘子”这一特殊事件，触动了“我”的内心，尽管此时父亲话语极为俭省却有无形之力直抵、击中了我的内心，情到真处自然真！

写作文，写人记事，一定要写出“那个”场景（时空）、“那个”氛围、“那件”事情的特殊意义。真实展开“那个瞬间”的细节，刻画人物在“那个时空节点”中的个性：父亲的背影虽不美，细节刻画出的背影产生的过程却很真、很感人。

体会语言运用的技巧：在具体场景中，善用细节刻画人物；笔墨俭省，用词准确、生动、个性化而言近旨远，内涵深刻。

【小结】

“旧文”经过这样新教，引导学生细品“我”彼时所流下的“泪”，学生加深了对文本中“泪”的含义的体悟，对泪中蕴含的真情、深意理解更加具体清晰；同时从“父亲翻越铁道买橘”这一场景中，汲取到了记叙生动、具体，融情于事的方法，于平实语言中汲取到了真挚、感人的力量。

三、深味文本内容，洞悉生动与深刻[①]

阅读写人记事的文章，要透过对人与事的描写，仔细揣摩人物的言行、心理，体察人物的个性、情操，领会作者在人物描写中体现对人物品行的评价，在叙事中表现出的或隐或显的情感倾向，于写人记事中深入领会“事件”背后的价值、深意。

笔者在2016年11月成都市锦江区高中语文教研活动中，就《记梁任公先生的一次演讲》一文的文本解读及教学设计做了介绍。试图就文本所记叙的“演讲”这一异于寻常事的活动，紧扣“作者是如何借助笔墨生动而深刻地再现（记叙）演讲者的精妙演讲”这一特点，引导学生体会生动、深刻的写人记事的文章中作者是如何找准人物的特点尤其是主要特点，如何选取最能表现人物特点和文章主题的材料，综合运用多种写作手法，而且令语言各具特色的？作者是如何描写现实生活中的真实人物，描摹他们的音容笑貌，叙述他们的行为事迹，于字里行间自然融入真挚情感和深刻感悟的呢？进而引导学生辨识作者写作这一事件的独特视角、手法，以及如何扣住“演讲”这一事件的特点去分析事件的效果、价值和意义，挖掘出这一事件的独特之处等，最终体会在短小篇幅中“描写要深刻，格调要高雅”的精悍之妙。

文本解读

心声共激赏　启迪有余音

——《记梁任公先生的一次演讲》文本解读及教学设计

（一）教材价值简析

从四个方面认识教材的学科教学价值、育人功能。

1. 教材价值：编者如是说

《记梁任公先生的一次演讲》放在高中语文必修一“写人记事”这一

① 岳国忠，2016年11月，成都市锦江区高中语文教师主题教研会发言：心声共激赏　启迪有余音——《记梁任公先生的一次演讲》文本解读及教学设计。

单元。

本单元导语中这样表述："本单元所描写的均为现实生活中的真实的人，作者描摹他们的音容笑貌，叙述他们的行为事迹，字里行间融入真挚的情感和深刻的感悟。这些文章可以帮助我们增长见闻、明辨是非、领悟时代精神和人生意义。"

"阅读这些文章，要透过对人与事的描写，仔细揣摩人物的言行、心理，体察人物的个性、情操，看作者如何在人物描写中体现对人物品行的评价，如何在叙事中表现或隐或显的情感倾向。"

这样的"导语"，是引导学生在阅读文章时学语文，同时受人文熏陶，而不是单纯学习、了解作者的感情、思想是什么。

2. 教学内容的确定：教者如是说

基于对编者编写意图的认识，我们分别就教学内容的基本定位、教材内容具体定位进一步细化。

（1）基本定位

解读教材、理解文本：读懂文本中所写内容，知晓文本如何写作这些内容。

从内容上，读懂究竟写了什么，言语内容（语言内容）。

从形式上，辨清是如何写的，运用什么样态的言语形式（语言运用的层面）。

（2）教材内容具体定位

本单元导语中这样表述："阅读这些文章，要透过对人与事的描写，仔细揣摩人物的言行、心理，体察人物的个性、情操，看作者如何在人物描写中体现对人物品行的评价，如何在叙事中表现或隐或显的情感倾向。"引导学生如何阅读文章，如何接受人文熏陶。

人与事的描写：在内容层面上，找出并揣摩人物的言行、心理；初步理解，体察人物的个性、情操。

写法识辨：如何在人物描写中，体现对人物品行的评价，如何在叙事中表现或隐或显的情感倾向。——写法（描写、叙事中的抒情、议论，提炼对所写事件所持的观点态度）

育人价值与追求：学语文，受熏陶。语文中的思想、思维、思辨能力的培育，人文素养的培育；而不只是对"感情、思想是什么"做简单归纳概括、辨识提取。

3. 教学方式选择：教者如是做

为了有效厘定本文的教学方式，首先需要就“文本解读、文意理解”做好铺垫。

怎样让学生去体会“叙事中表现或隐或显的情感倾向，受到人文熏陶”这一点呢？在解读文本时，笔者尝试选择如下视角：

叙事的时空——抚今追昔。对梁任公先生当年的演讲的回想——笔而记之。

再现演讲风貌，绘声绘色、如临其境——先生的语言、神态、动作——细节与个性。

先生选择的演讲内容，《中国古代韵文里头所表现的情感》——韵文本身的情感，先生借这些韵文，表达自己的哪些情感——融个人的独特情感体验于古代韵文这一载体，借助演讲古代韵文这一形式，抒发自己的心曲。（借古人之事浇自己心头之块垒）

4.学习内容及方式选择：学生接受、理解与收获

学生的认知起点：本单元有《记念刘和珍君》《小狗包弟》，对这两篇课文的学习，可以为本文学习奠定基础，本文的学习可以说是对相关方法、技能的运用和提升。

语言为基础，抓取语言细节，品析语言（词句）背后的情味、意蕴。

写作技巧的类比与迁移，习得与内化写作技巧。

（二）解读视点

扣住文本特质，体察写人记事——于写人记事中体会“人、事、情”三要素的自然融合。

1.人——梁任公先生

对梁任公先生，作者是从哪些方面在写呢？

外部视角：衣着、动作（细节、肖像）。

内部视角：心理。

内外部视角的贯通：语言（言为心声）、神态（心之所悟、情感的流露）。

本文中尤为值得探究的是梁任公先生的“语言”。演讲的内容主题为《中国古代韵文里头所表现的情感》，演讲关键词依次为“中国”“古代”“韵文”“表现”“情感”。这就是结合中国古代韵文的具体内容，品析“中国古代韵文”这一言语形式，以及这一言语形式如何抒发或表现情感的。

演讲内容的选材上，三则材料都紧扣关键词，属于“中国”“古代”“韵文”：《箜篌引》四言、《桃花扇》戏剧文学、《闻官军收河南河北》唐诗七言律诗，三则材料具有历史的纵深感，但又不是刻板地按照历史的顺序罗列，三则韵文在体裁上有继承和发展的逻辑关系。诗歌：从先秦的四言诗到唐代臻于完善的七言律诗；《桃花扇》为传奇剧本，而明代传奇是对元曲元杂剧、唐宋传奇的发展，与诗歌有着紧密的联系，由此可见“梁任公先生晚年不谈政治、专心学术”之“专心”与“专业”。

【知识链接】

20世纪之初，王国维自1908年至1912年钻研中国戏曲，曾极口称赞元剧之文章，但却认为不及《桃花扇》。他在《文学小言》中说：“元人杂剧，辞则美矣，然不知描写人物为何事。至国朝之《桃花扇》，则矣！”王氏指出，在刻画人物性格方面，《桃花扇》是中国戏曲史上无与伦比的杰作。1915年，吴梅为暖红室校订《桃花扇》后，写了一篇题识，并在所著《顾曲麈谈》中赞扬此剧不独词曲之佳，即科白对偶，亦无一不美。1918年7月，他又写了《桃花扇传奇跋》，专论其艺术成就说：“东塘此作，阅之久，凡三易稿而成。自是精心结撰，其中虽科诨亦有所本。观其自述本末，及历记考据各条，语语可。自有传奇以来，能细按年月确考时地者，实自东塘为始，传奇之尊，遂得与诗文同其声价矣。”王国维是20世纪中国戏曲史学科的开创者。王国维、吴梅对《桃花扇》的艺术评价很高，但都没有触及孔尚任的身世的思想内容。在清末民初，能结合文艺思潮来探索孔尚任《桃花扇》主旨的学者，当推梁启超为第一人，他在《小说丛话》中首先揭示了《桃花扇》的民族主义实质，他说：“《桃花扇》于种族之戚，不敢十分明言，盖生于专制政体下，不得不尔也。然书中固往往不能自制之使人生故国之感。……读此而不油然生民族主义之思想者，必其无人心者也。”（阿英编：《晚清钞·小说戏曲研究卷》，中华书局1960年版，第314页）（《桃花扇》是中国清代著名的传奇剧本，作者是孔尚任，是他经历十余年三易其稿而完成的。此剧表现了明末时以复社文人侯方域、吴次尾、陈定生为代表的清流同以阮大铖和马士英为代表的权奸之间的斗争，揭露了南明王朝政治的腐败和衰亡原因，反映了当时的社会面貌。即作者自己所说：借离合之情，写兴亡之感，实事实人，有凭有据。通过侯方域和李香君悲欢离合的爱情故事，表现南明覆亡的历史，并总结明朝300年亡国的历史经验，表现了丰富、复杂的社会历史内容。《桃花扇》是一部表现亡国之痛的历史剧。作者将明末侯方域与秦淮艳姬李香君的悲欢离合同南明弘光朝的兴亡有机地结合在一起，塑造了一系列栩栩如生的人物形象，悲剧的结局突破了才子佳人大团圆的传统模式，男女之情与兴亡之感都得到哲理性的升华）

【思考】

从诗歌选择上的一以贯之来看，三则材料中的诗歌，作为“典事”本身所表达的情感样态有“个人命运、国家命运、家国情怀”；梁任公先生在演讲中借这些材料，又传达了他本人怎样的心声？换言之，梁任公先生借助演讲《中国古代韵文里头所表现的情感》，表达了自己怎样的情感？

2. 事——演讲

演讲异于寻常之事，扣住演讲的特点分析事件的效果、价值和意义，挖掘出这一事件的独特之处；辨识作者写作这一事件的独特视角、手法。进一步收缩教学内容：

（1）与演讲直接相关的内容

梁任公先生演讲了什么（内容）？他是如何演讲的（对谁演讲的，演讲的技巧、方法）？他演讲的效果怎么样（价值意义、听众的收获）？

（2）与演讲间接有关的内容

隐含信息：从演讲的效果、影响（价值、意义）谈起。

“二十余年”的回响——影响深远，“思想启迪领导”——“他的学术文章对青年确有启迪和领导的作用”。可谓历久弥新——源于梁启超当年演讲生动、思想深邃。

显性信息：扣住“一”“二”“三”“四”，走向文本深处。

“一”：扣住标题中的“一次”——这一次印象深刻，影响久远——凸显的是“演讲的水平、意义和价值”等内在的含义。

【梳理】

我在听先生这篇讲演后二十余年，偶然获得机缘在茅津渡候船渡河。不禁哀从中来，顿时忆起先生讲的这首古诗。

——触景生情

“二十余年后，偶然渡河、哀从中来、顿时忆起”

——印象深刻、历久弥新，深烙心底，可见先生所讲这首古诗及其情状，自己早已刻骨铭心！

“这一篇讲演分三次讲完，每次讲过，先生大汗淋漓，状极愉快。”

——讲演的情状

“于是我想起了从前的一段经历”

——念念不忘，自然回响，先生的演讲

“二”：两个时空的切换——在二十年后，回想二十年前的演讲——如此清晰、历历在目，凸显的是演讲的感染力、持久的生命力——演讲的水平、演讲的内涵；演讲的价值与意义。

“三”：三个关键词：有学问、有文采、有热心肠。文本中何以见得?

“三个具体的材料”——可以是分别照应先生的三段人生经历：

箜篌引——对应戊戌变法，谭嗣同等人的遇害；

桃花扇——对应追随变法，失败而国运之衰的个人的愤懑；

杜甫诗——对应忧国之烈，忧国忧民，渴望国富民强的内心激越。

先生的“学问”和先生的“文采”从上述三则材料中可以看出。

先生为何能这样演讲?

只有“学问”和“文采”够吗?——热心肠！

“四”：先生“有学问”“有文采”，更“有人格”“有抱负”。

先生“有学问”“有文采”——是我的老师——学问上的老师。

先生有担当、有抱负、有激情、有理想，有忧国忧民的使命感——是我精神的导师。

先生有“人格”、有“抱负”——先生的演讲二十多年过去了，求之当世能有几人——先生的光辉！先生斯人已去，丹心永存！颇有“泰山其颓乎，梁木其坏乎，哲人其萎乎！”之遗恨！以先生之“有”，衬当世之社会现实之“无”。

3．情：本文“情”的含蓄深沉，丰富浓郁

披文入情，深悟文以载道、文以言志、文以载情、文以载理；情、意、理、志、趣的丰富内涵。文章开篇写道“梁任公先生晚年不谈政治、专心学术”，演讲中体现了他的“专心学术”这一方面，但“晚年不谈政治”这一句话，从演讲中所传递的情感、思想来看，“不谈”并非“不关心”“不过问”“不思考”——“饮冰室”何以“忧心如焚”？

在演讲中传递的思想情感态度，引领和启迪青年学子，这与梁任公当年身先士卒、先后参与的戊戌变法、袁世凯政权等经历相比，只是变换了关心政治的形式。其心肠依旧“热”！这才是“热心肠”之“热”的深刻内涵！

教学设计

《记梁任公先生的一次讲演》

（一）明晰“任公这一次演讲”的内容

1. 第一层面：梳理文本中与演讲直接相关的内容

（1）梁任公先生演讲了什么（内容）？

（2）他是如何演讲的（对谁演讲的，演讲的技巧、方法）？

（3）他演讲的效果怎么样（价值意义、听众的收获）？

2. 第二层面：与演讲间接有关的内容

隐含信息：从演讲的效果、影响（价值、意义）谈起。

“二十余年”的回响——影响深远。

“思想启迪领导”——“他的学术文章对青年确有启迪和领导的作用”。

可谓历久弥新——源于梁启超当年演讲生动、演讲内容的思想深邃。

显性信息：扣住“一”“二”“三”“四”，走向文本深处，体会演讲的“生动”、领悟演讲的“深刻”。

（二）体会作者记叙任公这一次演讲的“生动”处，领悟其演讲的“深刻”处

1．“一”：扣住标题中的“一次”——这一次印象深刻，影响久远——凸显的是“演讲的水平、意义和价值”等内在的含义。

【示例】

我在听先生这篇讲演后二十余年，偶然获得机缘在茅津渡候船渡河。不禁哀从中来，顿时忆起先生讲的这首古诗。

“二十余年后，偶然渡河、哀从中来、顿时忆起”——印象深刻、历久弥新，深烙心底，可见先生所讲这首古诗及其情状，自己早已刻骨铭心！

“这一篇讲演分三次讲完，每次讲过，先生大汗淋漓，状极愉快。”——再现先生讲演时的情状。

“于是我想起了从前的一段经历”——聚焦先生的演讲事实。

2.“二”：两个时空的切换——在二十年后，回想二十年前的演讲——如此清晰、历历在目，凸显的是演讲的感染力、持久的生命力——演讲的水平、演讲的内涵；演讲的价值与意义。

3.“三”：三个关键词：有学问、有文采、有热心肠。文本中何以见得？

“三个具体的材料”——可以是分别照应先生的“三段”人生经历。

【知人论世】

《箜篌引》——对应戊戌变法、谭嗣同等人的遇害，借助至情至性爱情的悲剧故事，隐含任公先生的政治倾向与立场，他就如那位白发狂夫般坚持自我理想，在明知不可为的情况下仍执意为之，即使失去生命也在所不惜，颇有“飞蛾扑火”亦绝不后悔的气概，所以此诗中也蓄积着爱国深情。

《桃花扇》——孔尚任戏曲悲叹明朝灭亡。隐喻任公早年曾追随的光绪帝。光绪帝面对甲午战争战败的屈辱，深知“非变法不能立国”而决心变法图强。后来慈禧太后发动政变，光绪帝被囚禁，戊戌变法失败，光绪“力图振作”的愿望始终无法实现。梁任公借此典事悲叹自己早年曾经追随的皇帝，悲于国之衰亡，此悲亦源于他那一腔爱国真情！

《闻官军收河南河北》—广德元年正月，史思明的儿子史朝义兵败自缢，其部将田承嗣、李怀仙等相继投降。“穷年忧黎元，叹息肠内热”，正流寓梓州，孤苦漂泊的杜甫闻此消息，心情无比喜悦，以饱含激情的笔墨作此诗篇。“初闻涕泪满衣裳”，听到叛乱已平的捷报，一刹那所激发的感情波涛，喜极而悲，惊喜的情感洪流涌起的泪水。梁任公演讲时正当国家军阀混战、动荡不安，与杜甫所处时代极其相似—国家动荡让任公涕泗交流，战乱平定让任公张口大笑，他与杜甫一样忧国忧民，渴望国富民强，他的“一涕一笑”中，可看出任公先生率真崇高的爱国情怀。

可见，任公先生的“学问”“文采”均可从上述三则材料中看出。

【追问】

梁启超先生为何能这样演讲？他做这样的演讲，只有“学问”和“文采”够吗？

【明晰】

肯定不够，必须有“热心肠”！演讲中所引用的三首诗都表现任公炽热爱国心的情感，讲他是“热心肠的学者”，其实质就是赞赏他的炽热的爱国心。

4.“四”：四个方面的精神内涵——先生“有学问”“有文采”，更“有人格”“有抱负”！

先生“有学问”“有文采”——是我的老师——是我学问上的老师。

先生“有担当、有抱负、有激情、有理想，有忧国忧民的使命感”——是我精神的导师。

先生有“人格”有“抱负”——先生的演讲二十多年过去了，求之当世能有几人——先生斯人已去，丹心永存！颇有“泰山其颓乎，梁木其坏乎，哲人其萎乎！”之遗恨！

此处以先生之“有”，衬梁实秋所处当世社会现实中之“无”。

换言之，先生是我灵魂的引领者。

（三）再悟作者记叙任公这一次演讲的“深刻”

【思考】

文章开篇写道“梁任公先生晚年不谈政治、专心学术”，演讲中体现了他的“专心学术”这一方面，但“晚年不谈政治”这一句话，从演讲中所传递的情感、思想来看，如何理解“不谈”？

联系前面所记叙的演讲内容，“不谈”并非“不关心”“不过问”“不思考”，再联系其居所名称“饮冰室”的内涵：

【链接】

“饮冰”一词源于《庄子·人间世》：“今吾朝受命而夕饮冰，我其内热与？”原意就是比喻自己内心之忧虑。当年，梁启超受光绪皇帝之命，变法维新、临危受命，面对国家内忧外患的交煎，梁启超内心之焦灼可想而知，如何解其“内热”？唯有“饮冰”方能得解。所以，他正是借“饮冰”一词，表达自己内心之忧虑焦灼。

联系作者记叙的任公在演讲中所传递的思想情感态度，对青年学子的引领和启迪等，这与任公当年身先士卒、先后参与的戊戌变法、袁世凯政权更迭等经历相比，只是变换了关心政治的形式，其心肠依旧“热”！这“不谈政治”恰是“热心肠”来的任公欲谈而不得，欲罢而不能“忧心如焚”的生动写照，也可以看出任公早年的演讲带给作者思想的深刻启迪。

【小结】

《记梁任公先生的一次演讲》作为记事写人的佳作，作者梁实秋作为学生，再现老师梁任公（启超）先生二十余年前的演讲情形，可谓一位“大家”在回忆、纪念一位“大家”。教学中便不能只观照“任公演讲的内容”及其“演讲的特点”，而是既要“品文”——“正面描写绘神采、侧面描写衬影响、细节白描画神韵”，更要“品人”——任公先生的风貌、风度、风骨、风神，以及留给学生的精神风采和神韵。教学中扣住“演讲内容”，紧扣演讲文本内容中的“一”“二”“三”“四”，辨识作者写作这一事件的独特视角、手法，体悟作者借助笔墨再现（记叙）演讲者的精妙——“凸显生动”，分析事件的效果、价值和意义，挖掘出这一事件的独特之处，进而“彰显深刻”。对学生如何通过学习本文理解“精当记事”“精妙写人”，或有裨益。

四、审时度势，知人论世需适宜

在古今散文、小说、古代诗歌的阅读鉴赏教学中，“背景介绍”“作者简介”已成为部分教师导课、开课的必备“杀手锏”，还美其名曰“知人论世”。了解一个人并研究他所处的时代背景，对于作品主旨、主题的理解固然有重要作用，但甫一接触文本，便欲收获《吕氏春秋·察今》所云那般效果——“尝一脟肉而知一镬之味，一鼎之调。[①]”殊不知，只是借“知人论世”之名蜻蜓点水般泛泛介绍，浅尝辄止，学生仅凭这一知半解，哪还会有多少主动思考、体会探究的兴味？

①［汉］高诱注，陆玖译注．吕氏春秋 [M]. 北京：中华书局，2011.

带着“知人论世”前置输入的结论性的“前见”再去读文本，反倒会产生“先入为主”的感觉，长此以往更容易在学习上“概念先行”“以时代背景的共性特征去代替作者的个性表达”，习非成是，漠视甚或忽略文本的言语形式和言语内容本身的独特之处。因此，“知人论世”在散文、小说、古代诗歌教学中的运用尤需小心，于教学内容的助读理解“当用之处”，于课堂进程推进中的“当用之时”用，而非泛泛使用。

第二节 诗词教学，探幽诗词之妙

中国古典诗词教学，吟诵、诵读是必备的教学手段，自古洎今，概莫能外。

“诵读”益处多多，切合诗意的诵读，可正诗词读音，读来顺畅流利；可明诗词节奏，读来张弛婉转；可感诗词音韵，读来韵味悠长；可触诗词情感，读来以声传情，引人入胜……

“分析意象”“揣摩意境”“辨析表达技巧”“分析表现手法”“探析诗人情感”等，通常是古典诗词教学中普遍的内容选择。但是，“绝句”与“律诗”、乐府诗与词与曲，虽都可以归入古典诗歌，但它们毕竟体式不一，各具个性，作者迥异，风格异殊，若仅仅以“意象意境”“手法技巧”“情感主旨”的分析或辨析或理解去应对万千诗歌，那也会千篇一律、万调同音、单调乏味甚或滋味全无，最终令诗意荡然无存。

为此，本专题在遵循诗歌教学基本范式的前提下，试图从“重视体式，味道守真品情志”“以诗解诗，披文入情善‘出入’”“多重对话，理解视域多向度”“发展思维，尺水亦可兴波澜”四个维度，从“诗歌体式中独特的情意表达方式”“遵循诗体特点带领学生品析诗情，读诗知‘出入’”“多重对话拓展理解视域向度”“多维思辨，发展学生思维”等教学点位，跳出“一读解千文”的教学套路，寻觅古典诗词教学的新径、新法，把诗词教得像诗词，赋还诗词应有的味道。

一、重视体式，味道守真品情志

古诗词教学，“诵读”至关重要。教学中反复“诵读”，以声传情固然重要，若仅仅是凭借声音的形式技巧，未能体味诗之个中三昧，也难以传递诗情。这样的诵读，哪怕是诵读千遍，其义也难自见。

古人对于诗文强调“讽诵”“吟咏”。“熟读唐诗三百首，不会吟诗也会吟”，熟读成诵，强调读准、读熟、记住，当然最好还要能用、会用。《义务教育语文课程标准（2011年版）》对“诵读古代诗词”要求为“阅读浅易文言文，能够借助注释和工具书理解基本内容。注重积累、感悟和运用，提高自己的欣赏品位”。可见，“诵读”除应具备基本的前提——读准字音、节奏外，还应有触摸到语言背后的语调轻重适度，语速缓急得当，“诗意、诗情、诗境”自然流淌于讽诵之声中。如此，方有利于积累语言，感悟情感，习得表达，学以致用；否则，再美好的声音技巧也都只会是形式的空壳，不利于“理解作品的思想内涵，探索作品的丰富意蕴，领悟作品的艺术魅力”[《普通高中语文课程标准（2017年2020年修订）》]。

解读案例

此中有新意，细品乃得言

——苏轼《定风波》备课札记

苏轼的《定风波》作为古典诗词教学的“定篇”，历来研究者众多。纵览其着力点，论者多着意于探寻诗人的理性哲思，着意于诗人所抒发的独特人生体悟；理解时又常常借助苏轼的其他文本做类文比较，多联系时代背景知人论世。例如，“理解苏东坡达观的处世态度，真正体悟苏东坡旷达的胸襟。抓住关键词语，理解诗词内容，体悟诗词感情。理解苏东坡达观的处世态度”①；又如，“发现词中短短的文字符号构造了一个丰盈而灵动的意象世界”②。教学中，内容选择上又多联系苏轼的《念奴娇·赤壁怀古》《赤壁赋》以及余秋雨的《东坡突围》、林语堂的《苏东坡传》等作品外围辅助，帮助理解词人的思想主旨、情感态度等。

---

① 潘胜.《苏轼词两首·定风波》教学设计 [J]. 学语文，2015(02).

② 田英华.苏轼《定风波》的一种解读 [J]. 名作欣赏，2008(11).

这些做法自是无可厚非。其实文学作品的品读，首先还应该关注作品本身，诗词教学尤应如此。为此，我在备教《定风波》时，立足词作文本，既关注支撑文本的语言细节，又关注文本语言的组织形式，通过揣读作品语言，把握词作细节，分析词作结构形式的独特之处等形式，尝试带领学生于词作的细微之处窥悟词人丰富的情感世界。

（一）小序与词作中的“雨”：形断意联

小序和词作中，“雨”，一直挥之不去。解读时可着意这一点，去发掘“雨”的意义。

“雨”乃古典诗词中寻常之景。然本词中之“雨”，却有诸多不寻常之处。

1.“雨”：营造了词人情志抒发的时空背景，形成了形断意连的情意纽带

“小序”中，词人交代了“遇雨”以及“遇雨”时“雨具先去”等内容，为词作中抒写自己的独特感受做铺垫。正因为这“雨”以及“雨”中的这番体验，才有词作上片中对“烟雨”、下片中对“风雨”的独特认知。“雨”，可谓词人情意的触发器；“雨”中的独特认知，可谓词人情意的巧妙外显。

“道中遇雨”，交代了写作本词的特定时空背景以及此背景下独特的生命境遇及认知缘由。作者究竟前去做过什么呢？结合课文对“沙湖”的注释可知，“词人之前去沙湖看田”；如果再对本词做一整体观照，不难发现，下片中词人还写道“料峭春风吹酒醒”，可见，词人于看田过程中，曾饮过酒；因此，“道中遇雨”，必然是词人在饮过酒的归途中突然遭逢的这场雨，这“雨”为词作中的抒情提供了丰富的内容支撑。

2.“雨具”：提供了词人哲思理趣的触发器，制造了事件的矛盾与波澜

生活中总希望有备无患，然而本词中虽备了“雨具”却依然淋雨，词人本意是欲“有备无患”，现实结果却事与愿违，虽有备仍“生”患，可谓意外。“先去”与“同行皆狼狈”二句中道出了此番意外——“雨具先去”，表明词人在饮酒之后欲归之时，是曾“有所备”的，可谓有备无患，但是此处却因“雨具”被自己的仆人先行带走了，因此只得与众同行皆狼狈，可谓

虽曾“有备”却亦“生患”。

这原本是生活中的一个小细节。然而，置入全词去考虑，这一看似平淡处，却可发现深藏的哲理。借此可以引导学生进一步思考作品中的词人的具体形象。 可设计“微课”予以探究：

【问题探究】

从词人的这番遭遇（这一时空特定的情感体验）中，结合苏轼的人生经历生发开去。你于此处，能够读出怎样的人生况味呢?

【解决策略】

此处可链接苏轼写作此词的相关背景以及苏轼的人生主要经历，供学生“知人论世”。

【寻找关联】

由词作，读出词中作者的形象：综合全词以及苏轼的人生经历进行思考，苏轼的人生尽管有安排、有计划，但人生路上不可能事事顺遂，多有偶发事件，令其始料未及。譬如，苏轼早年得志，平步青云，深得欧阳修厚爱，又可曾料到自己因反对王安石变法，上书言事却惹出人生大祸?

【思考探究】

如何品味诗词中诗人传达的“人生况味”？

【思考初悟】

常说有备无患，其实有备亦可生患，因为时移世易，变数、变化始料未及。为此，要多角度思考，多方位应对。

人生路上充满偶然，有准备的人生，也不一定就没有风险。启发我们要学会辩证思考，不钻牛角尖，不盲目乐观固执己见，学会拿起，更要学会放下。

人无远虑，必有近忧；虽有远虑，亦生近忧。事情总是在发展变化之中，世事难料，启发我们要相机行事，不可一成不变，更不可墨守成规。

一个人可以走得更快，却难以走得更远。尽管作者自己虽有准备，但是仆人未同心更未同行，携雨具先行，体现出团队同心、步调一致的重要性。启示我们，团队很重要，团队中的协调一致更重要。合作、交流、共融、共生。人有悲欢离合，月有阴晴圆缺，此事古难全……

【设计意图】

这一环节，是引导学生结合词作信息，读出词人的人生境遇、生命况味，还需要启发学生，联系自我的人生去思考、去体会，从而读出自我的人生体悟。实现读书以明理，读书以启智，读书以丰富生命的意蕴等目的，以培育学生的语文核心素养。

（二）“独不觉”：客观事实与主观感觉的背离

1.“余独不觉”：并非真不觉，而是自有境界，自有格调

“雨具先去”，同行皆狼狈，“余独不觉”。在“物”与“我”的双向观照中，“同行”之“狼狈”者、“余”之“独不觉”者，表面上看是各自遇雨之后的情态。其实，联系词作，可见“余独不觉”这一话语中留有空白，可资深究。

【问题设置】

（1）余独不觉“雨具先去”？——酒已微醺。

（2）“余”独不觉同行狼狈？——自己与同行一样狼狈，并无不同。

（3）余独不觉“偶遇春雨”之败兴？——凸显诗人的达观与豁达。

（4）余独不觉“雨具先去”之无奈？——不迁怒、不贰过、随遇而安、平和心境。

（5）余独不觉“自己与同行对待偶遇这场雨的差异”？——超然于物、超然于人、超凡脱俗。

诸多空白，皆可引导学生去挖潜补白，逐一比较、玩味。于补白的过程中，则可看出学生认识到这首词中的“苏轼”这一人物形象的真实面目，进而探析到苏轼性格特点的“表层所见”与“深层所隐”。

2.“烟雨”：现实处境与命运遭遇的心灵具象

烟雨，本意即像烟雾那样的细雨，这与小序中的“三月七日”这一季节特点相符合。词下片谈到“料峭春风吹酒醒”，可见这“烟雨”正当春季三月。

“谁怕”“一蓑烟雨任平生”，表面上看，意为“有一领蓑衣就足以对付一生的风雨侵袭了”。深究“谁怕”和“一蓑烟雨任平生”，其实这两句中都潜藏着“反常”：

“有”与“没有”辨有无。且看：小序中已做交代，“雨具先去”，那么，此刻身处春风春雨中的词人究竟是“拥有了一领蓑衣”还是“缺少一领蓑衣”呢？从事实本身来看，词人此时此刻是“缺少那一领蓑衣”的，但是

从作者所表达的情意态度来看，他似乎已经拥有“那一领蓑衣”。因此，在这里面，我们可以做两种理解假设，然后让学生去比较和评判，以比较两种理解各自传达出的作者形象和风度气质。

【思悟】

第一种：“只要我有一领蓑衣就足以对付一生的风雨侵袭了”（传达的是乐观、豁达、知足常乐、随遇而安的心态）；第二种：“尽管我没有那一领蓑衣，但是我依然可以对付一生的风雨侵袭”。（传达的是坚定、乐观、不畏艰险、越挫越勇、百折不挠的挑战精神）

“怕”与“不怕”辨虚实。“谁怕”二字，也可深究。“谁怕”之后缺省了内容。联系后文，应该是“春风春雨的侵袭”。进一步思考：究竟是“谁怕”春风春雨的侵袭，还是“谁不怕”春风春雨的侵袭?

联系前文“余独不觉”可知，应是“我苏轼不怕这春风春雨的侵袭”。此处以“谁怕”这一反问句，表达的是“我不怕”这一肯定的态度、坚定的信念。这一句式变换，可见苏轼对“风雨毫不畏惧”，与小序中的“同行皆狼狈，余独不觉”亦相呼应。

视“有”若“无”悟超脱。“也无风雨也无晴”一句中，“风雨”，联系词作可知，“风雨”即春风春雨。表面上看，“也无风雨也无晴”再次与前文的“道中遇雨”“烟雨”“已而遂晴”等相呼应。

然而，这之中的“也无”亦属反常：据上句“回首向来萧瑟处”可知，“向来萧瑟”就是指的“刚才经过的遭受风吹雨打而使人感到凄凉的地方”，这是客观存在的事实经历；然而词人却强调“也无”，将词人明明白白经历过的，当作没有经历过的，这并非词人沉醉之后的错觉，而是清醒之后（“料峭春风吹酒醒”）的主观感觉；再者，词人不说 “真无”“本无”，可见这一“也”字，意味深长。这一“也无”是词人对客观事实的超越，是主观精神的自我感知甚至是判断。正是这一“也无”，足见词人独特的个性认知，可见“也”字，凸显作者“看得开”“放得下”的达观。

（三）“却”字别解：生命的豁达与敞亮

“山头夕照却相迎”一句，有的理解为“山头初晴的斜阳却应时相迎”；有的理解为“山头斜照却相迎，表现了词人被谪后的乐观心态。虽然有点冷落，但却有山头斜照相迎，此处寓意应该是词人受到辖地人民的欢迎”。或者理解为“抬头，迎面看到山头即将落日的夕阳（斜照）”。第一种理解，将“却”字释为“但是、然而”，表转折；第二种理解，只是描绘出了当时的情景，忽略了对“却”字含义的坐实。个人觉得，这些理解都未对“却”字理解到位。

若联系上下文，将“却”字释为“退却”，即“退着步子”，再联系“相”字在诗词中常有“我”这一代词用法及意义，那么，这一“却”字理解为“退步”，便为拟人手法；“却相迎”，便可解释为“退着步子迎接我”；“山头斜照却相迎”整句便可理解为“山头的夕阳，退着步子迎接我”。如此，作者眼中的夕阳落山，便别具情态——夕阳不再只是时间观念上、空间视阈中的落山、西下，而是于迎接着我归去的拟态之中，凸显其至美人情；再者，“夕阳退着步子迎接我”“我迎面赶上去”“夕阳落山”与“我等迎面赶上”，又于物我的互动之中增添物我相携、相谐的雅趣。还在这拟人化的描写中，道出了作者别具一格、异乎同行众人的审美感受，把夕阳之美人格化、人性化，刻画得富有生命气息，这生命的气息正是作者“余独不觉”雨具先行具去的懊恼，而“独觉”到生命中的另一番哲思、理趣、美意。这便是苏轼眼中的另一番意趣，生命的豁达与敞亮！

【链接】

《定风波》后“风”不定——《定风波》听课之后有所思。

教学苏轼的代表作《定风波·莫听穿林打叶声》，势必绕不过这样的核心问题：本词的教学内容应该如何确立？如何把确立的教学内容转化为教学内容？选择怎样的方式进行教学？

本文拟重点探析这一问题：本词的教学内容应该如何确立？

教学内容确立，需要关注学生的认知起点。需要问诊学生学情。本词的教学对象是高二学生，他们已经在初中阶段对这一首词有所诵记，而且这首词本身在文字上，初看并无多大难度，学生在阅读上障碍不大；初中已经诵记过的文本内容，此时重温，自然缺少了文本的陌生感，反倒有似是而非的形象，甚至还会有一些程式化的感知。

面对这一认知起点，该怎样去确立本词的教学内容？

辨文识体，明晰“词”这一形式的文本的结构及内容特点。本词由“上阕”和“下阕”两部分组成，上下两阕，在内容上有何关联？在明白所写内容异同的基础上，带领学生进一步研究本词上下两阕内容与所学过的《念奴娇·赤壁怀古》在内容呈现上有何不同。

《念奴娇·赤壁怀古》全词亦由上、下两阕构成，其上阕“大江东去浪淘尽”至“江山如画”，都着意于叙述、描写；而下阕除了“多情应笑我”有议论成分之外，其余内容主要是在叙事、描写。可以说，这是一首在叙事、描写之中，熔铸了宏大叙事与细节描摹，将叙事、绘景、抒情三者自然结合的佳作。而《定风波·莫听穿林打叶声》之上阕，带有鲜明的议论色彩，以“莫听”“何妨”“胜”“谁怕”一组词语，表明词作者的观点态度，议论抒情的特点显著；而在“下阕”，重在叙事，以“料峭春风吹酒醒”“山头斜照却相迎”“归去”叙写了事件进程。最后以“也无风雨也无晴”这一议论句作为词作结尾，与开篇遥相呼应。由此可见，本词重在议论抒情，言志抒怀。

因此，本词在教学内容的选择上，虽然要关注所写物象、意象，但是更应该关注的是这些物象、意象对于抒情议论的具体作用和意义，这才有助于进一步揣摩作者融入词作之中的情意志趣，咀嚼出语言文字背后潜藏的作者情感。

因事识人，明晰“余独不觉”的内涵。词作中，如何体现“独”这一特点，词人“独不觉”的内涵？词人为何“独不觉”？这些问题都需要带领学生进入词作内部去反复涵泳，品咂体会。

“独”，是词作中作者的个性气质，也可以认为这就是全词以议论为纲的根本。体会这一“独”，在词中可以去挖掘这些内容：

道中突然遇雨，同行皆狼狈，但请看作者何为？——“莫听”“吟啸且徐行”“谁怕”“任平生”，这些都还只是风雨中作者的外显形象，而外显形象的背后则是词人内在的那份风雨不惊的超然与洒脱。

“独不觉”的，其实不只是现实的风雨，更有人生的“大风大雨”，尽管如此，作者也淡然处之，不惊不躁，泰然自若。

“任平生”，表明不只是“此段时空（遭遇贬谪）”中的“料峭春风”“春雨”，更有“人生（终其一生）”的风雨（苦难、困厄、穷困等不如意的遭遇），不管是何时、何地、何境的何种“风雨”，都以一个“任”

字去面对、消解，尽显词作者个性之率真、洒脱与不拘，更是为“独不觉”做了充分的注解。

二、以诗解诗，披文入情善“出入”

宋·陈善《扪虱新话·读书类》：“读书须知出入法。始当求所以入，终当求所以出。见得亲切，此是入书法；用得透脱，此是出书法。盖不能入得书，则不知古人用心处；不能出得书，则又死在言下。惟知出知入，乃得尽读书之法也。”“因为诗是语言艺术，并不在直接诉诸视觉，而是诉诸读者的想象和经验的回忆，没有直观的生理刺激。①”因此，对古代诗歌的教学，笔者一直做这样的尝试：以“诗的形式”带领学生品析诗的情感。教学中，基于诗歌语言，立足语言品读诗歌，品读中注重调动学生的想象，披文入情，还原或建构品析诗歌文本的意境，揣摩语言背后所蕴藏的情味，探寻“入”诗的路径，再能够带着体验和收获走出诗歌，表达和交流自己的所知、所感、所惑、所思、所悟等，得以知“出入”。

教学实录

《茅屋为秋风所破歌》②

（该课荣获教育部 2013 年“转变学习方式研讨会”初中组献课特等奖）

（一）导入新课

师：（投影PPT1）出示对联：

“诗史数千言，秋天一鹄先生骨；草堂三五里，春水群鸥野老心。”

请大家读一读，能看出对联中所写诗人是谁吗?

生（齐答）：杜甫。

师（笑）：大家的眼光很敏锐。从哪些地方可以看出是在写杜甫呢？谁

① 孙绍振．批判与探寻：文本中心的突围与建构 [M]. 山东：山东教育出版社，2012：71.

② 岳国忠．《茅屋为秋风所破歌》教学实录 [J]. 山西：语文教学通讯（高中版），2014（7）：143–147.

来说说？

生甲：从“野老”可以看出，因为杜甫自称“少陵野老”。

师（赞赏道）：有见地！杜甫有诗句“少陵野老吞声哭”为证。（期待地询问）大家还有别的发现吗？

生乙：从“诗史”可看出，因为杜甫的作品被称为“诗史”。

师：是的，我们还可以肯定地说，在浩若烟海的中国古代诗歌中，只有杜甫的作品才被称为“诗史”！你能再把你所了解的“诗史”知识给大家普及一下吗？

生乙（笑笑）：摇头。

师：关于“诗史”的知识，大家可以课后进一步去查阅。杜甫在安史之乱期间所写的作品多有反映民间疾苦的心声，因此被冠以“诗史”称号。比如，我们学过的《石壕吏》便是这类作品的代表。再看看对联中，还有能够解惑的密码吗？

生：沉思、摇头。

师：请大家再次诵读对联，看能不能有所发现。

生诵读毕，一齐大叫：还有“草堂”！

师（微笑、点头赞许）：对，还有“草堂”，这可是杜甫流寓成都期间的居所。后人为缅怀他，重新修葺后，我们今天称之为“杜甫草堂”。同学们学习中的这种勤积累、善联想的习惯值得发扬。我们今天就一起走近杜甫，学习他的《茅屋为秋风所破歌》。

【由刘咸荥所撰对联引入本诗的教学，一则于师生的诵读、交谈之中缓解学生的紧张情绪；二则激发学生对本诗的学习兴趣；三则检验学生的语文基本素养、语文知识的积累情况。】

（二）初读全诗，整体感知

师：现在请大家自由朗读全诗，读的时候要读准字音，读准诗歌的节奏。读完全诗，结合你的理解，谈谈你所认识的诗歌中的杜甫。（教师投影PPT2）

认识的角度：①诗歌中，他是个怎样的人？②诗歌中，他过着怎样的生活？③他为何会有这样的生活？

学生自由朗读全诗，教师巡视倾听。

师（期待地）：读完了吧？谁来说一下他的发现？

生甲：我认为诗歌中的杜甫是个很闲适的人。（其余学生闻此很是惊讶，有学生想反驳，教师示意他稍作等待）

师（面向生甲）：哦？你认为杜甫是个“很闲适的人”，那谈谈你的理由，从诗歌中找出能体现诗人“闲适”的内容。

生甲：我从“安得广厦千万间”这句中的“广厦千万间”里，读出了他的闲适。

师（微笑着）：你认为“广厦千万间”这一内容体现了杜甫生活的闲适——他是有房一族，房子还很多，生活当然富足闲适了，对吧？（该生点头，其余学生大笑）

师（面向其他学生）：同学们，你们也这么理解吗？（其余学生摇头）若不认同这观点，请表达你的发现。（师请一位摇头的学生发言）

生乙：“安得广厦千万间”中，“安得”是“怎么才能求得”的意思，这表达了作者的焦虑心情，并不是说他已经有了千万间广厦。但是不能把“安得”所强调的意思忽略了，因此，这句诗不能看出杜甫是个闲适的人。

师（再次询问生甲）：你现在认同这位同学的说法吗？

生甲点头。师拍拍他的肩头，示意他坐下。

师（期待地）：他过着怎样的生活？谁来说说。

生丙：他过着艰辛的生活。你看诗中写道：“布衾多年冷似铁，娇儿恶卧踏里裂。床头屋漏无干处，雨脚如麻未断绝。”

师（点头）：请你读读这些诗句，再具体说说，其中哪些内容体现了杜甫生活的“艰苦”呢？

生丙:“布衾多年冷似铁”，其中“布衾冷似铁”写出了被子像铁一样硬，一样黑；用了“多年”说明了他家生活的拮据，一直没办法更换新的被子；“冷”写出了被子的薄，不保暖。还有“娇儿恶卧踏里裂”，他的小孩因为冷得睡不好，把被子里面都蹬裂了，说明被子用得很久了，质量已经很不好了。“床头屋漏无干处，雨脚如麻未断绝。”这写出了他的房屋到处在漏雨，并漏得厉害，这些都体现了他生活的艰苦。（该生说完，响起掌声）

师（赞许地）：你的表达很流畅，分析很清晰。这就启发我们，分析诗歌内容，要善于抓住诗歌中的具体语言去品味语言背后的情味。刚才这位同学的分析值得我们学习，希望同学们接下来思考问题、回答问题也能这样。

【教师对于学生的回答，不能只是简单地以“好”“很好”等词语进行流于浅表甚至是不置可否的评析，应该就其回答问题的思考准确度、思考深度进行深度追问，以此进行深度开掘，培育学生进行深度思考的习惯。】

师：那大家继续思考，他为什么会过着这样的生活呢？我提示大家学会结合诗歌下面的注释，关注本诗的写作时代。（生思考、交流）（教师巡视、相机点拨）思考有结果了吗？请分享你的发现。

生丁：我们认为这是诗人遭遇了“安史之乱”，因此才过着这样颠沛流离的生活。

师（期许地）：那你告诉大家哪里有这样的提示。

生丁：课文注释中写道“这首诗作于唐肃宗上元二年（761），当时安史之乱还未平定”。

师：请大家看注释，读一读并勾画标注。（生读）这提示我们在学习诗歌的时候，要善于结合诗歌所给的注释，了解诗歌写作的特定时代背景，背景中或许蕴藏着作者特殊的生活经历。这就是阅读古代诗歌常用的一种方法：知人论世（师：板书）。大家课后可以进一步了解这一方法及其作用。

【这一环节围绕“你所认识的杜甫”进行整体探析。问题设置上“一主”“二辅”，一主：“诗歌中，他是个怎样的人？”；“二辅”：“诗歌中，他过着怎样的生活？他为何会有这样的生活？”这一设置，由表入里，引导学生在整体感知诗歌大意、观照诗人情意的基础上，循着诗歌的情感脉络，逐层深入文本内核去细探情意的独特内蕴。于探析过程之中，交给学生阅读古诗文的方法，“知人论世”，避免照搬概念生硬地灌输，让学生不仅“知其然”，还要“知其所以然”。】

（三）品读文本，倾听心声

师：我们刚才初步了解了诗人的生活，同学们积极思考，积极表达自己的发现，这样很好。现在让我们再读全诗，请大家跟着老师吟诵，读的时候要注意节奏，体会诗人的情感变化。（投影PPT3）

1. 倾听八月风声——感诗人心中之__________？（请用一个字对诗人

的心境进行评价，尝试在横线上填写你的理解）

【师领起诵读，于诵读示范中体现语音的停顿和情感的起伏变化。生跟读。读完之后，教师请学生尝试填写横线内容，之后请学生交流。】

生甲：我写的是“苦”。

师（点头，微笑着）：请说说理由。

生甲：八月秋风怒号，卷去了我屋上的茅草，还把茅草吹得到处都是，因此诗人心中很“苦”恼。

师（期许地）：大家同意他的意见吗？（学生中有的点头）

师（期许地）：还有别的意见吗？请分享你的发现。

生乙：我写的是“急”。因为房屋被风卷破了，那一家人在秋风秋雨中又该怎么办呢，诗人心中肯定很“急”。

师（点头、赞许）：你能设身处地地理解诗人的处境，很好！请你读一遍第一节，尽量读出你所理解到的诗人心中的那份“急”。

（生乙朗读，读毕坐下。师对他的朗读予以肯定，请其他学生继续表达自己的发现）

生丙：我写的是“忧”。

师（微笑着小结）：“忧”与“苦”“急”都可为诗人面对八月秋风怒号，卷走茅屋上茅草，且难以寻回的那种心境。现在请大家再读读“怒号”这个词，（期许地）有新发现吗？

生丁：应该有一种“恐惧”的感觉。

师（点头微笑）：愿闻其详。

生戊：“怒号”的“怒”，写出了风的那种凶猛咆哮的样子。

师（微笑着）：那“号”呢？

生戊（稍作沉默）：是“嚎叫”吧。

师（肯定，点头）：“号”这里读“háo”。《说文解字》中说“号，痛声也。”《现代汉语词典》解释为“拖长声音大声呼叫”和“大声哭”。请大家看看，“怒号”中的“号”应是什么意思？

生庚（抢先答）：“拖长声音大声呼叫”。

师（微笑着追问）：秋风拖长声音大声呼叫，那用到了什么修辞手法？

生（齐声回答）：拟人手法。

师（大笑，拍掌叫好）：好。请大家听老师诵读第一节，听的时候，闭上眼睛感受秋风怒号的情态及诗人当时的心情。（教师投影PPT4）。教师诵读，学生倾听感知。

探究1：诗人眼中为何紧盯“每一根”茅草？哪些内容能体现出八月秋风之声、之力、之形？

投影PPT5：

（1）“三”重茅——多重____________

（2）秋风之声（　　）；秋风之力（　　）；秋风之形（　　）

【这一环节，教师期待学生能够记住教师的朗读，于听读的过程中，实现对诗中情境的想象还原。教师深情朗读，读的时候注意声音的轻重缓急、注意抑扬顿挫；于朗读中，注重对诗人当时心境的刻画，以声传情，描绘诗人当时的生活境况。让学生闭上眼睛，于听读的过程中，调动自己的想象去描绘自己理解到的诗人的生存境况。引导学生借助诗中描绘的景物形象（物象），进一步深入文本，触摸诗人的情意内核。】

师读完，学生睁开眼睛。教师询问学生倾听后的发现。

生辛：我认为这“三重茅”体现了诗人心中的多重烦恼。

师（微笑着）：请具体说说，诗歌中哪些内容可见其烦恼呢？

生辛：从“茅飞渡江洒江郊，高者挂罥长林梢，下者飘转沉塘坳。南村群童欺我老无力，忍能对面为盗贼。公然抱茅入竹去，唇焦口燥呼不得”中可以看出茅草的确难以找回了，因此心中很烦恼。

师（赞许地）：你主要围绕“茅草难找回”这重烦恼在品析。是啊，看看这些茅草的去处：洒落江郊，挂罥即高挂者难取回、下者即下沉江中者随江波漂转难打捞，唯一有希望找回的是那些洒落平地的却又被群童抢跑，喊得唇焦口燥都没有效果。从中都可以看出诗人当时的心情。

师（期许地）：那既然是多重烦恼，大家看看除了“茅草难取回”这一重“烦恼”，还可能有哪些烦恼？

生王：我认为还有对小孩子欺我而感到烦恼，诗中有“南村群童欺我老无力”。还有风定天黑之后雨将来，不知如何度日的烦恼。

师（朝这一学生微微鞠躬）：谢谢你的补充，你的补充比较具体。我们再读第一、二节，感知作者笔下所写秋风之声、秋风之力、秋风之形的特点以及所传达的情意。

师生齐读第一、二节。

【这一次朗读，学生在朗读节奏、语音重音、情意表达上，较之开课之初的阅读有了较大的进步，有的学生已经开始模仿老师的阅读。特别是对诗人情意的揣摩，于朗读中有所体现。】读毕，老师再一次追问。

师（期许地）：刚才大家读得很不错，谁来谈谈他的理解?

生癸：我认为“怒号”写出了风声，写出秋风的萧瑟，体现了作者的恐惧、凄苦。

师（微笑着）：请你读一读这句诗，读出他所理解的“萧瑟”和“恐惧、凄苦”。

生癸：认真诵读。

师（拍掌，大笑）：理解和朗读，你都做了很好的示范。请简要分析！

生癸：我认为“号”“卷”“洒”这些字都写出了八月秋风之力，又猛又急。

师（点头鼓励，继续启发）：那我们进一步比较一下，“号”“卷”“洒”三个字分别从哪些方面写出了八月秋风之力？哪个字刻画八月秋风更见力度?

生癸（胸有成竹）：“号”，联系刚才我们所了解的“号”的意思，“号”写出了秋风的“用力拖长且声音大”，“卷”写出了那种猛力急速翻卷，“洒”写出了风把茅草吹得很远，侧面写出了风力猛。我觉得“卷”字力度很大。

师（微笑点头，行至他面前继续启发）：很好，请照此思路来，继续分析“秋风之形”。

生癸（笑容满面，激动不已）：“怒”字用拟人手法，刻画了秋风的形态。这八月秋风似乎有一种要摧毁一切的形态。“卷”字也很形象，“秋风卷茅草”的形态就像人们在卷起蔬菜大棚上的草帘一样。（众生大笑，听课教师大笑，掌声响起）

师（大笑着拍拍其肩）：善用比喻的人很聪明。你这样分析“卷”字的形态，很巧妙！（拍肩示意他坐下）同学们，这启示我们品读诗歌，一定要调动自己的想象，把静态的诗句文字还原为生动的诗歌画面。只有这样理解诗歌，才能带给我们更多的美！

【对诗人情意的理解，“一切景语皆情语”，教师心中必须要有标准：必须紧扣诗中的“物象”“意象”，辨析诗人运用的手法，揣摩作者的情意。对于初三的学生，限于认知水平实际，绝不能直接以“物象”“意象”“表现手法”等概念进行生硬灌输。只能引导学生体会这些物象的具体特征——“秋风之声”“秋风之力”“秋风之形”，体会作者如何刻画以及这样刻画的好处，由此体会作者的情意，完成对“物象”“意象”，甚至“意境”的真实把握，而非停留于概念知识的浅表滑行。】

师：让我们继续走进诗歌，体味诗人心声。（投影PPT6）

2.聆听诗人心声——品味诗人生活之____________？（请用一个字对诗人的生活进行评价，尝试在横线上填写你的理解）

【链接一】

760年，杜甫流浪到成都，经亲友帮助，耗时几个月，好不容易在成都浣花溪盖起这间勉强供家人栖身的茅草屋，暂时结束了四处漂泊的苦难生活。761年秋，一场暴风雨袭击了他的茅屋，流寓成都的诗人又一次遭受厄运而写下此诗。

师（微笑着）：请大家再读第一节至第三节，结合链接一和诗歌写作的背景，推想诗人在此情此境中的生活境况、心绪，交流作者之“叹”可能有哪些原因？

（生齐读第一、二、三节，参看链接一和注释，了解诗歌写作背景之后，组间交流。教师巡视，参与学生小组的讨论，进行点拨）

师（期许地）：谁来表达他的发现？

生甲（信心满满）：诗人叹自己的房屋被吹破，以后的生活该怎么办哟。

师（点头微笑）：你认为诗人叹自己好不容易修建的茅屋被秋风吹破之后，不知该如何度日，可谓“哀己生之多艰”。

生乙：诗人还在叹南村的孩童多么刁蛮、把自己的茅草抢跑不归还，很绝情。

师（点头）：哦，南村孩童刁蛮，何以见得？

生丙（抢过话筒）：我从诗句中的“欺我”，就是欺负我嘛，还有“公然”，就是有点当面抢的意味，还有我“唇焦口燥呼不得”，说明群童根本不理我，因此我叹这些孩子太刁蛮、太绝情了。自己都有点愤怒了。

师（微笑，赞许）：让我们再想想，诗人为什么不直接写“南村顽童或劣童抢茅”，来表达自己对南村孩童这“刁蛮”“绝情”的愤怒呢？

生丙摇摇头，其余学生小声议论。教师微笑着耐心等待学生交流。

生丁（信心十足）：我认为这里诗人并没有去谴责南村群童的意思，因为在安史之乱这样的背景下，可能南村群童家的茅屋也被秋风吹破了，他们抱这些茅草回去是要修补自家的茅屋。他们这样做对自己家而言，还显得很懂事。这只能说孩子们很自私。（掌声响起）

师（欣喜不已）：你很巧妙地结合了注释，并且加以合理推想，孩童们幼稚，当然不明诗人苦衷。同时，你推想孩童家里可能也遭风灾，茅屋同样被吹破，孩子们抱回去是修补自家茅屋，这对他自家而言简直就是懂事了，当然，对苦命的诗人来说显得很自私。但是，孩童毕竟是孩童，诗人并不怪罪孩童，也可看出诗人具有怎样的胸怀？

生齐答：宽容、善良、博大等。

师（高兴地）：很好，你们从诗人的叹息中，还读出了诗人的心怀之宽容、善良、博大等。那我们接下来，重点品读诗人的襟怀。在品读诗歌文本的基础上，结合链接二、三，进一步理解“诗史”“诗圣”的内蕴。

【教师围绕一个“叹”字，引导学生去探析诗人探析的原因，借助诗中写到的表象逐渐触摸诗人的深意，为后面理解“诗史”“诗圣”做铺垫。教学中，始终依托“对话”助推学生理解诗歌文本：学生与诗歌文本对话、学生与学生围绕文本对话、学生与教师围绕文本对话，学生借力文本与诗人对话。】

现在请大家诵读诗歌第三节末五句。（投影PPT7）

3. 品读诗人襟怀——品味诗人情怀之__________？（请用一个字对诗人的情怀进行评价，尝试在横线上填写你的理解。）

【链接二】

“任何一个诗人也不能由于他自己和靠描写他自己而显得伟大，不论是描写他本身的痛苦，或者描写他本身的幸福。任何伟大诗人之所以伟大，是因为他们的痛苦和幸福的根子深深地伸进了社会和历史的土壤里，因为他是社会、时代、人类的器官和代表。”（俄·别林斯基）

【链接三】

1.“子美诗意，宁苦身以利人。”（宋·黄澈）

2. 此老襟抱自阔，与蝼蚁辈迥异。（《杜诗五家评》卷四引清·邵子湘）

3.“安得”三句，因屋破而思广厦之庇，转说到独破不妨，想见“胞与”意量。（清·宋宗元《网师园唐诗鉴》卷五）（胞与：指以民为同胞，以物为朋友。后以“胞与”指泛爱一切人和物：胞与为怀。）

生阅读诗歌末五句以及链接二、三。读完组间交流讨论。教师巡视，参与到学生小组的谈论之中，相机进行点拨。

师（微笑着、期许地）：大家读得很认真，讨论很积极。谁来谈谈你们的收获？

生戊（自信满怀，侃侃而谈）：诗人自己的茅屋被吹破，在雨夜难以入眠。屋内到处漏雨，小孩子还把布被子蹬破了，都写出了自己的悲苦。但是诗人在最后五句不只是写自己想摆脱困苦过上好日子，还希望天下寒士都能有广厦住，都能有欢颜，就算自己房子破了，受冻死也心满意足。这就显得他有博大的胸怀，关注天下百姓。（掌声响起）

师（欣喜地赞赏道）：你很仔细，找出了诗人对自我与对他人态度的差异。那些天下寒士，可都是与他同命相怜受苦受难的人，诗人，不只是写自我的苦难，正如链接二中别林斯基所言，请大家齐读——“任何伟大诗人之所以伟大，是因为他们的痛苦和幸福的根子深深地伸进了社会和历史的土壤里，因为他是社会、时代、人类的器官和代表。”（生齐读此内容）

师（深情地）：让我们再看链接三中“宁苦身以利人”“此老襟抱自阔”“因屋破而思广厦之庇，转说到独破不妨，想见‘胞与’意量”。请大家想想，这些评价中，都在强调诗人襟怀的哪些品质？

生己：“宁苦身以利人”中体现出诗人的善良和无私。

师（微笑，略有遗憾地）：“无私”和“善良”二者意思有交叉，再想想，你保留哪一个？

生己（低头想，喃喃自语之后大声说）：我保留“善良”。

生庚（自信地大声说）：我从“想见‘胞与’意量”中看出了诗人襟怀的博大宽广。因为他泛爱一切人和物。

师（微笑着）（期待大家回答）：我们知道杜甫被称为？

生（齐答）：诗圣。

师（满意地）：那大家再读这五句诗，读的时候，要注意体会诗句中传达出的圣人情怀。

生诵读。

师（深情地）：五句诗中，诗人已不再单纯地描写自身“吾庐独破”的痛苦，而是在借自身痛苦折射“天下寒士”茅屋破的痛苦，以此呈现社会、时代的苦难；诗人于大声疾呼之中，投射出了自己满腔的忧国忧民之情！这就叫作“推己及人”——由自己苦况推及“天下寒士”，突显悲悯情怀、理想胸襟：迫切要求变革黑暗现实的崇高理想。这就是“诗圣”的襟怀！

【此一环节，重在对诗人形象的深化理解。借助链接资料，帮助学生打开阅读视野，拓展文本理解的深度和宽度，体现“课文只是例子”这一观点，引导学生学会在“链接资料”和“课文文本”的对照互参之中知“出入”：既能“入”得课文文本，又能“出”得课文文本，实现“举一隅”知“三隅反”，于“举一反三”和“举三反一”的辩证融合中，提升语文理解的能力。】

（四）对话杜甫，表达自我

师（深情、动容）：同学们，我们今天通过学习《茅屋为秋风所破歌》，认识了身逢安史之乱乱世，困顿落魄却依然忧国忧民的杜甫的伟大形象。往事越千年，古圣先贤一直没有停止赞颂杜甫、学习杜甫，甚至追随杜甫的脚步。此刻，请大家结合本诗所学，表达你的感悟，回应杜甫的宏愿，实现与诗圣跨越千年的对话。

现在请大家观赏“杜甫草堂”“浣花溪”今貌照片，品读链接四的评价，表达你的理解。（投影PPT8）

【链接四】

雨卷风掀地欲沉，浣花溪路似难寻。数间茅屋苦饶舌，说杀少陵忧国心！

——南宋·爱国诗人郑思肖画《杜子美<茅屋为秋风所破歌>图》

世上疮痍，诗中圣哲；民间疾苦，笔底波澜。——郭沫若

生命在于付出，我愿每个人都有住房，每张口都有饱饭，每个心都得到温暖。——巴金

生甲（真诚地）：杜甫先生，感谢您以博大的胸怀，为一个苦难的时代

撑起了精神的天宇。（掌声响起）

师（动情地拍其肩膀）：你的表述很有诗意，老师期待你在学习生活的每一天都能诗意地生活，并带给我们更多的诗意。（众生鼓掌）

生乙（激动地）：杜甫先生，我愿意像你一样（众生大笑）。（该生此时局促不安）

师（笑）：同学，你这愿望让老师既感动又紧张。说实话，尽管你愿意，但再让你像杜甫一样生活的话，老师不忍心啊。我猜，你想说的是愿意像杜甫一样做人，做一个善良、心怀怜悯的正直的人，对吧？（该生不住地点头）现在请你大声地把这个意思表达一遍。

生乙响亮地表达完毕，下课铃响。

师：让我们齐读链接四，齐读之后下课。

板书设计

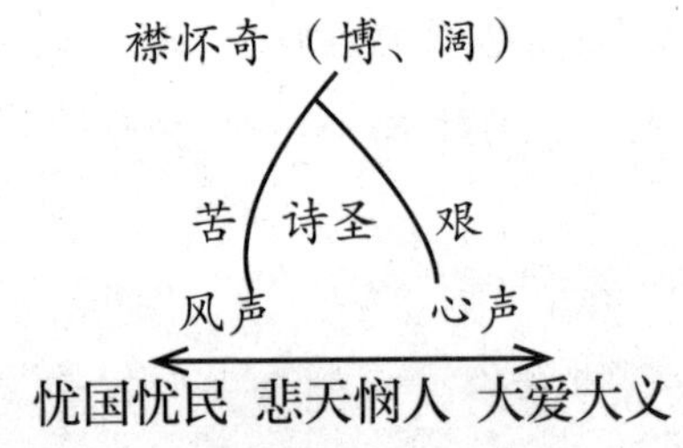

■《茅屋为秋风所破歌》教学板书

执教感言

以“诗的形式”教学古代诗歌①

宋·陈善《扪虱新话·读书类》：“读书须知出入法。始当求所以入，终当求所以出。见得亲切，此是入书法；用得透脱，此是出书法。盖不能入得书，则不知古人用心处；不能出得书，则又死在言下。惟知出知入，乃得尽读书之法也。”“因为诗是语言艺术，并不在直接诉诸视觉，而是诉诸读者的想象和经验的回忆，没有直观的生理刺激。②”因此，对古代诗歌的教

① 岳国忠.《茅屋为秋风所破歌》教学实录 [J]. 语文教学通讯（高中版），2014（7）：143-147.

② 孙绍振. 批判与探寻：文本中心的突围与建构 [M]. 山东：山东教育出版社，2012：71.

学，我一直做这样的尝试——以“诗的形式”带领学生去品析诗的情感。基于诗歌语言，立足语言的品读，品读中注重调动学生的想象，披文入情，还原和建构品析诗歌文本的意境，揣摩语言背后所蕴藏的情味，探寻“入”诗的路径，再能够带着体验和收获走出诗歌，表达和交流自己的所知、所感、所惑、所思、所悟等，得以知“出入”。

《茅屋为秋风所破歌》的教学设计，我以不同层次任务（感知、理解、品悟）驱动诗歌的诵读。通过三层次的诵读，围绕“倾听八月风声”到“倾听诗人心声”，带领学生由浅入深、由表及里，把握诗中的情意——着力诗歌语言的品析，带领学生触摸诗歌语言文本的细节，倾听诗歌文字的每一个音符，去激活学生心中的真实情感体验，进而去体会语言之中蕴含的诗情，实现学生与文本、与自我、与同伴、与作者的多重对话。具体而言，“初读全诗 · 整体感知”：初步感知诗歌中的杜甫形象；“品读文本 · 感知诗人心声”：倾听八月风声——感诗人心中之情，聆听诗人心声——品味诗人生活之态，品读诗人襟怀——品味诗人情怀之质三个环节层层深入文本内容，逐步由诗中所写的内容深入作者于语言背后深藏的情意之中；“对话杜甫 · 表达自我”：表达学生自我在本诗学习中的所思、所获。

1. 注重诵读，以不同层次、不同形式的读串起诗歌教学。以读的任务驱动带领学生逐渐由感知诗歌的表层文字到触摸深层含义。诵读，于不同的诵读环节中，逐步加深对情意理解的层次。每读一次，都力求有助于体现诗歌情感的变化和深入。

2. 跟进追问，予以学法指导，注重对学生语文学习思维的培育。

3. 尊重学生体验，注重平等对话。教学中，引导学生与自我、与文本、与作者、与教师、与同学等开展多重对话，力求引导学生在诗歌学习中，读懂诗歌、读懂诗人、读出自我的真实体验，真实地感知杜甫“诗圣”桂冠背后所深藏的情意以及推己及人、忧国忧民的襟怀。

4. 注重拓展，资料助读、助思。通过对课内注释的解读，在学生理解文本情意最需要的时候给出时代背景，以免对时代背景的运用产生“先入为主”的泛化心理和依赖意识，避免将时代背景与诗人情意、情志生硬对接，让学生真实地感知“知人论世”在诗歌学习中的功用。同时，在跟进理解、确有需要时，引入课外材料链接，为学生思考问题提供素材，搭建思考支架，帮助学生聚焦思考范围，引领学生实现课外材料与文本的对话，丰富学生的学习，拓展学生思考的空间。

本文教学也颇具遗憾，如对学生的追问还可进一步深入，对“知人论世”这一方法只谈及概念，对具体该怎样运用未做深入指导，有蜻蜓点水之嫌；还需加强对链接资料的优选和课堂运用的效度；整堂课的时间安排上，前一、二环节还需收缩，为后面两个环节的深入探究留充裕的时间，以利于学生的深刻、深入理解和畅快表达。

三、多重对话，理解视阈多向度

阅读中注重真实、有效的对话，应成为阅读教学应有的新的价值诉求①。

第一，只有成功的“阅读对话”才能有成功有效的“阅读教学对话”。

阅读教学中，不论老师，还是学生，都应先与文本展开真实的“对话”。“阅读教学的接受过程必然顺应文学接受的基本要求。作为教学主体的师与生，在不论哪一种文学样式的接受过程的发生、发展和高潮三阶段中，作为特定的接受对象，必须在各自的期待视野里，调适各自的接受动机及接受心境，为完成这一接受做充分的准备。教学接受过程的发生、发展、高潮这三阶段中，各自以不同的接受侧重进行着任务驱动，从而产生不同的接受效益。具言之，接受发生阶段主要是力求实现文本中隐含的读者向现实的读者——教师和学生的转化；力求实现阅读文本中隐含的读者向现实的读者——教师和学生的转化；发展阶段的具体阅读体悟阶段，立足于师生先前各自的期待视野，对文学作品中的文本、文字符号进行了师生各自个性色彩的解读，以填补文本空白，与文本对话，从而对文本内涵进行兴味品咂，对文本进行还原，以在不同阅读时段、心境、观念影响下的‘异变’等方式来实现师生与文本、师生与作者的交流和对话，最终实现教师和学生与作者、作品中人物之间的思想与情感的共鸣，净化教师和学生的情感，领悟人生真谛和奥秘，实现自我超越，得到人格升华，最终达到文学作品教学接受的高潮。”只有经历这样的接受过程，才能实现师生之间以文本为中介的教学对话。

---

① 岳国忠．高中古代小说的教学接受研究——以《林教头风雪山神庙》为例 [D]. 成都：四川师范大学，2013.

第二，重视学生在阅读过程中的主体地位、独特体验和感受。

萨特认为，“阅读是一种被引导的创造”。阅读教学中所存在的多重对话关系，于学生层面来看，有学生与文本的对话、学生与作者的对话、学生与教师的对话、学生与教材编者的对话、学生与学生的对话、学生与自我的对话等；于教师层面来看，则有教师与文本的对话、教师与作者的对话、教师与学生的对话、教师与教材编者的对话等，为学生的个体阅读提供了良好的环境和条件。我们必须清楚，这一切对话的中心都应该是每一个学生个人。必须强调学生阅读的自主性和独立性，激发每个学生因其生活经验和个性气质迥异而对阅读内容做出的个性反应，引领、促进他们积极主动地发现、建构，甚至创造文本的意义，而不是消极地接受、索取意义。学生通过在阅读过程中自己阅读、自己学会阅读从而自行发现、自行构建文本的意义，把语文课本变成“语文读本”，而不只是“语文教本”。

第三，教师既是阅读中的对话者之一，更是课堂阅读活动的组织者、学生阅读的促进者，必须达成教师和学生阅读接受的“融合”。“教学接受过程中师生共同作为接受主体，因为教学的特殊性，势必存在教师与学生的接受‘融合’这一问题，要实现此‘融合’，师生在接受的特定场域（课堂）中的交流、互动，对话生成，需经历两个必然阶段：

其一，师生自我的个性化接受阶段。教学接受中，首先要正视教师自我接受与学生自我接受的差异存在，教师对这些差异，围绕文本进行理性分析，适当吸收学生的合理化差异之后，融入教师的先期接受之中，再将教师的接受内容合理地转化为适合学生接受的内容。这些势必考虑教学内容的选择和重构，还须关注学生学情、学生的接受意愿等因素，为‘融合’创造必要的条件，奠定坚实的基础。

其二，师生接受的共融创生阶段。师生在各自的期待视野中，经历了走向文本，触摸文本，寻觅文本空白、响应文本召唤之后，通过课前的差异融合，课堂的交流、对话，将教师的文本解读、内容选择、接受基点同学生的前理解（前见）之间建立起必要的理解路径，最终实现师生文本接受的共融和创生，完成整个文学教学的接受。”[①]教师作为文本与学生的中介，其

① 岳国忠. 高中古代小说的教学接受研究——以《林教头风雪山神庙》为例 [D]. 成都：四川师范大学，2013.

思想深度、文化水准、人生经验、审美水平会高于学生，因此需起到向导作用，实现师生对文本接受的共融共生。

“多重对话”与“资料助读”相结合，拓宽课堂对话理解的视域。其实，课堂上仅有真实的“对话”存在还远远不够，必须围绕文本，展开生生之间、师生之间的多重对话。为了进一步丰富“多重对话”的内涵，还可以在“入得文本”的基础上，“出得文本”内联外引，引入与文本内容密合度较高的材料进行助读。重点围绕“实施多重对话”“资料助读拓展阅读理解视域”这两个点，深度着力，实施教学。

教学实录

《石壕吏》[1]

导入：

师生课前问好。

师（微笑道）：今天我们学习的课文《石壕吏》，据说你们都已经学过了，我想知道你们是怎么学的呢？谁来说说？

生甲：我们首先就是了解课文，然后读准字音，读准字音之后（停顿），再了解作者，通读课文，熟悉字音。

师（点头）：三个要点：一是了解作者，二是（略停顿）通读全文，三是读准字音。那么一首古诗，除了可以这样学，还可以怎样学呢？（期待学生回答，向一位学生）你说说——

生乙：根据作者在课文中的心情来体会他的感情。

师（追问）：“根据心情来体会感情”，“心情”跟“感情”，二者有点绕呢？

生乙：就是从文中他的字里行间体会他的感情，我们就是要去体会。

师（微笑）：你看，你刚才这个说法就比先前的说法清晰一点了，对吧，“从字里行间体会作者的感情”，你把这句话重新说一遍。

生乙：从文章的字里行间去体会作者的感情。

师：好，请坐。（询问大家）你们愿意用这种方式来学习吗？

① 按：2014年12月，岳国忠参加四川省“国培计划”送教遂宁活动所上的《石壕吏》研究课。

生（齐声回答）：愿意。

师：那我们今天就尝试这样学习，好不好？（生齐答“好“）请看屏幕。

出示 PPT1：

世上疮痍 诗中圣哲

民间疾苦 笔底波澜

——郭沫若

师：这副对联见过吧？来，我们齐声诵读一遍。

师领起，生齐读对联。

师：这副对联是郭沫若先生赞杜甫的。读完以后，大家静静地想一想，对这副对联，我们可以立足哪些词语去把握杜甫的情感呢？

（生默读对联，交流梳理词语。教师板书：疮痍；圣哲；疾苦；波澜。）

师：大家现在谈谈你对这些词语的理解。第一个，什么是“疮痍”？

生丙：我觉得应该是千疮百孔。

师：你觉得应该是“千疮百孔”，（询问其他学生）还有没有别的意见呢？

生丁：我觉得应该是伤疤。

师：她觉得应该是伤疤，你们觉得哪一种理解好一些？（询问大家）

生（齐答）：“伤疤”好一些。

师：你们看，“伤疤”和“千疮百孔”，它们的共性都有“疮”，那么，“痍”是什么呢？（生沉默）“痍”也是“疮”，比“疮”更严重，明白没？

师：我们解决了第一个词，那么，“诗中圣哲”指的是谁呢？

生（齐答）：杜甫。

师（满意地）：哦，杜甫。那么我们回想一下，杜甫的诗被人们称为？杜甫被人们称为？

生齐答：“诗史”！“诗圣”。

师（强调）：诗圣！“诗圣”就专指杜甫，对不对？这就是我们本文的语境。好，我们继续，“民间疾苦、笔底波澜”中的“波澜”怎么理解？大家想一想，透过字里行间去揣摩，“波澜”是什么意思？

生戊：波澜的意思就是起伏。

师（追问）：“波澜”是起伏？

生（补充）：跌宕起伏。

师：“跌宕起伏”，那大海的波澜就是“大海里面的跌宕起伏”了哟，你们看这样理解准确吗？虽然二者本意有一致性，但还需要进一步体会。

生己：波涛汹涌。

师：我们综合两位同学的发言，“波澜”，本义指的是“波涛”，可以比喻事情的起伏变化。有波澜才会有起伏，是不是？我们表述的时候一定要注意语言的层次。好，同学们，我们再次诵读这副对联。

师领起“世上疮痍”，生齐声跟读。跟读完，老师提问。

师：请大家想一想，《石壕吏》这首诗当中，讲了一个什么样的故事？（出示PPT2，内容如下）这首诗大家都学过了，请大家结合诗歌再想一想，（期待地）谁来说说？

（一）读全诗　知大意

PPT2 话题：诗中写了一个什么故事？

角度：注意叙述的要素：

时间——

地点——

人物——

事件——

生甲（吞吞吐吐）：这首诗讲了有一天，在打仗的时候，那个官吏去抓壮丁，然后那个人就跑了，他家里的老妇人出来应付，结果那个老妇人被抓走了。

师：同学们，听了刚才这位同学的讲述，我觉得这个故事可以发生在中国，也可以发生在外国，你们同意吗？

生（齐答）：同意。（大家议论纷纷）

师（微笑）：为什么呢？他讲的这个故事可以在中国发生，也可以在外国发生，你觉得他讲述的故事里缺了什么？参看我给的提示——故事发生在什么时候？

生（齐答）：唐代的安史之乱这一时期。

师：再具体点。你看同学的发言先说“有一天”，然后说的是“打仗的时候”；你看，这个时间我们需要定位——是什么时候呀？是安史之乱时期，某一天的早上、晚上还是傍晚？

生（齐答）：傍晚。

师：哪个字反映的是傍晚？

生（齐答）：“暮”。

师：对了，我们读诗要抠住字眼来读。读的时候，“暮”字不能丢了。那我们看看地点是在哪儿？

生（齐答）：石壕村。

师：对，是石壕村，不是我们遂宁市。（学生笑）你说在某一天、某个地方，这故事就出问题了，这故事就可以在国外发生。再看人物，文中就只有一个老妇人吗？

生（齐答）：不是。

师：还有哪些人？

生（齐答）：还有官吏。

师（赞许）：对，还有官吏，还有？（询问身边一学生）

生乙：还有老翁。

师：还有一个翻墙逃跑的老翁，（继续追问该生）还有没有人？

生乙：儿媳、孙子。

师：除了儿媳、孙子，（询问另一学生）你再看看，还有没有人？

生丙：还有诗人他本人。

师（赞许地拍拍孩子肩头）：你的眼光很敏锐，我都没有看到还有诗人本人，你看到了，告诉大家，你是从哪里看到的？

生丙：我是从第一句“暮投石壕村”。

师：谁暮投啊？

生丙：他省略了一个主语，就是“我”。

师：哦，对了，请坐！诗中的“我”，千万别掉了。这就是按照先前我们同学说的“透过字里行间来揣摩”，那是揣摩谁的感情？（略停顿）

生回答：作者的感情。

师：同学们，按照我们刚才这个思路，再把这个故事讲一讲，争取把它说清楚、说准确。小组内，大家重新讲述这个故事。

（学生在小组内重新讲述故事，教师巡回倾听，参与小组活动）

师巡视完毕，同学们放开声音，讲一遍故事的开端。教师提示，学生跟进回答（括号里面的内容，为学生跟进的回答内容）。

安史之乱期间的（一个傍晚），在（石壕村），有官吏（来捉人）。

师（追问）：捉什么样的人呢？（抓壮丁）是不是“壮丁”，我们先别下结论，最后来看好不好？这是故事第一步，开端。那故事的发展呢？

生（齐答）：老翁逾墙走。

师：是“走了”吗？

生丁：这里的“走”是“跑”。

师：对！此处这个“走”可不是悠悠闲闲地“走”，而应该是慌慌张张地“跑”，就是“逃跑”，对不对？老妇人在干什么？（生回答“出门应对官吏”）最后结局是什么？（生回答“老妇人被抓走了”）

师（质疑）：注意哟，这里面老妇人最后究竟是“被抓走”还是“主动去”的？

生戊：主动去的。

师：老翁逃跑了，老妇人却主动就去了，同学们请注意，这有问题呀，我们留到后面解决这个问题。继续思考，故事的结局怎样？时间推移没有？

生己：天明登前途。

师：天明是哪一天？又发生了什么？

生庚：第二天早上。“独与老翁别”。

师（追问）：谁“独与老翁别”？

生（齐答）：诗人。

师：对了，诗人独与老翁别。开篇有诗人，结尾有诗人，对吧？诗人不能丢了！此刻，我们把全诗诵读一遍，读出感情来，“暮投石壕村”起。

（学生诵读，教师参与其中。最后，师放缓语速，反复吟诵“夜久语声绝，如闻泣幽咽。天明登前途，独与老翁别”，以低沉语调吟诵“独与老翁别”。）

生齐鼓掌。

师：谁被抓走了？

生（齐答）：老妇。

师（深情地）：老妇被抓走，诗人那一刻的心情肯定很难受。因此，我们在这里，应该读出对诗中人物悲楚命运的怜悯之情。因此，语调需深沉低缓。同学们，现在我们来梳理一下，诗中写到了哪些“疮痍”，老百姓遭受了哪些“疾苦”呢？（出示PPT3），请大家根据我们的朗读，试用一个词概述老妇人一家中每个人的遭遇，并简单分析为什么这样概括。争取用原诗中的词来概括他们的命运。

（生阅读，概括；师，巡视。板书：观疮痍、察疾苦。）

（二）观疮痍 察疾苦

（PPT3）1.诗中写到了哪些“疮痍”？由此可见，百姓遭受了哪些疾苦？

要求：试用一个词，概述老妇一家每个人的遭遇，并简单分析其内涵。

三男　　　　二男

孙　　　　　儿媳

老翁　　　　老妇

师：谁来说说？

生甲：“三男”，我认为是“苟延残喘”。（其他同学倍感惊讶）

师（亦颇惊讶，鼓励该生）：按你的理解，继续说其他几个人物的遭遇。

生甲：“孙”，我还没有想到。

师：后面几个人物呢？

生甲：儿媳，就是“穷苦”。

师：“穷苦”。那“老翁”呢，想到没？

生甲：“老翁”（摇摇头），我反正觉得他就是活得挺苦的。

师：也是挺苦的。

生甲：“老妇”也是挺可怜，这么大一把年纪，还去帮别人煮饭。

师：哦，老妇也挺可怜。这位同学说，“三男”的命运遭遇是“苟延残喘”，他这样评价，你们同意吗？

生乙：不同意。

师：为什么你不同意呀？说说理由。

生乙：因为“三男”中，已经有两男战死了。所以我觉得，“三男”的命运遭遇是“邺城戍”。

师：好，回到刚才的问题，他说“三男”是“苟延残喘”，这个词在此处用得对不对？提示，“苟延残喘”这个词语的意思是什么？它的感情色彩是褒义还是贬义？

生丙（小声地）：是贬义。（师拍拍他的肩头，鼓励他大声说）

生丙（大声地）：我翻过词典，这个词语的意思是“勉强延续临死前的喘息。比喻暂时勉强维持生存”。应该是贬义词，放在这里不恰当。

师（再次拍拍孩子肩头，肯定地说）：你的表述有理有据，思路清晰，且善于翻阅词典，准确地理解词语的意思，这个方法值得大家学习。你请坐！“三男”的命运遭遇，诗中概述为——

生（齐答）：邺城戍。

师：对，邺城戍，他们在干什么呀？“戍”是什么意思？

生（齐答）：防守。

师：对了。他们的职分是防守边关。对不对？那么“二男”命运何如？

生（齐答）：新战死。

师（低沉地）：刚刚牺牲了。新——战——死。“孙”怎么样呢？这小孙子有多大呀？

生（齐答）：乳下孙。

师：乳下孙。正在吃奶的一个小孩儿。婴儿、婴幼儿。那“媳”怎么样呢？

生（齐答）：无完裙。

师：对了，连一件完整的衣裙、衣服都没有。那老翁呢？

生（齐答）：逾墙走。

师：这老头儿挺精神的，年纪这么大还能翻墙。锻炼身体吗？（众生大笑）

生丁：这是被迫逃跑。

师：这个“逾墙走”，要把这个“走”字拎出来。前面我们说过，“走”在此处是“逃亡”啊。老妇最后怎么样？

生（齐答）：急应河阳役。

师：急应河阳役，要去干什么？

生（齐答）：备晨炊。

师：好，我们要抓住诗中的核心内容，要透过语言去揣摩情意。刚才，同学说了，这里面的每个人的生活都是——？

生（齐答）：悲苦的。

师：每个人的生活都是悲苦的。那每个人的悲苦究竟是怎样体现的？这就需要我们抓住诗中的文字来具体品味。现在，让我们看看清代的仇兆鳌怎样评价这一家人的生活的吧。

（教师诵读“古者有兄弟，始遣一人从军。今驱尽壮丁，及于老弱。”后提示学生跟读“三男戍”至段末。）

出示PPT4。

【链接】

古者有兄弟，始遣一人从军。今驱尽壮丁，及于老弱。三男戍、二男死、孙方乳、媳无裙、翁逾墙、妇夜驻，一家之中，父子、兄弟、祖孙、姑（婆）媳，惨酷至此，民不聊生极矣！

——清·仇兆鳌《杜少陵集详注》卷七

师：这是不是老百姓遭受的疮痍和疾苦呢？那为什么他们会有这样的生活呢？让我们进入第三个环节，看看本文的“波澜”，作者笔下的波澜有哪些？（出示PPT5 ）

（三）识波澜 品情怀

（PPT5）1. 笔底波澜——理解内容上的“藏问于答”

我们从两个层面来解决“波澜”，第一个层面，要理解内容上的“藏问于答”。这个问题，你们在学这首诗的时候，关注了吗？

生（齐答）：关注了。

师：那好，你给大家讲一讲什么是“藏问于答”？

生甲：就是那个“寓问于答”——就是理解它的含义。

师：“藏问于答”，就是“理解它的含义”，这是你的理解，是吧？

生甲：犹豫、不语。

师：好，你先坐下，我们听听其他同学的理解，再看你的理解对不对，好不好？

生乙：因为说的是官吏和老妇人的对话，官吏的问题没有写出来，只写了老妇人的回答。

师：听了两位同学的发言，看来你们对“藏问于答”这个词有点感受，但是否准确呢？我们看看什么是“藏问于答”。

（教师指向PPT5中的链接二并略做分析。藏问于答，即寓问于答，就是省去问话，问从答知。为古典诗词中常用手法。古人言“其事何长，其言何简”。诗歌讲究用语简洁——用最少的语言去传达最丰富的内涵。）

师：这个问题，其实我们已经学过了，请看PPT5。这首诗很熟悉吧，我们齐声地诵一诵。（师领起“松下问童子”。生齐声诵读《寻隐者不遇》）

出示PPT5：

松下问童子，
言师采药去。
只在此山中，
云深不知处。

——唐·贾岛《寻隐者不遇》

师：我们想一想，“松下问童子”，是谁在问？谁问谁？

生丙：“贾岛”在问。

师：好，那问的是什么呢？这之间掉了什么内容？

生丙：省掉了所问的问题。

师（追问）：省掉的究竟是什么问题？请大家试着补充。

生丁：你的师傅在哪里采药？

师：你的师傅在哪里采药，到哪里采药去了，都可以，是吧？继续往下看。“云深不知处”，可能又问过什么呢？

生戊：应该问的是在山的哪个地方。

师：你再把这个句子重新组合一下。

生戊：就是贾岛问那个童子，到底在这座山的哪里？

师（追问该生）：我再问问你，你所补出的究竟是“问童子在这座山的哪里”，还是“问童子你的师傅在这座山的哪里”？

生戊：我的意思是：“问童子，你的师傅究竟在这座山的哪里，在山的哪个地方？”

师：好，这一次说清楚了。请坐。我们现在通过这一个例子，能感受

"藏问于答"了吧？就是说所有的问话都可能（停顿）省掉了，但是我们又可以去把问话推出来。可是要靠什么去推呢？（略停顿）

生（齐声）：靠答语。

师：对，靠答语。现在，我们把这首诗再诵读一遍。（领起，生跟读。读毕）我们把它改编成白话文（出示PPT6），请一、二、三组齐读诗人的问话，四、五、六组齐读童子的答语，我来读"诗人问、童子答"这样的旁白。大家准备好没有？

（师生共同完成这一组问答之后，老师跟进发问，现在我们来探究《石壕吏》，看看诗中是怎样处理"问"和"答"的？出示PPT7）

2. 探究下列"致词"中所藏"逼问""怒喝"（PPT7）

吏呼一何怒！妇啼一何苦！ 听妇前致词：

吏"逼问""怒喝"	老妇致词
——	三男邺城戍。
——	一男附书至，二男新战死。
——	存者且偷生，死者长已矣！
——	室中更无人，惟有乳下孙。有孙母未去，出入无完裙。
——	老妪力虽衰，请从吏夜归。

师：请大家动动脑筋，看看"老妇"的致词中所藏的"逼问"和"怒喝"，"逼问和怒喝"是谁的？

生己：官吏的。

师：很好。那么，官吏究竟逼问了什么，老妇人才可能这样回答。我希望你们各个小组内，发挥集体的智慧思考，补出。好不好？动动脑筋，想一想。

（各个小组内展开讨论。师巡视、倾听各小组的讨论。之后，请思考好的小组展示讨论结果）

生庚：我觉得这里官吏有三个提问。官吏最先说的是，你们家还有没有男丁？然后老妇就回答"三男邺城戍""一男附书至""死者长已矣"，官吏接着说，你们家还有无其他男丁？老妇说"室中更无人，惟有乳下孙""有孙母未去，出入无完裙"。最后官吏说，不管怎么样，你们家必须得出一个人去服役，老妇就说"老妪力虽衰，犹得备晨炊"。

师：刚才同学说有三种问，那还有没有可以挖掘的地方？比如说老师想到一个地方，（这时，一个男生举手了）你先说——

生辛：我说“有孙母未去、出入无完裙”这句中的问句，我觉得它这里应该问的是“那为什么这个孙子的母亲没有去服役”呢？

师（微笑道）：这是一个新的角度，很好，你们同意不？

生（齐答）：同意。（鼓掌）

师：你的眼睛很敏锐！你一直在认真地参与学习和思考。希望大家向他学习！我们继续探究。

生壬（举手）：在“存者且偷生，死者长已矣”前面还可以问一句“那他们现在怎么样了”呢？

师：你这是一个新的发现，两处了，其他同学加油哟。继续发现。（众生沉默）

师：那现在老师提醒一下，这个地方——“有孙母未去”和上句“惟有乳下孙”，这个场景当中，官吏可能在干什么？

生癸：官吏在逼问。

师：逼问谁？

生癸：老妇。

师：那逼问的声音可能会显得很“温柔”，对吧？

生癸：不可能温柔，应该是很凶狠。

师：前面哪个地方可以看出官吏是很凶狠的呢？

生（齐答）：“吏呼一何怒”。

师：好，大家想一想，这一怒喝，可能对这一个正在吃奶的小孩儿造成怎样的影响？

生（齐答）：惊吓。

师：对，小孩被惊吓，之后就大哭。那我就想问大家了，这个小孩和他的妈妈一开始就出来了吗？

生（齐答）：没有。

师：那他们母子俩可能在哪儿？

生（齐答）：藏在屋里。

师：对了，藏在屋里。我们看看这里面的因果关系：因为官吏在逼问老妇人（奶奶），所以惊吓了小孩儿，小孩儿的哭声，（停顿）引起了官吏的注意，所以说把原本躲藏着的人就带了出来。那现在，按照老师这个思路，你们想一想，老妇人为什么紧接着说“老妪力虽衰，请从吏夜归”？这老年人那么想去上战场吗？谁来具体说说。

生甲：她这样说是为了保护她家里唯一剩下的两个家人。

师（追问）：两个家人？具体点。

生甲：她为了保护她的孙儿，还有她的儿媳妇。

师（追问）：这里主要是为了保护谁，最终去保护谁？

生（甲）：通过保护她的儿媳妇去保护她的孙儿。

师：大家是否同意她这一说法？

生（齐答）：同意！

师：好。那这里我们就对这个老妇人产生新的敬意了，对不对？她爱其孙，又爱其媳，她主动去服役，就可以保护她家唯一的小孙子。那我们再想想，如果说媳妇被抓走了，小孙子的命运会怎样？

生（齐答）：可能难以活下去。

师：对，所以我们对老妇产生新的敬意。这一家人，在战乱当中，在每个人的生命安危的选择之时，这个老妇人是在保全自我吗？我要找一位比较腼腆的同学说说。（教师巡视，发现一位比较沉默的小男生，请他发言）

生乙：她为了保全她的孙子，自己就跟着官吏服役去了。

（发言完毕，老师将他的答案进行了梳理——老妇人舍弃了自己的安全或者说是生命。之后又拍拍他的肩膀，鼓励他不要紧张，男子汉要大气。）

师：那我们来把大家的思考总结一下；出示PPT8，将问与答的内容补充呈现。

（教师跟进解说，对诗中情景进行合理构建、呈现。学生倾听，加深对刚才探究内容的理解）

师：刚才这一环节，我们通过老妇人的答语，推知了官吏的问话，那么我们继续思考，在这问和答之中，人物的情感各自有怎样的变化？（出示PPT9）

PPT9：笔底波澜——品味诗中人物情感的起伏变化

诵读诗歌，结合故事进展，分类品析人物情感及其变化情况。

人物	情感及变化
老妪——	
老翁——	
儿媳——	
官吏——	
作者——	

师：我们来理解“波澜”的第二个层次，诗中人物的情感有着怎样的变化？请大家再次诵读全诗，看看诗中出现的人物，他们的情感有怎样的起伏变化？请大家放开声音自己读，在读中体会。（生放声自由诵读）读完后，小组内可以议一议。这些人物的情感有怎样的起伏变化呢？

（各个小组内积极讨论。教师巡视，参与到小组中去倾听、去启发学生。有一个小组的学生发现了官吏最后抓走的是老妇人而不是年轻的媳妇，教师进一步启发他们，最后该小组同学觉得这个细节表明了这些官吏还是有一点点同情心的。）

师：大家讨论完了，现在，我们不必逐一分析上述人物的情感，我特想听听大家认为“官吏”的情感有怎样的变化？最好能找出文中体现这一变化的内容。

生丙（举手）：官吏的情感变化：首先是愤怒，从“吏呼一何怒”可看出；然后是焦急，从官吏听到老妇人家“三男邺城戍”，怕完不成任务，抓不到人了，回去肯定会受到责罚，他们就非常焦急；后面他们就有点同情。

师（追问）：官吏就有点同情老妇，何以见得？愿闻其详。

生丙：因为老妇说“力虽衰”，已经非常老了，根据当时情景，抓那个儿媳最有价值，但是最后他们还是抓了老妇，说明他们还是有点同情这家人。

师：询问大家，你们同不同意？

生（掌声一片）：同意！

师（微笑着）：请继续。

生丙：最后，官吏心中有点轻松，因为他们终于完成了任务，至少现在暂时不会受到责罚。

师（点点头）：好，你辛苦了，请坐。刚才同学说到官吏最后有点轻松。我们来回顾一下，这位同学说了四步，首先是愤怒，其次是焦急，最后听老妇讲了，有点同情；同时完成了任务，暂时不会受责罚了。这是一种观点。还有别的看法吗？

生丁（举手）：我觉得官吏的心情开始应该是很“平静”，因为诗中说“暮投石壕村，有吏夜捉人”，从“有吏夜捉人”中的“夜”字可见，为什么官吏不白天去捉人，而要晚上去捉人？这是因为他们知道当时的情况，村里所有的人基本上都被他们抓过了或抓走了，他们白天基本上已经捉不到人了，所以他们心里很沉着、平静，精打细算，所以是晚上去抓人。

师：请坐，你觉得官吏是夜捉人，他们狡猾狡猾的（生，大笑），你们看，老百姓在这样的情况下，会怎样应对？

生（齐答）：都躲起来了。

师（感叹）：是啊，躲起来了，你们看，一个老头都要练“翻墙术”（生，大笑）——逾墙走。由此可见，官吏是很明白他们会抓到怎样的人的，也很清楚能不能抓到人，他们已经习以为常了。这是一种观点，官吏开篇时心情是“平静的”，也有道理。还有别的看法吗？（生争相举手，教师建议从最左边开始发表看法）

生戊：我觉得开头官吏应该是无奈。因为官吏夜捉人，也是受他们上面的领导的差使，这差事必须要完成，要不然他们会受到责罚，然而他们白天不去捉人，晚上去捉人，这也是一种无奈。

师（惊喜地）：她读出了一种无奈，这是上面给了任务啊，不完成不行啊，一种无奈。请坐！（话筒传向下一位举手的同学）

生己：我觉得最后官吏的心情应该是矛盾的。

师（追问）：矛盾的？那矛盾何在？

生己：因为他们完成了任务，固然是轻松的。可是，他们知道了老妇人家里的情况，官吏他们也是人，也会有妻有子、有老有小，他们也有人情味，所以说抓了老妇，他们的心情也是沉重的。因此，这里的心情就应该是矛盾，而不只是轻松。

师（深情地）：请坐吧，孩子！你说了一句话，“官吏也是人”！也是人，就应该具有——？（面向大家）

生（齐答）：人性！

师（深情地）：对！是人，有人性，就应该具有同情和怜悯之心。之前那位同学说官吏的心情是平静的，你们同意吗？

（教师走向先前认为官吏最后的心情是“平静”的那位同学，询问他：你同意吗？）

生丁（害羞地）：我同意，我同意她的观点，官吏最后的心情是“矛盾的”，而不只是“平静的”。

师：好，所以你说“平静”，我当时替你捏了一把汗啊，你现在还认为“官吏最后的心情平静”吗？

生丁（坚定地、连连摇头）：不平静。

师（追问）：同学，你觉得学语文，需要走到文字中去做点什么？

生丁（脱口而出）：探究思考！

师：是啊，学语文需要探究、需要思考，需要开动自己的脑筋，用自己的脑袋思考问题。（这时，右边又有举手的同学发言，话筒递过去，老师提醒，要说官吏的心情变化啊）

生戊：我觉得，“室中更无人”那里，官吏还有一点惊喜。因为他们开始很焦急，怕抓不到人，回去后要受责罚，这时却听到屋里有哭声，就觉得还有人藏着，这下就有人可抓了，回去就不会受责罚了，所以有一点惊喜。

师（赞赏地）：好一个惊喜。你从“室中更无人，惟有乳下孙”，听到小孙子的哭声，还有人可抓，这次任务完得成，这个惊喜来得太突然。（这时，有一位同学举手抢答）

生己：我觉得这中间，官吏还有一点紧张和害怕。因为老妇人一直在说，家里没有人了，官吏就很害怕，怕抓不到人。

师：你从这里发现了官吏害怕，其实更是担忧，怕完成不了任务。同学们，刚才我们这一番探究，那官吏还是那么地凶狠吗？

生（齐答）：不是！

师：那我们的一些参考书上写的“本诗表达了作者对统治阶级的批判，揭露了官吏的残暴”等话语，还合适吗？（众生若有所思，摇头）不合适啊！虽然开篇“一何怒”中，官吏是在怒，但是我们看看整个发展的过程，有同学说得好，“官吏也是人”“他们也有人性”，由最后的带走老妇，留下儿媳，显现了这一抹人性的光辉，让我们对这首诗的情感认识应该更全面一点。同学们，看看老翁的情绪，最后会怎样？告诉我。

生（齐答）：悲伤。

师：何以见得？文中哪个地方体现了老翁的情绪？

生（齐答）：“夜久语声绝，如闻泣幽咽。”

师：“泣幽咽”，这可能是谁在哭？

（生有的答老翁，有的答儿媳，有的答小孙子，有的答诗人在哭。）

师：究竟是老翁、是儿媳、是小孙子，还是诗人在哭？还是他们都可能哭？

生（齐答）：都可能哭。都在哭！

师：我也觉得都在哭可能更好。最后，天明登前途，诗人“我”是在跟谁道别呀？

生（齐答）：老翁。

师：哪个字看出来？

生（齐答）：“独”！

师：那从这个“独”中，我们看看诗人的情感，那一刻有着怎样的变化呢？

生庚（举手）：我觉得诗人心情有点沉重。对老翁一家的遭遇有点同情。

师：同学们，你们的发现与我国古代的文学家们对诗人的评价是很一致的。（出示PPT10）

【链接四】

1.其事何长！其言何简！“吏呼一何怒！妇啼一何苦！”二语，便当数十言写矣。文章家所云要会以去形而得情，去情而得神故也。

——明·陆时雍《唐诗镜》卷二一

2.“《石壕吏》，老妇之应役也，丁男俱尽，役及老妇，哀哉！”

——清·浦起龙《读杜心解》卷一

此首犹呜咽悲凉，情致凄绝。

——清· 吴汝纶

（请大家诵读，看能不能理解这些评语。）

师：刚才我们对官吏的情感的探究，就是通过故事的进展，以及问答的语言进行揣摩的。这是一种方法，这节课我们主要通过“问”之答语去探究“问”的内容，最后揣摩人物的心理、性格和情感。讲至“此首犹呜咽悲凉，情致凄绝”，请大家放低声音，把最后一小节“夜久语声绝，如闻泣幽咽，天明登前途，独与老翁别”吟诵一遍，体会“呜咽悲凉”之情。

（生，压低声音，降低语调，放缓语速，诵读这一小节，教师伴读引领。）

师：（读完）诗人的情感在文字当中隐藏着，需要我们擦亮眼睛。让我们闭上眼睛，把最后一小节再次吟诵一遍。（生跟随老师吟诵）

师：笔下的波澜，除了有藏问于答的形式和手法外，更有潜藏在文字背后的情感起伏和变化，我希望我们学这首诗，可以透过文字，触摸作者的情意，好不好？我们以前说“吟诗吟诗”，这个“吟”，就是要对情意进行把握。

现在，学完这首诗，请你谈谈，你读出了一个怎样的时代？你读了一个怎样的杜甫呢？（出示PPT11）

（四）赞圣哲 启自我

PPT11：再读全诗，谈谈你读出了一个怎样的时代？你读出了一个怎样的杜甫？

【教师提示】

这两个问题你们可以任选一个，也可都做探究。小组内交流一下，然后向大家展示你们的思考。（学生思考后，在小组内展开积极的交流。教师巡视、倾听，参与小组内的交流。讨论完毕，开始发言。）

师：这一轮，我们把机会给那些没发过言的同学好不好？

生甲：这是一个经济萧条，非常腐败，还民不聊生的时代。杜甫是一个无奈、同情，还忧国忧民的这样一个人。

师（拍拍肩）：请坐，你觉得这个时代是腐败的、民不聊生的，可你觉得杜甫是一个“无赖”、同情的人，把我吓了一跳（众生大笑），杜甫怎么是“无赖”呀？（生大笑）你说杜甫是一个忧国忧民的，对老百姓的悲苦命运感到“无奈”的这个形象，我还能接受，以后在表述上要注意，不要因为同音字产生语义的歧义啊。

生乙（举手）：我觉得当时的兵役已经达到要把老妇人抓走的地步，说明兵役已经很苛刻。三个儿子里面有两个儿子已经死了，说明战争惨烈，生灵涂炭。然后就是杜甫写这首诗，表达了他的那种厌恶战争，同时对百姓的一种怜悯和同情的心态。

师：你的说法又深入了一步，怜悯百姓，厌恶战争。很好。还有没有别的看法？

生丙（举手）：我认为这是一个兵荒马乱、民不聊生的时代，因为诗歌写的是安史之乱那个时期，我认为杜甫是一个很同情人间疾苦的遭遇的人，但是他自己又是一个很爱国的人，这是关系到兵役，兵役如果能够充足，就能够战胜（叛军），得到胜利，光复唐王朝。但是他又很同情（那些被抓去服兵役的人），他本人对此，是倍感无奈的一个人！

师（拍其肩头）：杜甫是一个很无奈的人，是一个很矛盾的人，是一个对百姓的命运深感忧虑却又无能为力的人。你选一下，哪一种表述更好些？

生丙："杜甫是一个对百姓的命运深感忧虑却又无能为力的人。"

师（微笑）：你们一说无奈，我就紧张（众人大笑）。是啊，杜甫在这样的时局中，心境矛盾，万分纠结。

生戊（举手）：我认为这是个战乱时代，因为战乱，所以说这里的经济很萧条，这里的人人心惶恐，所以这里反映出老百姓的生活真的很苦；然后杜甫写了这首诗，运用了一个以小见大的手法，写出他既是爱国诗人，有忧国忧民情怀，也有对百姓的悲悯之情，又写出了战争给百姓带来的苦难。

师：请坐。同学们说得都不错。我这儿有了新问题，同学们，杜甫是不是男的？

生（疑惑，大笑，齐答）：是。

师（追问）：诗中官吏抓丁，主要抓的是男的还是女的？

生（齐答）：男的。

师：这就怪了。杜甫暮投石壕村，就在这一家，官吏就看不见他吗？如果也发现了他，那为什么官吏不抓杜甫？这么大一个活人在那里摆着，官吏最后却只带一个老太婆走，如果是直接带杜甫走那多好啊，这就有问题了，你们发现没有？（众生开始疑惑了）把杜甫带走，那多好，把任务也完成了，究竟为什么不把杜甫带走呢？

（此刻，一生笑曰"杜甫有关系"，众生大笑）

师（大笑）：哈哈，他说"杜甫有关系"——你这"穿越"了，这不能，这真的不能。（生大笑）但是，你说他有关系，那你具体说说"杜甫究竟有什么关系"好不好？

生己：杜甫他的家世历代当官，他本身也做过官，后来遭受了贬谪（误说成“滴”音，师马上纠正为“谪”音，并板书予以区分），因为他以前当过官，应该可以有免受服役这个特权。

师（大笑）：看来还真有关系，还是真关系！（众生大笑）询问该生，你从哪儿得来的这些知识呀？

生己（羞涩地）：平时看书看的。

师（赞许）：好一个平时看书看的！这个就是博学多才啊！这就可以融会贯通啊！同学们，多看书、多学习、多积累，可以帮助我们理解诗歌，理解文章。好，还有没有同学对此有新的看法？

生庚（举手）：我认为杜甫只是在这里短暂的投宿，他是不属于这个石壕村，官吏就不能抓他，因为他不属于这个地方。

师：你的意思是说，他没有这个地方的户口，是这个意思吧？（众生大笑）他是临时“居住证”，就不抓，这很人性哈。（众生大笑，该生也大笑）你这个想法很新奇、超前，你这是美好的理想和愿望，很好很好！（众生大笑）你们两位的这个说法令我们感觉很新奇。一个说他有关系，一个说他没有正式户口，所以不被抓。

生辛（举手）：杜甫当时应该也是躲着的。（此语一出，众生大笑）

师：躲着的，那他怎么对整个事件这么清楚呢？（众生大笑）他如果是躲起来的，那整个场景、情景可能就把握不了了。（众生大笑）

生辛：哦，他应该是躲在屋里看的。（众生狂笑）

师：你这也算是一种新的视角，“躲着看”，这杜甫的隐藏技术很高的哟。（众生狂笑）还有没有不同的看法？（众生仰望教师，不语）

师（微笑道）：那老师说说，杜甫确实有关系。

据资料记载，杜甫出生于一个“奉儒守官”的封建士大夫家庭，享有不纳租税，不服兵役等特权。杜甫于《自先京赴奉先县咏怀五百字》中云：“生常免租税，名不隶征伐。”在《寒峡》中又云：“此生免荷殳，未敢辞路难。”其祖父杜审言，唐高宗咸亨元年与状元宋守节同榜登进士第，著名诗人，任隰城县尉；武后时，官膳部员外郎；杜甫其父杜闲，曾任兖州司马、奉天县令；到了杜甫，官运欠佳。安史之乱期间，他当过一个叫左拾遗的谏官，就是给皇帝提意见的，偏偏杜甫这个人又很认真，天天给皇帝提意见，把皇帝提烦了，所以，皇帝说离我远点儿（众生大笑），就贬了（众生甚为惊讶）。他这时已四十八岁，由左拾遗贬为华州司功参军，离开洛阳，揣着官家的文书去上任，历经新安、石壕、潼关。途经石壕村，请注意，此时他是官员，他是有任命的公文的。既然如此，石壕吏当然就不会抓杜甫了。所以说，他真有关系，因此，不能抓他。明白没有？第二，同学们说得很好的是，安史之乱平叛，是个人行为，还是关乎国家利益的？

生（齐答）：关乎国家利益的。

师：请注意，杜甫之所以是诗圣，是圣人，他绝不是单单地对老百姓的苦有同情，他更是对国家和民族的大义有清醒而深刻的认识，因为他知道，国家的叛军需要被平定，必须靠谁去努力？

生（齐答）：兵。

师：那兵从何来？

生（齐答）：抓壮丁。

师：也就是从百姓中来。所以杜甫明白，对这些老百姓一方面不断投入前线战死，深表同情；另一方面，他也知道，这是一种国家和民族的使命，需要百姓去担当。所以你看文中的那些官吏，杜甫为什么留给他们人性的光辉，因为官吏也是他的同行啊，哪是我们的参考书上所说的"批判他们"了啊！杜甫是深明大义的，杜甫之伟大，我借用一个外国作家的评论，来评价他。（出示PPT12）

【链接五】

PPT12："任何一个诗人也不能由于他自己和靠描写他自己而显得伟大，不论是描写他本身的痛苦，或者描写他本身的幸福。任何伟大诗人之所以伟大，是因为他们的痛苦和幸福的根子深深地伸进了社会和历史的土壤里，因为他是社会、时代、人类的器官和代表。"

——俄·别林斯基

（生齐读文段）

师：同学们，杜甫正是社会、时代、人类的器官和代表，他生在乱世，感受乱世，但是，心中人性的光辉在撒播，国家民族的大义他也在担当和传承，甚至还鼓励人们去承担这份沉甸甸的历史责任。同学们，不知此刻，你们对杜甫有没有新的敬意？我希望大家记住杜甫，诗中圣哲、诗圣，不是一个简单的符号，而要能够根据我们的诗歌内容去具体化理解，我希望大家课后能拿起笔，写写“穿越千年的对话”，看看我们站在今天这个时代，可以对杜甫说点什么呢？作为你们课后的练笔，行不行？

生（齐答）：行！

师：好，谢谢大家，下课！

生（齐）：谢谢老师，老师您辛苦了，再见！

师：谢谢同学们，再见！

教后反思

于“多重对话”中，逐步迈向文本理解的高度，实现文本理解的“深刻”

教学完本文，尽管是学生学过的课文重上，但学生和听课教师普遍感觉这一设计很新鲜。我自己对这一尝试，也有了新的发现：

1. 直面文本和学情，素读文本，重构教学内容

借班上课，面对学生已经学过的诗歌，怎么教？这时，我首先想的是应该直面诗歌文本本身去重新解读诗歌，再结合《义务教育语文课程标准（2011年版）》的具体要求，预计学生学习这首诗的大致学情，预估他们学习这首诗可能学些什么，可能忽略了什么，由此来选择并重构教学内容，解决教学内容教什么的问题。解决了“教什么”的问题，才能为课堂真实对话提供依据。

为解决“教什么”这一问题，我借力郭沫若所撰“世上疮痍、诗中圣哲；民间疾苦、笔底波澜”这一对联，扣住“疮痍、疾苦”“波澜、圣哲”这些关键信息，对诗歌文本进行了解读，理出了这样的线索：读全诗、知大意—观疮痍、察疾苦—识波澜、品情怀—赞圣哲、启自我。紧扣两个核心层面——内容层面和情感层面设计教学，内容层面：疮痍、疾苦；情感层面：圣哲；再通过对“波澜”的挖潜来实现“内容层面”和“情感层面”的贯通，具体从手法上的“藏问于答”、情感上的“起伏变化”两个角度带领学生由表及里、由浅入深，逐步触摸潜藏于诗歌中的诗人的情感内核。依托这一借力，实现“拓展学生的阅读理解视阈”这一目标。

2. 优化教学设计环节：将“解读内容”转化为“教学内容”

这首诗的教学，主要从诗中文字表层描绘的社会生活现实图景入手，在认知“疮痍”的基础上，带领学生体味百姓的疾苦，进一步察看整个时代的疮痍和疾苦；在学生体察到整个时代的疮痍和疾苦的基础上，进一步挖掘作者寄寓于字里行间的深层情意。通过对“波澜”的挖潜实现“内容层面”和“情感层面”的贯通。具体而言，从手法上的“藏问于答”入手，关注“藏问于答”“白描”等表现技巧；从情感上的“起伏变化”着力，在关注技巧的同时，通过对“问句”的揣摩，于人物语言的补白与对话之中，观照涉及对话的双方——老妇人、官吏的情感变化这一层“波澜”，继而关注儿媳、作者甚至老翁的情感变化；最后，带领学生辨识杜甫的形象，挖潜诗人的思想，进一步深入理解“圣哲”的情怀。在学生与诗歌文本展开了这些对话之后，进一步与作者进行对话，升华学生的认知。

3.选择教学内容，确立教学深难度，实施教学流程，既要基于课程标准，还应适当地根据学生的学情合理提高

语文教学中，我们不能拘泥于《义务教育语文（2011年版）》的基本要求而裹足不前。《义务教育语文（2011年版）》所提供的要求，是最基本的能力要求，我们必须结合教学实际，立足诗歌文本自身，结合学生学习的现实起点、学力水平的客观需要，选择教学内容并进行设计与教学。而不能只是停留于疏通字词、了解大意、朗读背诵等基本面；也不能只是泛泛地给学生一些概念，如对“藏问于答”这一手法的认知，对杜甫是“诗圣”，他的诗歌是“诗史”等知识的认知；或只教给学生结论性的话语，如“揭露了安史之乱时期百姓的苦难命运，表达了诗人对统治阶级的残暴冷酷的批判，体现了杜甫忧国忧民的思想”等，这些笼统的概念和结论，更多的是“走过场”，对于培育学生语文学习的思维、提升学生理解诗歌的能力，其作用究竟有多大，已无须赘言。概念和程式化的灌输，不能带着学生触摸语言文字，亲近语言文字营造的氛围，感触作者倾注于语言文字之中的情意，不能实现自我与诗人情意的桥接，不能带给学生真正的阅读思考、体验感受，绝不是阅读教学中理应追求的“走心”。我们应该在真实地感知诗歌文本的基础上，让学生不仅知其然，还应该知其何以其然，甚至还要敢于质疑，要知其不然！

新课程理论强调阅读行为要展开多重对话。“对话”要带领学生触摸诗歌语言，体会诗人如何借助语言刻画出了安史之乱时代的民不聊生、老百姓的疾苦，以及诗人除了对安史之乱中百姓的生存予以同情怜悯之外，对官吏那粗暴蛮横的批判之外，还有一种家国使命和国家大义的担当——百姓去前线是为了平定安史之乱，是为了安邦，民运与国运是紧密相连的，诗人并没有一味地对官吏进行批判，诗人的心中其实交织着多重情感——既有对百姓惨遭涂炭的痛苦的无能为力，也有对官吏统治行为的残酷粗暴的愤怒无奈，更有对艰难的国运与无助的国民之间难以调和的艰难纠结和矛盾的情感，悲天悯人、推己及人、感同身受、心忧黎民、心忧社稷等超脱凡夫俗子的“大义”与“大我”，才是体现杜甫作为诗圣的“圣”的价值，绝不只是关注“小我”，更是关注“大我”——国家大义、时代使命，这才是圣者的价值——兼济天下、推己及人、为苍生社稷立言，杜甫虽为官吏（这一时段的杜甫，曾担任左拾遗因谏言太过频繁而导致君王怒，被贬谪，此文正是前往谪所的途中所见），眼中却有苍生，虽为官吏，却对其“同行”——同阶层官吏的做法有看法，在近乎白描的客观冷静之中，折射出整个时代的苦难与悲楚。

4. 多重对话，离不开对文本的深度开掘，对教学内容的挖潜，以及对深度对话新视角的发现

这首诗教完后，我在同听课教师交流中发现还有这些问题值得深入探究，胪列如下：

（1）关注“独”字，此处的“独”，既可以是作者独与老翁别，因老妇已被带走；也可能是整个石壕村中其他人家，或者是逃亡，或者是离散，或者是战死，或者是避乱等，整个石壕村都已经空无一人了，如果这样理解，将更能揭示苦难的时代中，个体甚至群体命运的困难深重。

（2）官吏的情感在向善的方向发展，这也可以从侧面揭示时代的“苦”。

官，由“怒喝”到“听致词”，再到最后接受了老妇的请求，带走了老妇去备晨炊，留下了儿媳养育孙儿。官吏的情感在“向善”这个方向发展，他们的残酷粗暴蛮横被老妇人这一家人的悲楚遭遇唤起了人性的良知，也从侧面揭示了老妇人一家的“苦”，“苦”到可以令残暴的官吏也动了恻隐之心，只将老妇带走，留下了儿媳去养育还在吃奶的孙儿。

对于辨识“苦”还可以在这些环节深挖：

①“概述故事”这一环节引领学生关注“时间——暮投，夜捉”，体会“夜”的含义。官吏这是突然袭击，村中百姓男丁白天都已经外出躲避，这表明是经常来捉人，并非第一次——百姓生活的苦。

② 老妇一家的苦——三男邺城戍，二男新战死，儿媳出入无完裙，以这一家人的命运遭遇，折射出整个时代的百姓生逢乱世，命运的悲苦。

③ 官吏为何不抓走杜甫？——链接杜甫的身世，祖父杜审言，家中有特权，世代不用从军；杜甫当时的身份是被贬谪的官员，是去谪所赴任，此处还可以点出诗歌鉴赏中“知人论世”这一手法，帮助学生理解，并为高中的古诗词学习奠定基础。

（3）《石壕吏》中，作者将标题聚焦于“吏”，在诗中却将笔墨主要聚焦在老妇身上，那为何不直接以“石壕妇”为题？这之中又有何深意？值得探究。

5. 真实开展“多重对话”，赋还阅读课的对话权

“赋还阅读课的对话权”，应当也必然是在课堂上，以尊重学生课堂生命的真实、主动发展，把参与课堂、建构课堂、分享课堂的权利，在教师基于学生真实学情（尤其是真实认知水平）、真实解读文本、真实选择教学内容和重构教学内容的前提下，真实地赋还给学生。

“赋还阅读课的对话权”，一定是在新课程的“新”理念之下，实现了教师的“教”的方式转变的课堂：教学方式由“一味灌输”走向“真实对话”，由“师讲生受”转变为“师导生析、师生共析”的导析方式。这一切都源于教师个体对教材内容的处理方式的转变，由“唯教参是依”转变为能够基于学科课程标准的理解、学科教材的把握前提下的“自主解读、选择重构”，既能聚焦文本中的显性信息，也能挖潜文本中的隐性信息，更能科学地统整学科的核心要素，优选、组合教学内容，为学生的课堂学习提供学科教学的“必需品”。

“赋还阅读课的对话权”，也一定是学生在新课程理念指引下，主动实现“学”的方式的转变的学习过程和课堂参与行为。学生要转变“被动接受、裹挟参与”的消极接受，要主动融入课堂、参与课堂、建构课堂，甚至争鸣课堂。思维在场的学习，既能在教师的导引下，紧扣文本内容，品析语言的言外之意，描绘语言的意外之象，也能在“寻象逆志”的建构、探析过

程中，一步一步地激活自己的思维，主动探析问题，积极地表达自己的发现，能调动自己的经验、学识去评析文本中所刻画的鲜明而立体的人物形象，力求脱离“空洞概念化”“程式化”的言说倾向。

教学设计

《永遇乐·京口北固亭怀古》

（一）明内容 识形象

【教学目标】

1. 整体感知本词的大意，在诵读中揣摩词人的感情基调。

2. 掌握本词中作者抒情的载体——典故，借力典故意蕴的挖掘，深层次体味作者复杂的情志。

【学情分析】

学生在学习了《水龙吟·登建康赏心亭》之后，基本了解了辛弃疾的生平经历，初步感知了辛弃疾作品中用典故委婉含蓄地表情达意这一特点。但是，对于号为辛弃疾作品中压卷之作的《永遇乐·京口北固亭怀古》而言，对词中所用典故的明晰，才有助于深入理解辛弃疾的独特情感。为此，以资料助读的方式，为学生做背景知识的拓展，以期帮助学生深度挖掘作者的情志。

【教学重难点】

理解词中所用典故的基本内容；建立“史实”与“时事”之间的联系；理解作者用这些典故的意义，对时局、时事的讽刺、隐喻等含义，并在这些

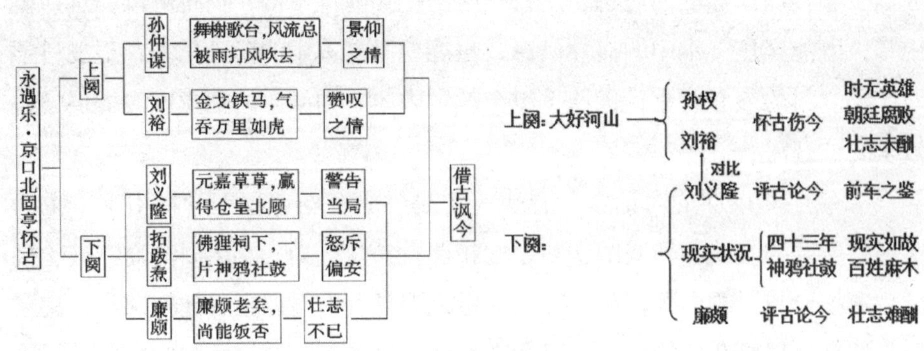

■《永遇乐京口北固亭怀古》教学板书

含义的挖掘中，把握作者的情感主旨。

【教学流程】

诵读全词，结合注释，梳理词中所写的历史人物及历史事件有哪些？找出具体词句加以概括。

【明确】

孙权——孙权割据东南，击退曹军；孙权始置京口——“千古江山，英雄无觅孙仲谋处，舞榭歌台，风流总被雨打风吹去”。

刘裕——刘裕起兵北伐，金戈铁马，战功赫赫，收复失地。——“斜阳草树，寻常巷陌，人道寄奴曾住。想当年，金戈铁马，气吞万里如虎”。

刘义隆——仓促发兵北伐而惨遭失败——“元嘉草草”“赢得仓皇北顾”。

拓跋焘——元嘉二十七年击败王玄谟的军队后建立行宫：颂武功庆升平，以炫耀于南朝 ——“佛狸祠下，一片神鸦社鼓”。

廉颇——被免职后，避难魏国。赵王想起此事，“廉颇老矣，尚能饭否？”“廉颇为之一饭斗米，肉十斤，被甲上马，以示尚可用。”满怀爱国热情的辛弃疾一心为国效力，可他忠不为用，报国无门。

（二）析典故 悟情感

1. 忆英雄

作者登上北固亭，极目远眺，为什么会想到孙权和刘裕？为何略写孙权事，详写刘裕事？借此表达了作者怎样的情感？

【明确】

（1）孙权：他曾在京口建立吴都，以区区江东之地，抗衡曹魏，打败来自北方的曹操的军队，开疆拓土，造成了三国鼎峙的局面。

刘裕：刘裕曾经在这里起事建立政权。曾两度挥戈北伐，收复了黄河以南大片故土。

（2）孙权虽然也是英雄，但出身于皇室，上有父兄，事业有父兄打下的基础。而刘裕则不一样，详写刘裕是想突出刘裕出身贫贱——“斜阳草树，寻常巷陌，人道寄奴曾住”，却能建功立业，更表现了“事在人为”的道理；也表现了词人对英雄的仰慕。

（3）无论是孙权还是刘裕，都是从百战中开创基业，建国东南的。这和南宋统治者苟且偷安于江左、忍气吞声的怯懦表现，形成鲜明对比。

不仅表达了对历史人物的赞扬，借古代帝王来讽刺南宋统治者屈辱求和的无耻行径；同时表达了自己力主抗金和恢复中原的伟大抱负，表达了对主战派的期望和对南宋朝廷苟安求和者的讽刺和谴责。

2. 忧时局

词中所写人物如孙权、刘裕、廉颇等多为英雄形象，引用宋文帝刘义隆北伐惨败的故事，目的何在？

【明确】

借此事咏叹近事。借鉴历史，影射当时的张浚北伐失败；委婉劝韩侂胄不要仓促出兵，伐金必须做好准备，不能草率行事。

【链接】

南朝宋文帝刘义隆“自践位以来，有恢复河南之志”。他曾三次北伐，都没有成功，特别是元嘉二十七年（450）最后一次，惨败。用兵之前，他听取彭城太守王玄谟陈北伐之策，草率出兵，冒险北伐，本想赢得像汉朝霍去病那样大败匈奴、封土筑坛的大功，结果反而招致元魏拓跋焘大举南侵，弄得两淮残破，胡马饮江，几乎遭到覆灭的危险。刘义隆只落得仓皇北顾，“北顾涕交流”。

当时的元魏，并非无隙可乘；南北军事实力的对比，北方也并不占优势。倘能妥为筹划，虑而后动，虽未必能成就一番开天辟地的伟业，然而收复一部分河南旧地，则是完全可能的。但是宋文帝急于事功，头脑发热，听不进老臣宿将的意见，轻启兵端。结果不仅没有得到预期的胜利，国势更是一蹶而不振了。

南宋近事：隆兴元年（1163）宋孝宗用张浚北伐，在符离集遭到大败。

词人犹记“烽火扬州路”，又着力描绘“佛狸祠”下的迎神赛会的景象，这表达了词人怎样的心情？

【明确】

（1）“四十三年，望中犹记，烽火扬州路”——四十三年前，扬州一带被金兵劫掠，战火纷飞，惨不忍睹，如历历在目！

（2）“佛狸祠下，一片神鸦社鼓”——佛狸祠已处于谁的统治之下？

北方已非宋朝国土，百姓安于现状，忘了国耻，忘了收复中原，更不会把一千多年前的元魏入侵者和当前金人的入侵联系起来。

作者心情沉痛，表达了自己的隐忧：时代冲洗掉了民族耻辱的意义，令词人尤为悲痛，如今江北各地沦陷已久，若不迅速谋求恢复，恐再过几十年，百姓就安于异族统治，忘记了自己是宋室臣民。南宋小朝廷亦将消亡！表达了对南宋政权不图恢复中原的不满。

百姓的健忘、麻木——朝廷偏安江南，早已无志向收复北宋故土。

诗人的忧心、远虑——此地今日之景，明日国家命运。

佛狸祠：北魏太武帝拓跋焘（“佛狸”乃拓跋焘的小名）于宋元嘉二十七年击败王玄谟的军队以后，在山上建立行宫，当年尝敬神赛会，以颂武功庆升平，以炫耀于南朝。即后来的“佛狸祠”。这一战争故事常常引发历代文人发思古之叹，但老百姓只把佛狸当作一位神祇来奉祀，以为是一座福佑人民的神庙，而绝不会审查这神的来历。这所庙宇，南宋时犹存。

3. 悲命运

词人最后用廉颇的典故，用意何在？

【明确】

借廉颇的典故，抒发了词人老而弥坚、抗敌之志不衰的报国之情和老大无成、壮志难酬的愤慨。婉转流露出词人不受重用的愤懑，更体现出作者不顾年迈力衰，鞠躬尽瘁报效祖国的满腔热忱。

明烈士暮年壮心不已之志，

抒报国无门壮志难酬之愤。

一片忠心　一腔热血　爱国热情炽烈

一世苦闷　满腹愤慨　烈士暮年　壮心不已　壮志悲哀

【链接】

宋宁宗开禧元年（1205），辛弃疾66岁。当时韩侂胄执政，正积极筹划北伐，闲置已久的辛弃疾于1204年被起用为浙东安抚使。是年春初，又受命担任镇江知府，戍守江防要地京口。朝廷对他似乎很重视，然而实质上不过是利用其他主战派元老的招牌而已。到任后积极布置军事进攻的准备工作，但他又深感政治斗争险恶，自身处境孤危，难有所作为。

他支持北伐抗金的决策，但对独揽朝政的韩侂胄轻敌冒进的做法又倍感忧心，认为应充分准备，绝不可草率从事，否则难免重蹈覆辙，而使北伐再遭到失败。但此意见未能引起南宋当权者重视。1206年，招来金兵大举入侵，又造成一次“仓皇北顾”，宋宁宗只得杀掉韩侂胄以满足金人的要求。

（三）拓展延伸

【思考】

岳珂在《桯史·稼轩论词》说：他提出《永遇乐》一词“觉用事多”之后，稼轩大喜，“酌酒而谓坐中曰：夫君实中余痼。乃味改其语，日数十易，累月犹未竟”。人们往往从这一段记载引出这样一条结论：辛弃疾词用典多是缺点，你怎么看待稼轩词中的用典？

设计反思

自由，源于对文本的深度挖潜

——《永遇乐·京口北固亭怀古》教学反思

《永遇乐·京口北固亭怀古》一词的教学，因其用典繁复，使得把握词意主旨难度陡增。如果再按照诵读诗词、把握形象、辨析手法、理解主旨这样的思路去教学，问题将胶着于主旨理解，很容易获得概念性的浅表认知而难以深入理解词人借助典故传达的深层意旨。像《永遇乐·京口北固亭怀古》这样的词，单靠诵读，也很难通过“读”这种方式真正解决主旨理解的难题。

因此，必须实现文本解读视角的突围。为此，我尝试在深度挖潜《永遇乐·京口北固亭怀古》文本的基础上，确立本词的教学思路：

聚焦核心，解读重在突破文本个性特色。

资料助读，理解重在搭建学生认知“脚手架”。

循序推进，思维重在循序渐进提升、超越。

教学完本词后，感觉到这一思路有助于解放自己、解放学生，有助于激活学生的思维，让原本比较费解难懂的《永遇乐·京口北固亭怀古》一词，在课堂上实施得较为轻松，师生的收获也较为充实。

本课的主要收获有三：

1.聚焦核心，确立文本解读的切入点

筛选、整合文本关键信息，形成适合于教师和学生的教学内容，以解决“教什么”的问题。

我们知道，《永遇乐·京口北固亭怀古》作为辛稼轩的名作，明代杨升庵曾誉之为稼轩词中第一首。尽管岳珂嫌其用典太多而使作品失之流利自然。仔细揣读作品所选典故，不难看出，均为紧密围绕“怀古”这一题旨，以历史人物、历史事迹来含蓄表达辛弃疾自己的独特情感。这首词，恰好是因其用典丰富而且得当，格调高远，于用典中丰富了作品的意蕴，拓展了揣读和玩味的空间。

为此，在教学设计中，我主要着力于“典故”的品读，带领学生辨识词中所用典故的基本内容——历史人物、历史事迹中的价值意义。建立“史实”与辛弃疾遭遇的“时事”之间的联系；循着文本中这一基本层面的叙述内容，理解作者用这些典故的意义——作者对历史人物、历史事迹所持的态度，以在史实与“时局”“时事”的双向观照和比对之中，挖掘作者对“时局”“时事”表达的讽刺、隐喻等含义；在这些含义的挖掘中把握作者的情感主旨。

2. 资料助读，帮助学生搭建内容理解的“脚手架”

文本中典故丰富，典故意义的明晰才有助于理解辛弃疾的情感主旨。但是，词中所用典故毕竟与学生的认知和积累有距离，加之课本注释中又语焉不详，不利于学生理解。为此，我以资料助读的方式，将词中所用到的典故做一梳理，述其大略，为学所用。帮助拓展学生的背景知识之后，在课堂教学中，搭建帮助学生理解文本内容、深度挖掘作者情意的“脚手架”。

从教学实施来看，这一内容的确起到了助学的作用，尤其是在实现“史实”与“时局”“时事”的双向观照和比对中，挖掘作者对“时局”“时事”所表达的讽刺、隐喻等含义这一点上，收效显著。

较其他教师只在课堂上让学生看课下注释去理解词的意旨，这样的助读，在阅读视野、语文思维等层面对学生都有较大的帮助。

3. 循序推进，帮助学生获得语文思维能力的提升

在教学设计中，对所用典故的品析，我通过三个层次帮助学生建立“典

故选用”与“作者情感表达”之间的理解通道。

（1）辨识文本内容的基本层面：辨识作品中所写英雄人物及英雄事迹；梳理这些英雄人物及其事迹，辨识作者对英雄人物所持追忆缅怀、景仰赞叹的情感基调。

（2）理解文本内容的意义层面：通过理解词中既写英雄形象（如孙权、刘裕、廉颇等），又引用宋文帝刘义隆北伐惨败的故事的目的，引出对时局的忧虑，以紧呈上一环节对英雄的追忆（千古江山英雄无觅）。

（3）揣读作品主旨、作者情志的意蕴层面：揣读文本中传达的作者个人的情志，探究作者运用这些典故的意义；结合“廉颇”的命运，观照词人自身的命运。悲廉颇之命运实则悲自身之命运，在这“物”与“我”的观照中理解作者的情感主旨。

4. 遗憾

教学实施中，留给学生熟悉典故的时间不充分，导致学生品读作品时思维略显迟滞，表达不够积极，这提醒我在教学这一类意蕴比较厚重的文本时，要在课前留给学生较为充足的预习时间，还要指导学生学会运用“助读材料”，不能停留在只追求知道史实“是什么”这一层面，还需要思考史实、典故运用的“为什么”“怎么用”这些问题，习得鉴赏长于用典类诗词的基本方法，逐步提升语文学习思维的品质。

四、发展思维，尺水亦可兴波澜

教学设计

思维为桨，向诗歌更深处漫溯

——以《涉江采芙蓉》教学为例

语文教学，不应只是立足于对静态知识的识记，教师应就文本的内容，教学生辨识文本中写了些什么内容，是怎样写的。批判性思维视域下的语文教学启示我们，在语文教学中，应该有语文学科思维的“跃动”与“悦动”，应该启发学生主动思考，让学生能够运用自己的已有学识、能力，在教师、同伴的启发引导之下，主动发现、思考、探究，在收获文本知识的同时，也能体会到文本中潜藏于文字背后的哲思、理趣。

为此，在教学《涉江采芙蓉》时，基于对文本的深度阅读，独立解析，我尝试以“引导学生思考，展开思维活动”为设计主轴，围绕思维的逐层推进，设置教学主问题，带领学生开掘诗歌内容及情感，思考本诗中潜藏的情感内涵，体会本诗独特的审美意蕴。

（一）教材分析

《涉江采芙蓉》，初读时以为异常简单，似乎无须多加解说，即可明白它的旨意；待到再三涵泳，发现其实际属于将深情寓于颇微妙的婉曲表现之中，而倍加动人。本诗中抒发的情感，会因“采芙蓉者”身份、角色的多元化理解而呈现不同的内涵及深度，绝非“表现远方游子的思乡之情”那么简单。

尽管诗中的“还顾望旧乡，长路漫浩浩”可以理解成游子对“旧乡”的望而难归之思，开篇之“涉江采芙蓉”者，也可以是离乡游子；但是，如果将主人公理解成男女（恋人）、客居异乡的漂泊者，甚至是作为旁观者（他以自己之眼观察到的他人采芙蓉的情景），又何尝不可？再者，为何“采芙蓉”，为何必须“涉江采芙蓉”？如果再按江南民歌所常用的谐音双关手法，“芙蓉”与“夫容”（江南传统文化中“芙蓉”往往暗示着“夫容”）、“莲”与“怜”，那这之中的情感是否只能是离乡游子的乡思？如此便是女子思夫口吻，岂可径直指其为“游子”？“莲”，在传统诗词的意象中，具有高洁品质，如果以“莲”喻女子容颜，青春易逝、空闺独守、青春煎熬的伤感，亦可深究。所以诗中“主人公”的身份绝不可僵化理解，此诗内涵不简单,更需要深度分析。

（二）学情分析

班级学生的语文学习方法比较单一，不善于理解运用，语文学科素养发展极不均衡。为此，在教学中我期望依托语文学习思维的训练，能够激活学生的语文学习潜能，提升学生的语文素养。本诗教学将立足语言品味，通过对诗中“采芙蓉者”的多角度揣读，体会诗中人物的情感内涵；通过对诗歌进行改写，激发学生去品味诗歌语言的含蓄凝练，情感意脉的潜行多姿。

（三）教学目标

抓取诗中物象和事件进程，变化视角品读诗中情味；推敲语言细节，品读诗中人物情感的含蓄、深沉。

（四）教学流程

新课导入：介绍本诗中“芙蓉”的含义：荷花，又称莲花。古称芙蓉、菡萏、芙蕖。

1. 初读全诗，体会诗中画

标题里面的“采芙蓉”，描绘了怎样的画面，请结合诗意加以想象，用自己的语言描述，力求生动、具体。

【学生活动】

学生结合标题中的“采芙蓉”，展开想象，描绘画面，用自己的语言进行描述、交流。

【教师活动】

教师参与到学生的交流之中，品评优劣，发现问题，有针对性地指导点拨。

【设计意图】

感性认知，引导学生调动思维，通过想象去建构“采芙蓉”的场景，初步体会“采莲”的氛围，建立审美的初步认知。

2. 再读全诗，体会诗中情

芙蓉立足事件，辨析诗中人物形象。概括“采芙蓉者”可能属于什么人？其“欲遗”之对象又可能是一个怎样的人？

整体阅读本诗，诗中写了一件什么事？

【学生活动】

学生整体阅读全诗，用自己的语言概括全诗内容。

【教师活动】

教师倾听学生发言，予以方法指导：概括，要学会抓取关键动词，本诗中，如“采”“遗”“还顾”“忧伤”等。可概括为：“涉江采芙蓉，欲送人而未果，徒忧伤以终老。”

【设计意图】

学生对诗歌中事件进行概括，初步感知诗歌大意，提取、归纳诗中主要信息。

初步感知人物心情：本诗表达了主人公怎样的心情？结合诗句具体谈谈。

【学生活动】

学生结合自己的理解，表达自己的看法，结合具体诗句进行分析。

【教师活动】

教师倾听学生发言，予以方法指导。情感的体会，既要兼顾诗中意象，也要关注事件进程中情感的变化。比如，“采”—“欲遗”—“思”—“还顾”—“离居”—“终老”等。

【设计意图】

引导学生初步理解诗歌中主人公的情感。了解学生的认知起点，为后面深度挖掘诗中主人公的情感做铺垫。

3. 涵泳全诗，深味诗情美

变换视角，揣摩“人物”情感，深味诗歌的含蓄美。

探究人物身份，理解主人公的情感。展开联想和想象，尝试视角变化：根据你的理解，诗中“采芙蓉者”可能是什么人？不同的主人公，各自表达的情感又是怎样的？并结合具体诗句内容，说说理由。

表4-1 《涉江采芙蓉》“角色选择”

角色选择	选择依据（诗句中哪些内容可以体现选择的合理性）	情感
男主人公		
女主人公		
旁观者所见		
其他角色		

【学生活动】

学生再度阅读诗歌，结合诗歌情景，展开想象，揣读“采芙蓉者”的身份，思考并用自己的语言做陈述、交流。

【教师活动】

教师巡视，阅读学生填写的内容，实时参与，在整体了解学生思考、揣读、分析的基础上，有针对性地对个别学生，相机予以品评、启发、点拨。

【教师点拨】

解读视角的差异，带来情感体验的差异。视角不同，情感体会不同。联想与想象：诗中“写到的”和诗中“隐含的”：直白与含蓄，诗歌鉴赏离不了。联想与想象，搭建思维之桥。教师在讲解中，实时补充诗歌“贵在含蓄，具有含蓄之美”这一审美特点。

表4-2 《涉江采芙蓉》“角色选择”

角色	选择依据（诗句中哪些内容可以体现选择的合理性）	情感
男主人公	遗；芳草；所思；还顾望；旧乡；同心，离居	思念——苦恋深情
女主人公	遗、莲、芙蓉（江南文化：谐音——夫容）；所思；还顾望旧乡；同心，离居	思念——痴、苦、哀、悲
旁观者所见	莲（谐音：怜）——莲（怜）子清如水；同心、离居——触景生情	触景生情受感染；引发自己的喜怒哀乐，悲愁
其他角色		

【设计意图】

引导学生调动思维，通过想象、比较，由感性认知上升到理性认知。通过对“采芙蓉者”身份的变化，揣摩不同身份的“采芙蓉者”的情感差异，情感内涵。训练学生的多元思维、比较思维，以期能带领学生在理解诗歌时，从言语的表象向言语的内涵靠近。

请比较“修改版”和原诗的差异。比较删改版中省去了哪些信息，你觉得这样改好不好，为什么？

表4-3 《涉江采芙蓉》“文本比较”

原诗	改后	省去内涵	“价值”还原
涉江采芙蓉	采芙蓉		
涉江采芙蓉，兰泽多芳草。	涉江采芙蓉		
采之欲遗谁，所思在远道。	采之欲遗谁		
还顾望旧乡，长路漫浩浩。	还顾望旧乡		
同心而离居，忧伤以终老。	忧伤以终老		

【学生活动】

学生结合自己的理解，思考填写所省略内容的内涵。

【教师活动】

教师参与到学生的交流中，品评优劣，发现问题，有针对性地指导点拨。

兰泽多芳草——（省去“采”的地点）（多芳草，唯采莲？）

所思在远道——（省去“送”的对象，属于自己所“思”者）

还顾望旧乡——（省去“旧乡”的时空距离：远道、长路）

同心而离居——（省去忧伤终老之因：远道、长路；同心、离居）

事件进程 ————→ 情感

涉江采 （ ）

采之欲遗谁 （ ）

还顾望、长路漫浩浩 （ ）

同心而离居 （ ）

【设计意图】

以“诗”解诗，通过比较阅读，深入解读诗作，领悟诗中人物的情感。

本课教学小结：深味诗中人物情感的几个角度。

① 从意象入手：“莲”的审美特质

“莲”之审美特点：清新美丽、冰清玉洁、高雅脱俗、出淤泥而不染。

若采莲者为女子，出水芙蓉，暗示青春美貌，冰清玉洁；花期一般3个月左右，又可暗示青春极容易消逝！“芙蓉不及美人妆，水殿风来珠翠香”“清水出芙蓉，天然去雕饰。”“芙蓉如面柳如眉，对此如何不泪垂。”

若采莲者为男子：荷花被誉为花中君子，是正直高尚的象征。可联系前面所学屈原的《离骚》中的“制芰荷以为衣兮，集芙蓉以为裳”、初中所学《爱莲说》中的“出淤泥而不染，濯清涟而不妖”加以体会。

② 从矛盾入手：时空距离

在远道，所思——想见而不能见（时空距离）——旧乡，长路漫浩浩——可想而不可见，愿望和现实之间的反差，带来强烈的感伤。

跟进思考：

“采芙蓉者”与“被赠送者”，现实处境是怎样的？

“同心”而“离居”——望眼欲穿、想见而不得见——痛苦、煎熬、焦急、伤感——忧伤流成河！

同心、离居——矛盾、煎熬、以终老——暗示永无可见之机！哀伤！心忧肠断！痛楚绝望！

③ 从虚实入手：实写与虚写

眼中景与手中事：诗中实写的内容，如现实的生存境况，等等。

心中景与心中事：诗中虚写的内容，如诗中人物的回忆、思念、怀想、展望，等等。

4. 思维悦动，读写巧结合

【课外练笔】

本诗中有很多的“空白”，如“所思在远道”，于诗中并未交代为何在远道，“离居”的情状等，都已为我们留下了想象的空间。请就这些“空白”，展开你的想象，为本诗补写出合理的情节，丰富诗歌的内容。

【设计意图】

充分挖掘这首诗的教学价值，引导学生继续发挥想象，结合自己的理解，对诗歌文本内容中的缺省内容进行合理再造，锻炼学生的想象能力、书面表达能力，实现以读促写。

课后反思

思考牵引感受　激活审美思维

教学结束后，我发现在课堂上基本实现了预期的教学价值目标：课堂紧扣激活思维、引领思维、自主表达这一主轴线，结合教学“主问题”或“问题情境”，逐层推进学生去思考，带领学生开掘诗歌内容及情感，学生能够围绕问题思考本诗中潜藏的情感内涵，感知并体会到了本诗独特的审美意蕴。具体有以下收获：

1. 解读的视角比较新颖独特。本课的教学解读视角，聚焦具有叙事特质的抒情诗中，作为抒情主人公的“诗中人”不一定完全等同于“诗人”自身这一基本特点。通过合理想象、变换诗中“采芙蓉者”的角色身份，由角色的变换去揣摩情感的差异，带领学生由诗歌的表象逐渐向诗歌的深层内蕴漫溯，初步实现了调动学生思维、引导学生思考这一意图。

2. 核心问题转化为思维活动。教学中，以“通过变化人物视角去揣摩其背后的情感差异”为本诗教学的基本思路，带领学生从“诗中人”和“诗人”两种不同的视角去审视“采芙蓉”这一事件，所体会到的采芙蓉的意义和价值大不一样。通过变化“诗中采芙蓉者的角色”这一活动形式，激发了学生的想象；学生能够在视角的变换过程中，体会不同身份的采芙蓉者呈现的不同“画面”及不同的情感细节，学生在调动自身想象力的基础上去理解诗歌，体会到的诗歌情感、意境不再单一化。

3. 思维活动有边界，必须立足文本内容进行合理假设，且能结合文本予以阐释。对于采芙蓉者的角色，要求结合诗歌文本中的具体信息，从诗歌文本中找到相关依据，对自己所假定的“采芙蓉者”角色予以阐释说明，也较好地实现了“教学形式的选择服务于教学内容”这一理念，教学中这一形式的选择，紧密服务于教学内容，实现了带领学生解读文本、理解文本的意图。

4. 以诗解诗，比较之中体会审美特质。引领学生通过“采芙蓉者角色变换”“删改诗歌文本，体会价值内涵”两个活动，逐步引导学生品味语言背后潜藏的审美价值。尤其是在对原诗进行改写之后，比较所“省去的内容”的内涵这一活动上，将学生的思维引向思考的深度，有助于学生由表及里，于一望而知的文字背后，揣读出原本忽略、不曾关注到的哲思理趣，实现了语文学习思维的“跃动”与“悦动”。

当然，教学中亦有遗憾之处，如在引导学生思考“采芙蓉者”可能为何人这一问题时，未能将学生所陈述的多种假设角色——离人、游子、恋人、友人、诗人自身等进行充分的探讨，未能及时扣住文本中的“同心”“离居”“终老”等词语进行再度提炼、集中归类，提炼出这些假定角色的合理共性。比如，“友人”“恋人”可从“同心”这一点进行归纳；“游子”“离人”可从“离居”这一层次去归纳；“恋人”则可从“莲”“芙蓉”的谐音（莲谐音“怜”；芙蓉谐音“夫容”）这一角度去归纳。上述均为诗人眼中之人；均为以诗人之眼观他人之事，而触景生情，这样再做思维引导，有助于克服仅从诗人自身这一角度去解读所带来的局限性。

再如，写法上还可探究，还可增加欣赏点：张玉谷《古诗赏析》中认为，“从对面曲揣彼意，言亦必望乡而叹长途”，“从对面曲揣彼意”这一“悬想”方式，从而造出了“诗从对面飞来”的绝妙虚境。

对于语言的品析，还可引入钟嵘《诗品》中的评价，加以开掘。钟嵘《诗品》认为《古诗十九首》的语言：“惊心动魄，可谓几乎一字千金。”为此，还可以再结合诗中“还顾”一词，对“还”和“顾”两字着力，“还”究竟是“hái”还是“huán”，读音不同，意义迥异；“还”能否是通假“环（《荆轲刺秦王》：秦王还柱而走。‘还’通‘环’，绕。）”体味这“一字千金”的语言魅力。

第三节 文言文阅读教学，文言并举广识“文”

文言文教学，强调文言并举。可在实际教学中，很多时候只见或多见“言”而不见或少见“文”。师生多注重对文言字词句含义的理解，进而把握文章大意，体会、认知文章内容“写了什么”，进一步探究文章的思想主旨，这已成为当下普遍而“定式”的教学模式。这一教学模式中，品“言”的占比过大，对“文”的观照不足，“文”多从“文学层面”分析篇章结构、写作手法，体会情感主旨，仅仅涉足“文章”“文学”层面，而忽略了文言文中的“文化”。

文言文教学应当，也必须“言文并举”，基于文字理解，“三位一体”系统观照“文言、文学、文化”，注重思考跟进，思维训练，思想锤炼。

在教学中，对文言文文本的解读，尝试引入“情境还原”和“文意补白”两种方法，挖潜文本中潜藏的文化信息，对古诗、文言文教学，指导学生以“历史文本”和“学生的知识积累”为据，既“从历史发展的角度理解古文的价值，汲取民族智慧”，又“用现代观念审视作品评价其积极意义与历史局限”。初步建构了文言文教学“立足品言深挖文化内涵，聚焦主问题，多支架助力，深度品析文本内核”的教学路径。本节拟通过“文言并举，进阶发展语文核心素养”“洞幽察微，激活学生思维能力”“积极思辨，凸显文化批判力”体现文言文教学的追求。

一、文言并举，进阶发展语文核心素养

《卖油翁》文章短小，人物很少，事件简单，含义浅显；然而，俭省的文字背后却富含处世机趣，饱含人生哲理。人物言语、行为亦值得细品深

思，人物涵养气度也可于“熟中见生”，再进一步结合当下时代背景进行重新审视和观照，训练学生的思辨能力。我于2018年1月江苏江阴举行的“七省九市初中语文统编教材研讨会赛课”中，执教《卖油翁》，荣获本次研讨会特等奖，并获得七省九市语文教研员的一致好评。

他们认为，本课的这一教学，“言”的教学手段丰富，注重引导学生从字形、字义上理解和积累重点字词的字源意义；注重“文”的内涵，既有对文学层面的观照，如品味“卖油翁酌油的系列动词及其作用”，更有对文化内涵的新体认，如通过补充出示原文中作者的评议，追问你认同卖油翁的说法吗？引导学生与作者欧阳修对话；更以文化化育学生，以丰富和陶冶个人情操，引导学生从陈康肃公“公亦以此自矜”招致卖油翁的评议这一事例中，感悟、分享。40分钟，短文深教，让学生在“读—思—评—议”的过程中习得言语实践的能力，让学生语文素养的发展逐级进阶，可观可辨。

教学设计1

《卖油翁》[①]

导入：对教材注释②中“谥号”“公”的学习。

谥号：古代帝王、诸侯、卿大夫、高官大臣等死后，朝廷据其生平行为给予一种称号以褒贬善恶，称为谥或谥号。

备用：公：旧时对男性尊长的尊称。字：只限于古代有身份的人。《礼记·曲礼》：“男子二十冠而字”“女子十五笄而字”，成年取字，目的是让人尊重他，供他人称呼。一般人尤其是同辈和属下只许称尊长的字而不能直呼其名。

你还知道哪些尊称呢？（课下收集）

子：古代对成年男子的尊称或美称，相当于现在的先生。如，孔子。

夫子：古代对成年男子的敬称，语气重于称“子”。

父（fǔ）：古代对男子的美称或对老年人的尊称。例如，《渔父》。

甫：古代男子的美称。甫：如，杜甫，字子美。

① 岳国忠，《卖油翁》，2018年1月，江苏江阴七省九市初中语文统编教材研讨会赛课教学设计。

对文中字词的理解，你还有哪些有疑惑？生置疑，生答疑。

（一）走近人物：自评 · 他评 · 矛盾

1. 熟读课文，用简洁的语言概括故事

概括事件：陈康肃公射箭自矜—卖油翁观射否定—陈康肃公生气质疑—卖油翁酌油释疑—陈康肃公笑而遣之。

2. 默读课文，比较“自评”与“他评”

陈康肃公对其射箭技术有何“自评”？表现了他怎样的心理？卖油翁对其“他评”如何？

【明确】

（1）自矜　当世无双；（2）骄傲自负，自命不凡，为下文做伏笔；（3）（对其“发矢十中八九”，微颔之　）——“自评”与“他评”引起矛盾与冲突——卖油翁观看陈康肃公射箭，其表情表明了其看法（睨之，微颔之），表情引起了矛盾。

（二）因事品人：变化 · 发展 · 化解

1. 分角色朗读课文：本文善用对话，于对话中展示角色个性

【思考】

卖油翁开始“观射箭”是有表情的，为何陈康肃公“问”他时，却没有了表情，请根据文中情境，为卖油翁添加“表情包”。

（1）找出体现卖油翁观看陈康肃公射箭时，表情变化的词语（　　）—（　　）【睨之（斜着眼睛看：　）—微颔之：　】

（2）陈康肃公的表情：（　）—（　）—（　　）【问—愤然　—笑　】

追问：陈康肃公问话中，哪些词语表现其“忿然”：尔安敢轻吾射！（尔——君、汝？）

（3）为卖油翁添加表情包：（　？）曰—翁（　？）曰—因（　？）曰【（备选：恬然、怡然、泰然、安然、黯然、勃然、哑然）/（笑曰、怒曰）】

2. 陈康肃公，愤怒急躁，体现其“自矜”；卖油翁于无表情的淡定、沉着之中，以酌油技术服人

阅读课文第二段，请找出能体现卖油翁酌油技术的动词并品评其妙处。

【助读】

取—置—覆—酌—沥[沥：瀝：《说文·卷十一》：浚也（动词：挖深；疏通（水道）：修沥。从水歷聲。一曰水下滴瀝。本意指液体一滴一滴地落下，也可理解为滤，漉。沥酒。呕心沥血。]，一气呵成，连贯、精湛；精准的动词传递自信。

【写作启示】

（1）写人物，要凸显人物的性格，可刻画人物的表情及其变化过程——表情是无声的语言，能表明人物对问题的判断、看法、态度，还可刻画人物的动作行为及其细节。

（2）运用语言，言简而义丰，一字可传神。

（三）再品矛盾：理解·思辨·发展

1. 陈康肃公最后对卖油翁“笑而遣之”，你怎么理解他的“笑”和“遣”？

【明确】

认同卖油翁的观点——为卖油翁酌油技巧而心悦诚服地笑。

不认同卖油翁的观点——苦笑，酌油与射箭并非一回事，怎能相提并论？

【明确】

笑：是态度，是风度，是襟怀，是由忿然而平静的自省。遣而非送、而非驱、而非请，是身份、地位、年龄的差异，是大人物与小人物的差异。

2. 与欧阳修对话：你认同卖油翁的说法吗？（出示原文中作者的评议）

此与庄生所谓解牛斫轮者何异？（这与庄子所讲的庖丁解牛、轮扁斫轮的故事有什么区别呢？）

【知识链接】

解牛斫轮：指“庖丁解牛”与“轮扁斫轮”。

庖丁为文惠君解牛，手之所触，肩之所倚，足之所履（lǚ），膝之所踦（yǐ），砉（xū）然向然，奏刀騞（huō）然，莫不中音：合于《桑林》之舞，乃中《经首》之会。文惠君曰："嘻，善哉！技盖（hé）至此乎？"

——庄子《南华经》

履：践踩。踦：抵住。砉：皮骨相离声。向：通"响"，发出声音。

騞然：象声词，形容多种响声。盖：通"盍"，怎样。

译文：有一个名叫丁的厨师替梁惠王宰牛，手接触的地方，肩靠着的地方，脚踩着的地方，膝顶着的地方，都发出皮骨相离声，刀子刺进去时响声更大，这些声音没有不合乎音律的。它合乎《桑林》舞乐的节拍，又合乎《经首》乐曲的节奏。梁惠王说："嘻！好啊！你的技术怎么会高明到这种程度呢？"

（喻经反复实践，掌握了事物的客观规律，做事得心应手，运用自如。）

熟能生巧。事情的发展是由生—变熟—生巧。手熟，源于刻苦磨炼，精益求精；源于从业有道，执业有心。只要功夫深，铁杵磨成针。世上无难事，只怕有心人。天下大事必作于细，天下难事必作于易。

3. 从陈康肃公"公亦以此自矜"招致卖油翁的评议这一事例中，你有何感悟？请分享。

【明确】

不要自夸颜色好——做人不能自负，不能自我感觉良好。满招损，谦受益。

知错能改善莫大焉——陈康肃公：骄傲、看不起别人，却也能知错能改，由"自以为是"变为乐于听取他人意见。

4.结束语

做事：熟能生巧；做人：戒（矜）宜（谦）。

板书：

卖油翁

（做）事（为）人

（生）← 熟 →（巧）　　矜 →（省）→ 谦

↓　　↓

熟能生巧　　戒矜宜谦

■ 图4-5《卖油翁》教学板书

教学设计2

《记承天寺夜游》[①]

【教学目标】

1. 立足文本语言，抓取细节，品析作者情感内涵。

2. 立足文本学习，了解文化常识、积累文言语言、感知文章写法。

3. 体会作者在独特人生境遇中的生命意趣、人生态度。

【教学流程】

（一）玩味标题　聚焦文本

常言道，标题是文章的眼睛。读一读标题，你觉得《记承天寺夜游》标题中，哪些内容在文中会重点写？

1. 感知“夜”：找出文中能体现“夜”的内容

月色入户、何夜无月——直接写“夜”。

解衣欲“睡”、亦未“寝”、庭下“积水”、竹柏“影”——间接写“夜”。

2. 辨析“游”，找出文中体现“游”的内容

至承天寺寻张怀民、相与步于中庭——至、寻、步（与“游”有关）；

庭下月色。——间接写“游”：“游”之所见。

（二）品味语言　揣摩情意

1. 如何理解“无语为乐者”的含义？（思考，体会）

（1）为何作者无与（己）为乐者？

【提示】

参看课文注释⑥作者被贬黄州期间，因“被贬”而“无与为乐者”。能用一个词语来概括这种处境吗？（人情冷暖、世态炎凉，曾经与苏轼熟识者的见风使舵、势利冷漠）

（2）为何去寻张怀民——参看注释⑨，作者的朋友，当时也被贬官在

① 2014年12月受邀于成都师范学院为四川省初中语文骨干教师“国培项目”上示范课。

黄州。（志同道合、同命相连、同命相怜）

【写作背景】

元丰二年，苏轼由于和当时主张变法的王安石政见不同，作诗讽刺新法，被捕下狱。出狱后，苏轼被贬为黄州团练副使。这是一个有职无权的闲差，于是他在郡城旧营地的东面开荒种地，游乐于山水间，咏唱江山，感怀英雄，抒发郁闷心情。

（3）作者在这样的处境中，这种处世态度带给你怎样的启示？

【明确】

志同道合，在困境中要善于向朋友倾诉，志同道合者很重要，精神的支撑，信念的支撑。

2.“月”与“竹”应该是常见之物，作者为何发问“何夜无月？何处无竹柏？”

【比较】

何夜无月？何处无竹柏？（“何”：重复两次，意义何在？诵读、体会、比较“重复”其情感之差异）

3.“何夜无月？何处无竹柏？”与“但少闲人如吾两人者耳”两句之间，似乎缺少了点内容，结合对全文的理解，试试看，你能补出哪些内容？

【明确】

“无此番体验”“无此番乐趣”“无此番心境”“无此番人生感悟”。

（三）聚焦“闲人”深味心境

1. 理解“闲人”的含义

（1）闲人的含义？（见课下注释：清闲的人。“清闲”是什么意思？）“清闲”有何特殊含义？

（2）“闲人”与“元丰六年十月十二日”的关系？

（3）“苏轼”“张怀民”与“元丰六年十月十二日”的关系？

【明确】

特定生命境遇中的特殊心境、生命体验、人生感慨。

【文化常识】

元丰：年号。我国历代封建王朝用来纪年的一种名号。联系本单元所学，你还能想到哪些？

教材第164页：《桃花源记》“晋太元中”：太元：东晋孝武帝的年号。

教材第175页：《核舟记》“天启壬戌秋日”：天启：明熹宗朱由校的年号。

教材第201页：《湖心亭看雪》“崇祯五年十二月”：崇祯：明思宗朱由检的年号。

2. 本文记“游”，却略写“游”，再读全文，你认为这个标题欲传达的真正含义是什么？

【明确】

本文“记游”为表象，借游散心才是本质。

板书：

“游”——“心”（外在：散步——本质：散心）

“夜”　承天寺　“游”

生命的特定时空游走——心绪的自我消解

■《记承天寺夜游》教学板书

二、洞幽察微，激活学生思维能力

文言文教学应当“文言并举”，既要丰富学生的文言语言积淀，又要丰富学生的文学素养、拓展学生的文化视野，更要着意增强学生的文言素养，激活学生的语文思维能力。

教学经典的文本，如何在积累文言的基础上，依托文本开展语文思维训练，提升学生的品读、鉴赏能力？这尤需重视对文本内涵特别是“隐性”信息的多向挖掘，挖潜人物语言的空白，于人物言语简省留白之中，彰显挖潜、补白思维之美，调动学生的想象和积累，引导学生品味“情境中的人物语言”，有助于延展学生思维的空间，培养学生阅读浅易文言文的能力，培育学生文本品读能力，增强学生涵泳文本的本领。引导学生“通过学习这些古代作品，使学生受到优秀文化的熏陶，塑造热爱祖国和中华文明、献身人类进步事业的精神品格，形成健康美好的情感和奋发向上的人生态度，奠定精神的底子"[《普通高中语文课程标准(实验)》],不断追寻学习古代作品的真正意义和价值。

《荆轲刺秦王》文本经典,故事家喻户晓,故事中的传统文化道义也是耳熟能详。如何在文本中,立足语言,感悟作者高超的叙事技巧,析出故事中的"情义"与"道义"?本文在引领学生积累文言的基础上,深度解读文本,挖潜人物语言的空白,调动学生的想象和积累,引导学生品味"情境中的人物语言",并依托文本开展语文思维训练,提升学生的品读、鉴赏能力;有助于延展学生思维的空间,培育学生文本品读能力,增强学生涵泳文本的本领。

解读案例1

于阅读补白中　激活学生的语文思维能力

——以《荆轲刺秦王》中"隐性人物"形象的探析为例[①]

【内容摘要】

追求"好的课堂",必须基于对学生学情的准确把握、对文本内容的精准剖析,在此基础上,对这一文本的教学内容进行科学选择和合理重构,只有这样,才能夯实"好课"的内容基础;一味追求"怎么教"而忽视了"教什么"的好课,只会流于形式之美好而失其学科本位。

因此,在"好课堂"的追求过程中,应在新课程理念的指引下,基于学科精神、学科目的、学科内容的精准把握。特别是对具体文本内容的把握,不仅要对文本中出现的显性内容予以重视,还应对文本中的隐含信息进行探析,通过引导学生对显性信息和隐性信息的把握,激活和发展学生的学科思维能力。为此,我在教学《荆轲刺秦王》一文时,在对人物形象进行品析时,既关注文中已经出场的显性人物形象(燕太子丹、荆轲、秦武阳等),也对文本中没有直接出场的隐性人物形象(荆轲所待之客)立足文本进行了探析,通过引导学生于阅读补白中探析这一形象,激活学生的语文思维能

① 岳国忠.补白中深化文本解读——《荆轲刺秦王》"隐性人物"探析[J].成都:教育科学论坛,2017(07):51-52.

力，收到了意想不到的效果。

【教学示例】

教学《荆轲刺秦王》一文，通常会对文中人物的形象进行品析。尤其会关注文中的显性人物，如燕太子丹、荆轲、秦武阳等，通常会结合这些人物在文中的言语个性、行为事件等进行品析，却常常会于不经意之间忽略与整个“刺秦”事件紧密相关的另外两个人物：一个是出场时间很短暂的人物“樊於期”，还有一个就是文本中根本就没有出场的“荆轲所待之客”。

因此，我在引导学生品析本文的人物时，既抓住燕太子丹、荆轲、秦武阳等人的言行，也不放过与整个“刺秦”事件紧密相关的另外两个人物——“樊於期”和“荆轲所待之客”，并围绕“荆轲所待之客”究竟是怎样的人物设置了主问题，引导学生围绕文本整体观照，聚焦文中荆轲对这个人的期盼等细节，在与秦武阳、荆轲的比较之中，逐步揭开这位“荆轲所待之客”的神秘面纱，从文本的显性信息中探究文本的隐性信息，在具体的语言环境中设置引导学生积极探思的场域，从而激活学生的思维，训练学生的口头言说能力和书面表达能力。

一品樊於期。具体来说，文本中的樊於期这个人物，急国家之急，可谓“捐躯赴国难”之典范，文中写道：“夫今樊将军，秦王购之金千斤，邑万家。诚能得樊将军首，与燕督亢之地图献秦王，秦王必说见臣，臣乃得有以报太子。”在“丹不忍以己之私，而伤长者之意”之时，荆轲私见樊於期，晓之以国家大义和刺秦计谋，让樊於期偏袒扼腕后，果断自刎。这一场面，可谓之悲壮。樊於期本“以穷困来归丹”“常痛于骨髓，顾计不知所出”，日夜切齿拊心而未得报仇之计，在听完荆轲这一“可解燕国之患，而报将军之仇者”的计谋之后，慷慨以死，献出自己的人头为国效力，促成刺秦所必需之信物。

在这里，我们可以围绕樊於期这一举动中的深刻内涵，品析他的深明大义，品析他的家国使命，以及在“小我”与“大我”、“生存”与“死亡”这些重大选择面前，对“利”与“义”孰轻孰重的智慧权衡。还可以借此引导学生思考樊於期的慷慨赴死，为国捐躯过程之中所折射出的价值，甚至还可以去探究樊於期的这一行为，对当代青年如何担当国家责任、履行个人使命等时代意义的启迪。

基于上述引导，还可以设置学生的写作练笔探究点，开展口头表达或练笔活动：请结合自己对文章的理解，借助想象，还原樊於期自刎时的情境，并描述这一场景。

这一练笔探究，其实与后文荆轲易水诀别的场景品析，在思维路径上有对接，这里通过“写”与“易水诀别”的场景品析实现“读写互促”的对接。让“易水诀别”的品析要点有所开掘，在品析中，既有写作技巧的归纳输入，更有写作技巧的运用输出，将阅读的赏析点转化为学生写作的真实抓手，有助于“口头言说”能力与“书面表达”能力的和谐提升。

二品所待之客。“荆轲所待之客”在文中一直没有出场，但这个隐性人物有其独特价值，绝不容忽视。对于文中这个不曾露面的荆轲所待之客，我们则可以根据文中透露的信息逐步探析：

在落实刺秦人选之时，“荆轲有所待，欲与俱，其人居远未来，而为留待”。

在荆轲“顷之未发，太子迟之”之时，荆轲怒叱太子：“今提一匕首入不测之强秦，仆所以留者，待吾客与俱。今太子迟之，请辞决矣！”

从内容上看，这两处内容其实都是在为后文荆轲刺秦失败埋伏笔——这一个人，竟然能关乎荆轲刺秦之成败！基于这个原因，我们更有必要探究荆轲所待之客究竟有何能耐，究竟有何价值。

那么，我们可以设置主问题：联系上下文，思考“居远未来之客”可能是怎样的人，他可能有哪些能耐？需要结合文中具体内容进行分析。

设置“荆轲所待之客，他可能是一个怎样的人？”这一主问题，旨在引导学生利用文本中的已知信息，去推断这个人，进一步挖掘他的形象。在这一推断和剖析的过程中，可引导学生对文本信息进行概括和分析，可激发学生的想象能力、推断能力，达到训练学生的语文思维能力的目的。

为了顺利达成这一目的，我在教学中设置了以下三个问题支架，帮助学生完成主问题的探析。

【支架一】结合文中对其他人的叙述去思考

秦武阳：“燕国有勇士秦武阳，年十二，杀人，人不敢与忤视。乃令秦武阳为副。”秦武阳年十二杀人，人不敢与忤视——如此之凶狠的人也可谓胆识超人，却也仅为副手。据此，可引导学生推断，荆轲所待之客可能是怎样的人？

经过这一问题的引导，学生想到荆轲所待之客可能是比秦武阳更勇猛的人，能力比秦武阳更全面的人，他才配做荆轲行刺秦王的最佳助手甚至主力！再进一步结合后文在秦廷中秦武阳的表现“至陛下，秦武阳色变振恐”这一细节，学生推出荆轲所待之客可能为“沉着冷静”“足智多谋”之人，而不单是一个“徒有匹夫之勇”“外勇内怯”的人。

【支架二】结合文中对那人的“居住地”的叙述去思考

文中写道“其人居远未来”，荆轲所待之客，“居远”，那么“远在何处”？联系文章开篇交代“秦将王翦破赵，虏赵王，尽收其地，进兵北略地，至燕南界。”可以这么认为，在如此形势背景之下，所待之客所居之远，可能在何处？何处为远？这便为学生留下了丰富的探究空间。

学生在这一问题的帮助下，认为所待之客可能是赵国人，他也可能和樊於期一样，是一个被秦王杀戮了亲人的复仇者，也可能是赵国的复仇者。

【支架三】结合文中，荆轲因留待居远未至之客，而对燕太子丹予以怒斥这一过激举动来思考

当燕太子丹因荆轲“顷之未发，太子迟之。疑其有改悔”，认为荆轲“无意”刺秦，而欲请“先遣秦武阳”之时，荆轲“怒，叱太子”而言“仆所以留者，待吾客与俱。今太子迟之，请辞决矣！”，如此盛怒，均为所待之客未至，荆轲可为此人而怒斥燕太子丹，那此人究竟为何许人？有何能耐？

学生经过三个问题支架的辅助，在一番读、说、评、议的活动中去推断、去品析、去比较，最终得出了荆轲所待之客可能为如下形象：

荆轲所待之客可为智者、谋士，他周密的计谋更有助于荆轲刺秦成功；

荆轲所待之客可为勇者、侠义者，他好打抱不平，尤其不能忍受秦灭诸国的霸王行径；

荆轲所待之客可为复仇者，他和樊於期一样，有着深重的家仇国恨，他时刻都在等待复仇的机会，终于可以和荆轲一起去完成自己的这一复仇计划；

荆轲所待之客可为智勇双全、胆识过人者，他有着全面而超越凡人的才智和本领，是荆轲的最佳搭档。

凡此种种能耐，均可能成为所待之人具备的能耐。

这也正是荆轲“留待”他的种种可能。

案例反思

发掘文本空白 拓展探究空间

上述案例中的教学内容的选择和重构，教学活动的设计与实施，完全遵循《普通高中语文课程标准（实验）》中的理念，“阅读是搜集处理信息、认识世界、发展思维、获得审美体验的重要途径”。“阅读教学是学生、教师、教材编者、文本（作者）之间的多重对话，是思维碰撞和心灵交流的动态过程。”“教师要尊重学生个人的见解。”“作品的文学价值，是由读者在阅读鉴赏过程中得以实现的，学生阅读的过程，其实就是发现和建构作品意义的过程。教师应该鼓励学生用自己的情感、经验、眼光、角度去体验作品，对作品做出有个性的反应，对作品中自己特别喜爱的部分做出反应，做出富有想象力的反应，在阅读鉴赏过程中，培养学生创造性思维能力。对文学作品的解读，不宜强求同一的标准答案。”

通过发掘文本中的这些空白点，将其拓展为学生深度探究的空间，在拓展探究的过程中，不能脱离文本内容与学生实际的认知水平，做漫无边际的探究。因此，教师在基于文本内容理解的可能的前提之下，设置了能够激发学生探究兴趣、富有探究意义的主问题，为了有效解决对主问题的探究，又辅以“子问题串”作为问题解决的支架，引导学生逐步围绕这些支架，一一填补文本中的空白点，在“读文本、说感受、评议人物”的过程中，引导学生联想隐性信息背后潜藏的准显性信息，推导已知信息（显性信息）之间的关系，探寻进而比较显性信息和隐性信息之间的契合点，在这个动态过程中，促进学生与文本、学生与自我、学生与学生、学生与教师之间的“思维碰撞和心灵交流”，从而培养他们独立思考的习惯。

在这些联想、类比、对比、求同求异的过程中，引导学生发现文本的文学价值，并在鉴赏的过程中不断地“发现和建构作品意义”。教师在教学的过程中，成为助推学生思考、引领学生思考、启发学生思考的平等对话中的首席，教师应该“鼓励学生用自己的情感、经验、眼光、角度去体验作品，对作品做出有个性的反应，对作品中自己特别喜爱的部分做出反应，做出富有想象力的反应，在阅读鉴赏过程中，培养学生创造性思维能力经过“归纳”或“演绎”，引导学生“用自己的情感、经验、眼光、角度体验作品，对作品做出有个性的反应，对作品中自己特别喜爱的部分做出反应，做出富有想象力的反应，在阅读鉴赏过程中，培养学生创造性思维能力”[《普通高中语文课程标准（实验）》]经过“归纳”和“演绎”，引导学生：用自己的情感、经验、眼光、角度体验作品，对作品做出有个性的反应，对作品中自己特别喜爱的部分做出反应，做出富有想象力的反应”[《普通高中语文课程标准（实验）》]”。帮助学生语文思维能力、表达能力的提升。同时，这也符合本单元的教学“注意拓展探究，指导学生以历史文本和学生的知识积累为据，既‘从历史发展的角度理解古文的价值，汲取民族智慧’，又‘用现代观念审视作品评价其积极意义与历史局限’”的要求。

其实，“好的课堂”，应当也必然是在课堂上，以尊重学生课堂生命的真实、主动发展，把参与课堂、建构课堂、分享课堂的权利，在教师基于学生真实学情（尤其是真实认知水平）、真实解读文本、真实选择教学内容和重构教学内容的前提下，真实地赋还给学生的课堂。

“好的课堂”，一定是在新课程的“新”理念之下，实现了教师的教的方式的转变的课堂：教学方式由“一味灌输”走向“真实对话”，由“师讲生受”转变为“师导生析、师生共析”的导析方式。“好的课堂”，更在于教师个体对教材内容的处理方式的转变，由“唯教参是依”转变为能够基于学科课程标准的理解、学科教材的把握前提下的“自主解读、选择重构”，既能聚焦文本中的显性信息，又能挖潜文本中的隐性信息，更能科学地统整学科的核心要素，优选、组合教学内容，为学生的课堂学习提供学科教学的“必需品”。

“好的课堂”，也一定是学生在新课程理念指引下，主动实现学习方式的转变。学生要转变“被动接受、裹挟参与”的消极接受，要主动融入课堂、参与课堂、建构课堂，甚至争鸣课堂，既能在教师的导引下，紧扣文本内容，品析语言的言外之意，描绘语言的意外之象，又能在“寻象逆志”的建构、探析过程中，一步一步地激活自己的思维，主动探析问题，积极地表达自己的发现，能调动自己的经验、学识评析文本中鲜明而立体的人物形象，脱离空洞概念化的言说倾向。

我想，这正是新课程理念指导下的语文课堂的一种应然的形态，让学生立足文本、品析文本，在与文本、与教师、与同伴、与作者的对话之后，超越文本，丰盈自我生命。“好的课堂”，让教师和学生一道，一起真实、主动地存在于课堂，成长于、成就于课堂。

这样的课堂，才是真正应该追求的课堂。我们，理应行进在这样的路上！

解读案例2

细节多玩味　深意品中得[①]

——《荆轲刺秦王》的四个教学切片

《荆轲刺秦王》一文的教学价值，除了从叙事的角度予以考量，着意把握荆轲行刺秦王的叙事进程，于进程中着力分析荆轲、燕太子丹、樊於期等人物形象，把握他们各自的性格特点之外，还可以着力“语言”玩味，在教学中紧扣文本中的一些细节，引领学生对这些细节进行揣读，细细玩味，涵泳语言，进而品得深意、品出新意。

（一）扣住动词“破”“虏”“收”“北略地”，感受秦将王翦灭赵之力与势

文章开篇：“秦将王翦破赵，虏赵王，尽收其地，进兵北略地，至燕南界。”

短短22个字，以极为俭省的笔墨粗笔勾勒，交代了人物、事件及事件的成效，节奏明快，极富张力；言语简明，效果生动。细品如下：

“破”“虏”“收”“至”四个动词，“动作”一气呵成，气势十足，承接连贯，层层递进。

首先是“破”赵之都城，继而才能“虏”获赵王，再将赵国都城之外的国土尽收入秦之囊中，已至燕国南界令燕国当面受敌。四个动词一气呵成，将秦军攻略赵国的不费吹灰之力、擒获赵王如探囊取物之态、横扫赵国全境的势不可当之气、倾轧燕国之迫在眉睫等情状刻画得淋漓尽致；同时，赵本强国，顷刻之间便覆灭，那强敌压境、危如累卵的燕国命运又将如何？遭受秦军大兵压境，秦军势如破竹的霸气之下燕国旦夕不保的惶恐不安则跃然纸上。

---

① 岳国忠．细节玩味贮深意——《荆轲刺秦王》的四个教学切片 [J]．教育科学论坛，2020(01).

“破”“虏”“收”“至”四个动词，环环相扣。在时间进程上，带给人一种紧迫、压抑的紧张感和催逼感，再加上“尽”这一副词，既凸显出了秦军当时挥师北上、横扫一切劲敌的所向披靡，也将赵国于强秦碾压之下那毫无还手之力、毫无喘息之机而顷刻覆灭的悲惨命运袒露无遗。

教学中，我们还可宕开一笔，对于这四个动词所呈现出来的画面张力，还可以结合唐朝诗人李贺的诗歌《雁门太守行》中的相关诗句，带领学生进行比较阅读：

李贺《雁门太守行》中有云：“黑云压城城欲摧”，李诗中的“黑云压城”以“黑云”为喻，写出敌人来势凶猛，再以“压”这一动词强化此种势态描写，然后以“欲摧”两词补足敌人气势汹汹、摧城夺地、城倾郭摧之势之猛烈，以及守军所面临的危险情状。通过类比这一内容，无疑有助于启发学生进一步直观理解秦军歼灭赵国时的阵势、声势以及暗含的胜势，也有助于启发学生揣读赵国国之将破、国之破灭之时的颓势、弱势、劣势。

同时，这一类比阅读也有助于建构学生的语言，激活学生在语文学习中的类比思维，收“举一反三”之效。

（二）于“荆轲私见樊将军”中，着力“私”字品味荆轲游说之智

教学中，教师通常会忽略“荆轲私见樊於期”一句中的“私”这个字。如果只是为了了解故事大意，这对把握故事大意倒也无妨；若愿深味这一“私”字，则亦可品得其丰富内涵，现条陈如下：

1.“私”中可见荆轲对燕太子丹的尊重

文中写道，燕太子丹不忍心杀害樊於期，已要求荆轲“更虑之”。面对这一要求，荆轲自然不好当面再做反驳；但是，要想获得取悦于秦王的信物，在当时的情境之下，可谓非樊於期的人头莫属。

面对秦军大兵压境的燃眉之势，太子丹又犹豫不决。在稍纵即逝的机遇面前，在燕太子丹和樊於期的私人情义与燕国命运安危转捩面前，荆轲做出这一选择自然会“首鼠两端”进退为难。因此，荆轲选择“私”见樊於期，这一做法可谓独辟蹊径，颇有先“斩”后奏之明，待到樊将军人头落地、木已成舟之时，燕太子丹遭逢燕国厄运，自然也就别无他法，只得接受这一结果。

2.“私”中可察荆轲于关键时刻的警惕意识

荆轲与樊於期将军二者之间所谈话题异常重大，荆轲与樊将军所谈话题为“行刺秦王以解燕国之危”，可谓事关燕国命运；所谈内容十分隐秘，既要对燕太子丹保密，更要提防消息走漏为秦国截获情报，为此，他们二人在这件事上只能是秘而不宣，荆轲只有私见樊於期，才能确保这次游说成功，才能确保以“樊於期的人头作为取悦于秦王的信物”这一致命条件。所谈内容更是非常隐秘，不可示诸众人。荆轲还需要说服樊将军“舍生取义”，牺牲自我成全燕国，以报答燕国对他樊於期的救助（知遇）之恩。

由此可见，区区一个“私”字，足见荆轲运筹之智慧和行事之果断；足见樊於期将军明大义、知恩图报；足见燕国形势之严峻，燕国国事之危急，拯厄转捩时程之紧迫。

对“私”字的品读，还有助于启发学生感受秦军大兵压境情形下，荆轲与樊於期、荆轲与燕太子丹、樊於期与燕太子丹之间的关系，以及彼此心里的变化情形，读出人物在特定环境下的性格特点。

（三）于荆轲言语简省留白之中，彰显挖潜、补白思维之美

文中写到樊於期将军自刎，语言更为俭省。

文中写到——樊於期偏袒扼腕而进曰：“此臣之日夜切齿拊心也，乃今得闻教！”遂自刎。

荆轲当时就在樊於期将军自刎现场，他面对樊於期将军的当面自刎，文本中竟未对荆轲有只言片语的记叙，活生生的樊将军，经过荆轲的一番劝说之后“遂自刎”，就在荆轲的眼前倒下，若荆轲毫无所感、毫无反应这不合乎人之常情，但是文本中并未给我们提供荆轲于此情此景中有何言语、行为，这是为何？固然可以说是作者处理详略之匠心，其实，这也可视为作者为读者预留想象空间。

这一记叙“空白”的出现，带给读者以无限的想象，给予思维延展空间。这无疑有带我们去挖潜言语中的这一空白，解读如下：

1.荆轲无任何言语情状，是否可视为此乃荆轲欲快速解决问题，免得夜长梦多——若燕太子丹察觉会怪罪于他？若走漏消息令秦王闻之而节外生枝？

联系前文荆轲“私”见樊於期，联系后文荆轲面对燕太子丹对他未及时动身而猜疑、荆轲仓促动身等情节，可见荆轲这时候有当机立断、快刀斩乱麻的谨慎与决绝。

2. 激活思维：引领学生还原场景，补白荆轲面对樊将军死亡时的感想及行动。

进一步阅读燕太子丹知晓此事后的文段：“太子闻之，驰往，伏尸而哭，极哀。既已，不可奈何，乃遂盛樊於期之首，函封之。”

燕太子丹“闻之，驰往，伏尸而哭，极哀。既已，不可奈何”，从燕太子丹的“闻”而“驰”、“驰”而“伏尸而哭”这一系列动作可见燕太子丹对樊於期之死的重视，以“伏尸而哭”可见燕太子丹对樊於期之深情，对樊於期之死的悲痛；以“极哀”二字，可见燕太子丹对樊於期之死的伤悲程度。但“既已，不可奈何”恰好证明了荆轲“私”见之预判，燕太子丹在与“樊於期的私人情义”“个人与燕国的艰难国运”两难抉择过程中，“两害相权取其轻”的道理，燕太子丹自然还是明白的。

由此可见，荆轲当时面对樊於期自刎，人之常情，会有悲伤，但本文所写荆轲，已非“常情”之下的荆轲，已是超越常情而至于“道义”层面的荆轲，不写荆轲在现场的情状，恰好有助于刻画行刺秦王事件中超乎寻常、异乎常态的荆轲形象！这可谓作者行文高明处，借用济慈名句：“听得见的音乐真美，但那听不见的更美”；借用白居易诗句：“此时无声胜有声”。为此，我们可以引导学生到语言文字的穷边涯际，探寻文字下面那“深秘的静默”；借力我们的思考，品得文字之中的“真意”，进而启发学生对这番“真意”进行辨析。

当然，对这个问题最简单的理解，莫过于认为作者刘向当时未在现场，对此中情状当然不得而知。——这一理解也是最缺乏思维训练的理解。兹不赘述。

（四）于易水送别时“士皆着白衣冠”及音乐自“慷慨羽声”而“变徵之声”中，体味声色之韵

燕太子丹嫌荆轲“迟不动身”甚至怀疑荆轲，欲“先遣秦武阳”。荆轲怒而叱太子，发出“今日往而不反者，竖子也！”之誓言后“辞决”“遂

发”。“太子及宾客知其事者，皆白衣冠以送之”。

易水送别，这部分通过“声”“色”感触，渲染诀别气氛，预示事件结局。

“高渐离击筑，荆轲和而歌，为变徵之声，士皆垂泪涕泣。……复为慷慨羽声，士皆瞋目，发尽上指冠。于是荆轲遂就车而去，终已不顾。”

谭盾曾这样说，“声无哀乐，全在于人的心”。通常，将这一送别场景中的“白衣冠”“变徵之声”“慷慨羽声”全部与“诀别”之悲联系。

那么，联系全文，此处当真只能理解为“诀别之悲”？

这取决于对“白衣冠”含义的理解。对于“白衣冠”所谓何意，历来有不同看法：

有人认为：穿白衣，戴白帽，是旧时丧吊用的冠服。例如，《明史·海瑞传》：“丧出江上，白衣冠送者夹岸，酹而哭者百里不绝。”清代孔尚任《桃花扇·草檄》：“这位柳先生竟是荆轲之流，我辈当以白衣冠送之。”

然而，文化史家柳诒征考证：“太古冠亦以布，其色白。”并非特指“丧服”。褚峥2002年11月发表于《现代语文》中的《“白衣冠”新解》一文中认为：易水送别，“太子及宾客知其事者，皆白衣冠以送之”中，“白衣冠”是平民之服，太子及知道这件事的心腹宾客穿上当时一般平民的衣服——白衣冠，微服出行，目的是掩人耳目，这是太子丹“荆轲刺秦王”绝密行动的精心安排，体现了“太子丹计划之周密，性格之谨慎，用心之良苦”。结合前文荆轲“私”见樊於期的相关分析，我们觉得此处的“白衣冠”若取“微服出行”之意，目的是掩人耳目，体现太子丹渴盼荆轲行刺秦王这一绝密行动的精心安排。

再看“变徵”及“羽声”，“变徵”是角、徵二音之间接近徵音的声音，这种调式旋律苍凉悲壮，适宜于悲歌；“复为羽声慷慨”，“羽声”就是羽调式，这种调式高亢激越，所以听后“士皆瞋目，发尽上指冠”。如果将“白衣冠”理解为“丧服”，岂不是有一种“出师未捷身先死”的意味，那“太子及宾客知其事者”，不就都认为这是一次必定失败的行动？这苦心孤诣密谋已久可保全燕国的“行刺秦王”良策，不就成了自欺欺人的徒劳之举了吗？

可见，将“白衣冠”与“变徵”及“羽声”相联系，结合文化背景做补充，有助于整体理解文本此处这番“声色”中所蕴藏的独特韵味，助推我们触摸着语言文字，引领学生进一步走向文化深处，进而品读出经典文本的独特之美，让文言文学习充盈文学气息、文化意味。

教学设计

掀起“情”的盖头来

——《陈情表》的教学构想及设计

【构想篇】

教学李密的《陈情表》一文，自然离不开李密《陈情表》中所陈之“情”。李密所陈之“情”，历来会为执教者所青睐。

教师多着意于“内容是什么”这一层面去归纳李密所陈之“情”可能是什么；其实，还需要挖潜文本，通过文本具体内容，选择挖掘的路径，挖掘出“情”的丰富内涵，如关注所陈之情的“私”与“公”，所陈之情的“显”与“隐”，所陈之情的“缓”与“急”，所陈之情的“实”与“虚”等，进而坐实这些“情”的内涵。

在教学中，我们可以从两组人物关系入手，围绕“李密与祖母刘，不能不说的（　）情”“李密与晋武帝，不能不说的（　）情”两个主问题，挖潜“这两个情”之间的关系，引领学生去体会李密所陈之情丰富、深刻的内涵。

（一）情之“私”与“公”

李密要供养祖母，辞不奉命，辞不就职，均为个人“私情”，正如文中李密所言“欲苟顺私情”“乌鸟私情，愿乞终养”。

李密奉召应征，被晋武帝招至麾下，为其效命，俯首臣服，则为“公”，则为向晋武帝效忠、尽忠。

而文本中，联系李密的生存背景、晋武帝的为人等不难看出，在“私”与“公”二者之间，还别有深意，需要挖掘。由此，可进一步去探究李密所陈之情中的“显”与“隐”这一对关系。

（二）情之“显”与“隐”

李密必须“孝亲”，不得不孝亲，这都是源于“孝”亲的背后，还有诸多的“苦”“悲”“恩”等，支撑起了孝亲的道义大厦。

李密也深知，自己如果不“效命”其后果何如。“诏书切峻”“责臣逋慢”，晋武帝对于李密的“辞不就职”“辞不赴命”的不合作态度，已经有了疑心和怨气，形势颇为紧急。在“辞”命与“效”命的矛盾纠结中，还包含着“苦”“悲”“恩”的要素。

（三）情之“缓”与“急”

李密所陈之情，“急”在侍奉祖母：祖母卧病在床，“臣侍汤药，未曾废离”“但以刘日薄西山，气息奄奄，人命危浅，朝不虑夕”；“急”还急在晋武帝催逼之急，“诏书切峻，责臣逋慢；郡县逼迫，催臣上道；州司临门，急于星火”。

“缓”在暂不能应征晋武帝之诏。“臣尽节于陛下之日长，报养刘之日短也。”“尽节之日长”，便可以暂时缓一缓眼前的“催逼”，便可以暂缓应征。

（四）情之“实”与“虚”

李密所陈之情，“实”在“刘夙婴疾病，常在床蓐”“辞不就职”；“虚”在“母孙二人，更相为命，是以区区不能废远”“尽节之日长”“臣生当陨首，死当结草”，“虚”在“逮奉圣朝，沐浴清化”。

【设计篇】

第一次行课教学设计如下。

教学目标：

1. 扣文本事件，坐实文言词句“披文入情”，理解文本中所陈之“情”的多重含义。

2. 揭示所陈之情的“显”与“隐”，“披文入理”，理解文中陈“情”之于释“理”的意义。

教学方法：细读文本；涵泳情景；资料助读。

教学课时：2课时。

教学过程如下。

导入：

1. 初读文本：晓大意·知事由

据文本大意，拓展补充题目： 李密因（何）事向晋武帝陈（何）情。

2. 细读文本：知“闵凶”·察“情理”

细读课文第一、二自然段，梳理李密写了自己的哪些孤苦情状，琢磨他详细叙述这些孤苦情状的用意。

（1）李密与祖母：不能不说的（ ？ ）情

① 看一组数字，并思考数字背后的意义。

② 李密的祖母刘氏为什么离不开李密的供养，文中还有哪些理由？

③ 祖母现状如何？写祖母现状，目的何在？

④ 思考：祖孙二人已数遭闵凶，而今会否再遭闵凶？

（2）李密与晋武帝：不能不说的（ ？ ）情

① 细读课文第二、三自然段，看晋武帝是怎样对待李密的，有哪些措施？李密又是怎样回应这些待遇的？（找出体现晋武帝对待李密与李密对晋朝起用自己的态度的词语）

② 晋武帝和李密之间，因此产生了什么矛盾？

3. 品读文本：探“隐忧”·释“疑虑”

再读课文第三段，探究李密所陈之情的“显”与“隐”：面对晋的连续征召，李密已表明“辞不赴命”“辞不就职”且“具以表闻”，晋武帝却还“诏书切峻，责臣逋慢”。

【推想1】晋武帝可能就哪些问题责问李密？

【推想2】李密最担心晋武帝怀疑他哪一点？他又是如何为自己辩解以消除晋武帝的疑虑的？

【资料助读】

1. 司马氏一家的阴谋歹毒，为千百年来史家之所共识。在杀掉魏朝曹髦这位年轻的还想有所作为的君主后，咸熙二年（265），司马炎便正式登帝位，改国号晋。

——罗宗强《魏晋南北朝文学思想史》

晋武帝司马炎为人阴险多疑。当时东吴尚踞江左。晋武帝为笼络人心，安抚蜀汉旧臣，采取怀柔政策，征召蜀汉旧臣到洛阳任职，以减少灭吴阻力。

2. 李密，少仕蜀，为郎。数使吴，有才辩，吴人称之。蜀亡后，屏居乡里，以孝闻，累举不应。泰始初，诏征为太子洗马。密以祖母年高，无人奉养，遂不应命。……后刘终，服阕，复以洗马征至洛。司空张华问之曰："安乐公何如？"密曰："可次齐桓。"

——《晋书·列传第五十八·李密传》

注：泰始三年（267），晋采取怀柔政策，极力笼络蜀汉旧臣，征召李密为太子洗马。

3. 若陛下（刘禅）降魏，魏不裂土以封陛下者，周请身诣京都，时晋文王为魏相国，以周有全国之功，封阳城亭侯。

——西晋·陈寿《三国志·谯周传》

4. 在向秀的《思旧赋》里，深深地隐藏着他对司马氏臣服的内心痛苦与悲哀。……晋国既建，名士群体面对既成的局面，他们中的一些人，是带着一种苍凉的心情入晋的。

——罗宗强《魏晋南北朝文学思想史》

第二次行课

教学目标、教学方法：课时均与第一课时同。

教学过程：

导入

1. 初读文本：晓大意·知事由

据文本大意，拓展补充题目： 李密因（何）事向晋武帝陈（何）情

2. 细读文本：知"闵凶"·察"情理"

细读课文第一、二自然段，梳理李密写了自己的哪些孤苦情状，琢磨他详细叙述这些孤苦情状的用意。

（1）李密与祖母：不能不说的（ ？ ）情 （此部分与第一次行课相比，做了调整，删去了原来的（1）（2）（4），只保留了（3））

祖母现状如何？状写祖母现状，目的何在？

（2）李密与晋武帝：不能不说的（ ？ ）情 （此部分与第一次行课相

比，做了调整，删去了原来的（1），只保留了（2））

晋武帝和李密二人之间，因此产生了什么矛盾？

3. 品读文本：探“隐忧”·释“疑虑”

再读课文第三段，探究李密所陈之情的“显”与“隐”：面对晋的连续征召，李密已表明“辞不赴命”“辞不就职”且“具以表闻”，晋武帝却还“诏书切峻，责臣逋慢”。

【推想1】

晋武帝可能就哪些问题责李密？

【推想2】

李密最担心晋武帝怀疑他哪一点？他又是如何为自己辩解以消除晋武帝的疑虑的？

【资料助读】

与第一次行课一致。

教学反思

聚焦主问题　言文当并举

第一次行课后，有如下感受：

1. 感觉教学设计中，问题有些烦琐，主问题聚焦不够明晰。在第一次行课过程中，为了完成教学设计中的问题，面面俱到，导致时间分配上前松后紧；在第二次行课中，应该在保留主问题支架的基础上，删繁就简，剔除枝节问题，让学生通过对主问题中关键信息的揣摩去扣文本中的具体信息、具体细节，让学生在文本中真切感受。课堂节奏还可以再慢一点，脚步还可以踩得深一点，挖潜可以再深一点，把文本细读落得更实一点，从而引领学生在品读过程中读出自我的发现，“入得”文本又“出得”文本。

2. 对文言文教学，立足于“言”的内容偏弱，没有给予学生较为充足的时间揣摩文言词语在语境中的含义，在立足于言品味作者情意这一点上，虽有“读”的意识，但在“读”的方法指导、“读”的情意传递等方面，尚需要进一步坐实。教师还需要体现自己的导读感悟，通过自己的示范朗读，带领学生去把握节奏、轻重音、语速甚至诵读时的气息等，为学生品悟语言既给予方法指点又予以真实示范。

3. 教学过程中，活动形式还可以更丰富一些，尽可能激发学生的参与意识，激发学生语文学习兴趣，激活学生语文学习思维。

在第二次行课中，我在保留主问题的基础上，删去了第一、二两个主问题中的支架问题，留出时间带领学生品读文句，坐实了“见背”中的“见”字的含义，并将课内所学的《孔雀东南飞》中的“府吏见丁宁”以及“见教”“见谅”等对“见”字予以拓展；对“夙婴疾病”中的“婴”字，从构字法的角度，拓展了“婴”字的字义：会意，从女，賏(yīng)。“賏”是颈项链。本义：妇女颈饰，似现代的项链。再如，对文本中的“九岁不行”，“行”古意为“走”，而“走”古意为“跑”；从构字法的角度解释了“臣”字：字形“[illegible]”，甲骨文字形，像一只竖立的眼睛形。人在低头时，眼睛即处于竖立的位置，字形正表示了俯首屈从之意，从而加深学生对李密表明自己臣服于晋武帝的那种“犬马怖惧”之情。

同时，对主问题中“李密和祖母不得不说的（　）情”，“李密与晋武帝不得不说的（　）情”，力求引导学生结合文本，从不同的角度，归纳探究出“情”的多元意义，这一处理，帮助学生深入文本之中，触摸语言，品悟情味，收效甚好。

最后，在“助读资料”的运用上，比第一次行课更为有效，有学生答出了李密和晋武帝有不得不说的“畏惧”之情。此时，在运用文本中信息的基础上，引入这一助读资料，为学生深度解读问题提供了支架，帮助学生进一步体会李密“畏惧”晋武帝的深层原因，将“知人论世”这一方法予以坐实。

经两次行课，我更深刻地认识到，文言文教学必须有“文”与“言”的整体意识，不能“因文妄言”甚至“因文废言”，必须立足于“言”，引领学生“因言而知文析文”；在行课中，必须要能够在“当停处，停够时间”，让学生在有价值的地方多遛几个来回；立足学生回答中有价值的地方，相机介入，深度追问，在思维的深度碰触中，生成有价值的问题，收获有意义的思考结果。这一过程，无论是对教师还是对学生，其意义都远甚于收获一个漂亮的答案。

三、积极思辨，凸显文化思辨力

语言天地，文化古今。观照教学文本，“文字，文学、文化”三“文”一体；着意思维发展，“思考、思维、思想”三“思”共生。立足文本，挖潜文化，理解传承不泥古；与时俱进，辩证思考，批判求新不标新。语文课程是学生学习运用祖国语言文字的课程，重在培养学生听、说、读、写等多项综合实践能力。语文教学强调以“思维发展与品质”为核心素养，需要学生在实践中体会、把握运用语文的规律。因此，语文教师要根据文本的特点挖潜、聚焦文本的教学价值，更要根据学生认知接受能力以及思维发展的特点改进教学内容、改变教学方法，以促进学生的思维能力的有序、有品发展。

如果忽略了教学文本的“出身”，就会忽略了中国古典小说传递的古代文化内涵。那《三顾茅庐》这一小说文本较之于现当代小说文本，其文本价值有何独特之处？其文化内涵有何独到之处？

古典小说的教学，需要沿波以讨源，借此发展文化的思辨力。为此，教学《三顾茅庐》一文，需跳出小说文本“三要素”这一传统教学视阈的藩篱，立足经典文本《三国演义》整本书的文化内涵，抓住初中阶段（初三）学生思维从“初级思维”向“抽象逻辑思维”过渡这一关键时期，去解构、重构文本内容中的“三顾”，挖潜文本中的教学价值，引导学生积极思辨，发展思维品质的深刻性、思辨性，提升学生的逻辑思维能力，培养好学生的思维品质，进而增进学生“思维发展与品质”等学科核心素养发展。

对传统经典佳作中的思想价值、主题精神，在当今时代的语文教学中，是否应该照单全收，全盘继承？是否应该结合时代发展实际，适度选择、甄别扬弃？

2019年6月四川省何立新名师工作室“语文教学的文化实现”主题教学活动中，我执教展示课《“三顾”<三顾茅庐>》。教学中基于理解文本内容，结合中国士人文化，挖潜文本中所蕴含的“士”的文化内涵，“刘备三顾茅庐求贤在当今时代可否有优化之处”等问题展开思辨，以期结合经典篇目教学，凸显语文教学的文化思辨力。

“三顾”《三顾茅庐》[①]

【教学实录】

教学片段一：一顾——众里寻他千百度

师：概述前“二顾”中的情节。

生：徐庶向刘备举荐诸葛亮之后，刘备带厚礼同关、张二弟一道去卧龙岗拜访诸葛亮。未果，三人失望而归；三人再顾孔明只见到诸葛均，刘备留下书信让其转交诸葛亮，失望而归！

师：真可谓“众里寻他千百度，那人却在灯火阑珊处”，前两顾中，徐庶等如何评价诸葛亮？刘、关、张三人对未曾谋面的孔明又作何评价？

生：云长认为他有虚名而无实学，“孔明自比二人，毋乃太过？”村夫（野人），麻绳缚将来。

师：若说云长傲慢，那翼德简直粗鲁。刘备呢？

生：闲来垂钓碧溪上的姜子牙。

师：孔明在刘备眼里犹如梦中的大神！在徐庶、司马徽等时贤以及胞弟诸葛均眼中又是何等形象？

师：通过奇士、经天纬地、伏龙、大贤、才不可量、无意功名、卧龙等词，你觉得诸葛亮是一个怎样的人？

生：人中龙凤，才华超群，异乎常人。

师：确非寻常之辈，经天纬地之才，治国安邦之士，世所罕见，奇士大贤。

刘备二顾有所闻。此过程中，刘、孔二人彼此如何互评？刘备又如何自评？

【点评】

引导学生回顾节选经典前情，通过阅读前二顾，有助于串起“三顾”的完整情节，达成了“了解故事的来龙去脉”这一学习目的，也避免了理解上的断章取义，还有助于培育学生立足“全书整体”观照“章回局部”的意识，进而激发学生阅读《三国演义》整本书的兴趣。

---

① 岳国忠．三顾《三顾茅庐》[J]．山西：语文教学通讯，2021,7-8 合刊．

教学片段二：

二顾——金风玉露一相逢

生：刘备求贤若渴，欲伸大义。

师：何以见得，愿闻其详。

生：“开其愚而拯其厄”，“出山相助”表明刘备有抱负，需孔明帮助以实现理想！

师：观刘备言语以聆听其心音。再看“贤”字，板书：

> 贤，賢 从臤从贝。贤，古文臤，“臣”为顺从的眼睛，“又”为能干的（右）手；后加上“贝”。
>
> 东汉·许慎《说文》：贤，多才也。本义：善良、劳累、多财。

孔明志存高远才怀隋和，行若由夷性行高洁，不慕名利隐而待发，可谓“贤”；刘备观诸葛，处处以“贤”视之，求贤若渴。那孔明是否接受了刘备？

生：尚未认同，不愿出山。

师：此可谓一厢情愿。而刘备最终如何遂愿？请大家重返“三顾”文本现场，再观刘备言行。

生：感之以诚；晓之以义；动之以情；厚之以礼。

> **资料助读：认识“士”**
>
> “士”介于大夫与庶民之间，居承上启下之地位，其社会特征乃不当官，不掌权。
>
> 士，讲风骨，重操守。文士爱名节，重义轻利，孔子过盗泉渴而不饮，孟子喻义不言利；武士“重然诺，轻生死””；他们尊崇“贫贱不能移，富贵不能淫，威武不能屈 ”的大丈夫；向往立功、立德、立言而作不朽之人；敢为天下倡，秉持“士以天下为己任”“天下兴亡，匹夫有责”的士人观 。他们以“大丈夫行事，论是非不论利害，论顺逆不论成败，论万世不论一生”为信条；以“腰无半文，心忧天下”为写照，指点江山、著书立说、志在天下。
>
> 他们爱国，以国为家，倡导“天下为公、士为知己者死”；人以国士待我，我必以国士报之；他们能杀身成仁，舍身取义；能以身许国，毁家纾难；他们无权以谋私，有一定的文化积累，往往能以较客观的眼光来洞察社会，有着不可小视的社会能量。慧眼独到之至，则有“众人之诺诺，不如一士之谔谔”，甚至“一言九鼎”“一言兴邦”的社会效应。

师：言行恭谨有加、谦卑诚恳，可谓感之以诚；以天下大义求智、匡扶汉室、剪除奸雄、伸大义于天下，开愚拯厄，使亮无法推辞，可谓晓之以义；泪沾袍袖、衣襟尽湿，可谓动之以情；命关张入拜、献金帛礼物，可谓厚之以礼。

师：诸葛亮对刘备的态度有何变化？

生：认同接纳。“将军”“明君”“皇叔”不离口。

师：《三国演义》里多次借助水镜先生等一干人等大力赞誉“志存高远，才怀隋和，行若由夷，性行高洁，不慕名利，引而待发（卧龙也）”的隐逸之士群像。文中这些隐士群英他们有哪些举止？结合你的积累谈谈，“士”有哪些文化内涵？

生：游山玩水，访友郊游，闲游清谈。

师：结合资料进一步了解“士”的文化内涵。

师：孔明哪些举动与此相符？他何以彻底获得刘备之认可？

生：吟诗明志，自归隐士，自称野人，自谦才疏

师：“三有”可见孔明待刘备有______？有______？（板书）

生：有情有义，有礼有节。

师：若只有礼有节可遂刘备之心？何事令刘备服膺孔明？

生：隆中晤对，分析霸业可成汉室可兴之策。

师：隆中晤对，于纵横捭阖之中审时度势，运筹帷幄切中肯綮，对刘备指点迷津拨云见日令其茅塞顿开，尽展孔明其贤；还以士人之大格局破除刘备妇人之仁彻底打消其顾虑，答应出山而拒收厚礼，临别之际嘱弟躬耕，期待功成归隐，均显“贤士”之品。

【点评】

“二顾”环节着力探析诸葛亮、刘备二人人物形象，在二人“互动”过程中探寻彼此的“互信”基础；接着“盼”文本中潜藏的“士”文化内涵，辅以助读资料，通过启发点拨，引导学生揣读、理解“士”这一中国传统文化意象，进而体认、积累中国古代文化视域中“士”的精神内涵，也为后文思辨做准备。

教学片段三：

三顾——于无声处听惊雷

师：孔明唯有高卧隆中以待求贤这一种选择吗？刘备三顾茅庐求贤的方式有无可改进之处？请结合所学，联系《三国演义》其他回目和史书中的其他典故，各抒己见。

生各抒己见略。

师总结：求贤方式需与时俱进，贤者要主动出击抓住机遇，不然贤者

就只能“闲着”（板书此词）（众人笑）。其实古代早已有主动出击的先锋（回望学生）……

生：《史记·平原君列传》里秦兵攻打赵国，赵孝成王令平原君赵胜到楚国求救，门客毛遂于此危急关头主动自荐随同前去，赵胜与楚王谈了半天都没搞定，毛遂手拿宝剑走上宫殿陈述利害关系，终于打动楚王出兵联合抗击秦国的侵略。毛遂这番自告奋勇，保护了自己的国家。（掌声）

师：引经据典，侃侃而谈。毛遂不走寻常路，契合了刚探讨的“士”之内涵。你这思考启发我们，多读有益书勤动智慧脑，才能读出文化，读活思想。（掌声）

【点评】

三“顾”文本，于无疑处生疑。孔明只能待“人”而沽吗？刘备的三顾茅庐求贤可否优化等问题，进而结合文本、结合时代思考，借此撬动并发展学生的思辨能力，学以启思，学以致用。

第四节　小说阅读教学，跳出“三要素”

选入教材的文学类文本，诗词、散文、小说三种文体，三分天下，三足鼎立，占据了中学教材的半壁河山，在初中阶段更是占据绝对优势。由此可见，这三类文体之于学生领悟作品内涵，获得对自然、社会、人生的有益启示，体验并表达作品中感人的情境和形象，品味作品中富有表现力的语言等，具有至关重要的作用。前面已探讨过散文、诗词的教学，本节重点探讨小说这一文体样式的文本阅读教学。

多次参与听课观摩学习，发现小说阅读教学中，教学内容的选择大多墨守“三要素”，教学中主要紧扣这“三要素”，去辨识、去分析。

比如，对“人物”这一要素，通常完成这些内容的教学：分析“主要人物或次要人物”的形象，分析这些人物的性格，梳理文本是从哪些角度、运用了哪些手法去刻画这些人物的形象，凸显这些人物的性格的？这些人物的形象和性格以及命运对揭示小说主旨的有何作用？

对“环境”这一要素，区分“自然环境”和“社会环境”，对“自然环境”的刻画，运用了哪些描写手法，从哪些角度刻画环境，这些环境描写对推动情节所起作用，对于刻画人物形象有哪些作用？对于社会环境，势必要引入“时代背景”，详细介绍小说中事件发生的社会时代特点，这一时代的人性普遍共性，这一时代的社会思潮对人物性格的变化、命运的影响，等等。

对于“情节”这一要素，当然会按照事件的进程，就开端、发展、高潮、结局等各个环节进行梳理、归纳，重点对高潮进行品析，对这一特定环节中人物性格、命运进行深度挖掘。

当然，一切文学作品，“语言”品味不能忽略。于是拎出几个字，或词，或句，就所拧出内容的字面或深层含义、表现或修辞手法、感情或语体色彩等一一进行品析。

这样的教学内容选择和实施，不是完全不可取。毕竟这也为学生学习小说文本提供了基本的范式。但是，如果对不同国别、不同时代、不同风格的作家的不同作品都以这种方式去教学，那势必又会形成“定式”。如果长此以往，引导学生学套路，背、记、套模式，那这样的套路式、程式化教学的结果也会把异彩纷呈、气象万千的文学作品教得“千文一面”“万文同体”。毕竟教师有套路地教，势必会造成学生有套路地学；教师无创意地教，势必导致学生无创意地学。

为此，在小说文本教学中，我尝试跳出“三要素”的藩篱，从“填补言语空白，挖潜作品内蕴”“深度解读文本，建构教学内容选择的新路径”“细读文本 挖潜经典名篇的‘新、美、力’”“聚焦灵魂个性，聚合人物群像”四个维度去探析小说教学的新路，破解程式化的阅读套路，追寻真实而有意义的小说文本品读，进而达成《义务教育语文课程标准（2011年版）》中“欣赏文学作品，有自己的情感体验，领悟作品的内涵，从中获得有益启示，体验并表达作品中感人的情境和形象，品味作品中富有表现力的语言[①]”等课程目标。

① 岳国忠．“说”与“不说”的魅力——《故乡》的文本解读及教学设计[J]．语文教学通讯，2015（10）：61-62.

一、填补言语空白，挖潜作品内蕴

解读案例

《故乡》的文本解读及教学设计

新课程改革尽管已推行十余年，其理念也广为语文教师津津乐道，但不容置疑，各种冠以新课程理念指导的语文设计，仍有相当一部分为“新瓶”装“旧酒”，只在教学形式上进行了一些革新，对文本内容的解读依旧停留在传统的、固化的解读视角和解读结论。教师仍多习惯于《语文教师教学参考用书》指引，较机械地照搬教参上那些似乎早成“定论”的分析，而淡忘自身对文本的解读责任，忽视教师作为阅读者所必备的参与文本意义发掘及建构的能力，忽视教师于不同时代的不同学生面前，对经典文本的意义挖潜的示范价值，从而将一篇篇经典文本读得千文一貌，教得千篇一律，于概念化的肢解中破坏经典之美。

新课程理念所倡导的课程价值观，正确、准确地解读文本，是语文教师执教应确保的底线，教师在对所教文学作品（文本）个性化解读之后，据新课程所倡导的探究、合作、交流等课堂学习方式之新需求设计教学活动。教师必须自觉运用文本解读的科学方法，拓展自身解读文本的专业视角，挖潜文学作品自身之审美价值，引领学生围绕文本，开展“文本、作者、教师、学生”之间的多重对话，实现文学作品教学内容的创新性重构，赋还语文教学的文本魅力和生命意义。

比如，鲁迅先生的《故乡》一文历来为人称道，然而综观语文教师对本文的教学处理，经检阅文献，发现小说的“三要素”说仍在文本教学内容的确立中占绝对的指导地位。教师主要围绕小说的环境（自然环境、社会时代背景）、人物（闰土、杨二嫂的性格、命运）、情节（回故乡、在故乡、别故乡）设计和开展教学。偶有新视角闪现——围绕《故乡》中的“变”去探究人物的性格变化及其原因，挖掘作品主题意义。这样一来，“追风”者众，讲出文中之“变”似乎又成为教学本文的“清规戒律”，更被那些初执教鞭者奉为圭臬，他们在解读和教学《故乡》一文时，通常将解读视角聚焦于“故乡”之“变”，立足“变”来挖掘人物性格命运，教学重心多围绕故乡中“人物”“景物”“生存境遇”“情感”的变化展开。

尽管聚焦于故乡之“变”这一解读视角进行文本探析，不失其好，有其独特之处，然固守、泛化这一解读，易成思维定式，“以模式化的解读来代替学生的体验和思考”，袭用太多太泛而审美疲劳，教学缺乏创新亦会成为低水平的重复。

同时，围绕“变”字，在《故乡》的教学内容选择上，主要聚焦于围绕“变”字找出哪些景物、人物、事物在变，变得怎么样了。究其实质，主要在解决文中内容“是什么”和文中内容“有哪些”的问题，这其实是在教陈述性的知识和程序性的知识，并没有真正发掘学生语文学习的探究能力，培育学生自主思维的习惯和能力。若按王荣生先生《语文教学内容重构》中“教学内容的生成性”“教学内容的选择与创生”“只教不懂的，不教已懂的”等观点，除应该找出文本中作者已经告诉我们的内容“是什么”之外，更应该带领学生挖掘文本中还隐藏着什么，结合学生的学习能力和教师自我的解读能力思考还有什么可以挖掘，我们还需要看到文本文字背后的内容、情感、意义，将我们发掘到的这些“陌生”内容变成我们教学的内容，引导学生去探究、去思维、去表达。

对语文教学文本的解读不应只有一种视角，早成定论。在《义务教育语文课程标准（2011年版）》中对文学作品的解读与教学要求为：“对作品中感人的情境和形象，能说出自己的体验；品味作品中富有表现力的语言。”对“阅读”要求为：“提倡多角度、有创意的阅读……”“阅读是学生的个性化行为……要珍视学生独特的感受、体验和理解……不应以模式化的解读来代替学生的体验和思考。”“重视对学生多角度、有创意阅读的评价。”

带着“作品是否真的已死？”“《故乡》中还有没有可以探究和深挖之处呢？”这样的疑问，我结合自身的阅读认知和对《故乡》一文的解读体认，将解读视角聚焦为“探析人物言语空白，立足解读设计教学”。语言学中，“言语”是人们运用语言这种工具进行交际的过程和结果，是自由结合的，具有相对的运动状态。因此，对《故乡》的解读，我尝试对文本中人物“言语”之空白处进行挖掘和“补白”，对作品内容进行解读，实现教学意义上的价值挖掘和内容重构。

“寻找缝隙”是英美新批评中常用的方法，要求读者寻找文本中的矛盾与缝隙，从而发现作品的意义。有些文本，我们可寻找它的自相矛盾之处，或寻找文本与我们生活经验之间的矛盾，再对这一部分矛盾进行分析，对空白进行补白，可进一步揣摩文本中人物的情感、分析深度挖掘人物的性格、探究人物的命运应然与必然。当我们读到“我”回故乡以后，故乡人们前来和“我”见面的情形，如果经过比较，不难发现“我”所见的两个人物——“杨二嫂”和“闰土”，在见面的时间安排、场合设置、宾主气氛等方面都存在极大的差异，而这一差异正是文本中的“陌生化”内容，分析如下：

见面时间安排之异：“闰土”和“我”的见面是母亲早已经安排好了，“我已经将你到家的大约日期通知他，他也许就要来了”；而杨二嫂等人则是闯上门来蹭东西的，“这些人又来了。说是买木器，顺手也就随便拿走的，我得去看看”“母亲站起身，出去了。门外有几个女人的声音”。我和母亲在谈论闰土的时候，杨二嫂等人非常功利地闯过来贪图小便宜，杨二嫂一见我，完全没有待客之礼，几乎是以一种审视的眼光、轻蔑的眼光在摧毁“我”这个远行二十余年的游子的自尊心——‘哈！这模样了！胡子这么长了！’一种尖利的怪声突然大叫起来……我吃了一惊，赶忙抬起头，……五十岁上下的女人站在我面前，两手搭在髀间，……”

“哈”，带有揶揄和嘲笑的意味，“这模样了”中的“这”字概括了“我”当时的憔悴和落魄，“胡子这么长了”则是对憔悴、落魄的具体化评议，正当壮年的“我”“胡子这么长”，显得精神不整、神色憔悴黯淡。外出二十余年的“我”没有带给杨二嫂半点值得敬佩、称道的影子。

而童年的亲密玩伴，而今却麻木得如木偶人一般的闰土，是接受母亲的邀请特地来拜见“我”的。他的那一声嗫嚅了半天终于哆嗦着颤抖出来的“老爷”，表面上带给了“我”尊严，但这“尊严”确是空前的，令“我”无比窘迫的尊严，更是情意隔膜的酸楚和心痛。

老年杨二嫂和中年闰土，这一对人物和“我”见面时候的巨大反差，带给“我”内心的震撼和良心的不安，让“我”对故乡生出复杂的情绪。这见面中的巨大反差，也正好从侧面写出了“我”对故乡人物的复杂情感，故乡的“人情”在这样的严冬带给“我”更厚重的“凉薄”——闰土带给“我”的心凉、隔膜、苦楚，杨二嫂带给“我”的刻薄、尖酸、讥诮、冷嘲热讽等，让“我”收获的是倍加刻骨铭心的“萧索”和“凄凉”，这与开篇的“我冒了严寒，回到隔了20多年，相隔2000余里的故乡去”的回乡热情形成鲜明的对比。

《故乡》中，母亲、闰土、我、杨二嫂、水生、宏儿等人物的言语中留有大量的“空白”和“缝隙”。为此，我们可以着力“在故乡、见故人”这一场景中，闰土和杨二嫂，母亲和“我”等人物的言语中的缝隙和空白，进行补白，可借助“还原阅读”与“比较阅读”，先从文学语言出发，通过想象还原出原生的、未经艺术加工的状况和生活中的意义，然后将它与文本中的艺术形象进行比较，从中找到差异，进而揭示矛盾，加以深入分析。借力母亲、闰土这两个人物的言语去探究人物的心理，进一步品味小说中人物的独特情感和命运轨迹，探析作品的主旨。

（一）母亲的“说”与“不说”

“我”初回故乡，母亲和“我”说了很多话，母子之间分别多年的重逢，自然有说不完的牵挂和思念，这一切都在常理之中。但是，随着小说情节的发展，在很多需要母亲说话，需要母亲帮“我”说话的场合，母亲却几乎什么也没有说，甚至当“我”在接受他人的奚落时，母亲的话语都十分稀少。文本中，母亲这一人物，这“说”与“不说”之间，究竟隐藏着多少难处和心酸？

1. 母亲的说——畅言之乐

我回乡之后，“我的母亲很高兴，但也藏着许多凄凉的神情，教我坐下，歇息，喝茶，且不谈搬家的事。”句中“高兴”“凄凉”之间有矛盾：“凄凉”，与前文的“高兴”形成对比，可以思考母亲为什么高兴？又为何藏着许多凄凉？联系前文不难看出，对别了故乡二十余年的“我”还乡，母亲很高兴；但是“我”这一次是回乡卖掉祖屋，卖掉就将失去精神的皈依之所，就将开始漂泊和动荡的未知生活，这对长期生活在故乡，有着浓郁的乡土情怀的母亲不啻为生命的“移栽”；再者，儿子在外二十余年的闯荡，还需回老家卖掉祖屋才能去帮补家用，也表明儿子在外的困顿和落魄，作为母亲，自然有点凄凉。

毕竟儿子回了家，母亲的一切言“说”，都可认为是畅言之乐。“我”回故乡之后，母亲对“我”的行程进行了安排：“你休息一两天，去拜望亲戚本家一回，我们便可以走了”。特别提到闰土，提醒“我”需要见他一面：“还有闰土，他每次到我家来时，总问起你，很想见你一回面，我已经将你到家的大约日期通知他，他也许就要来了。”母亲对整个日程安排得很紧凑，对相关事件安排得非常周全，可以看出母亲的精明、能干，善于处理人情世故。

2. 母亲不说——嗫嚅之苦

当我们聊到闰土的近况时，母亲的话语却有些停顿和迟疑：“他？……他近况也很不如意……”母亲说着，便向房外看，“这些人又来了。说是买木器，顺手也就随便拿走的，我得去看看”。对比母亲先前所说，“还有闰土，他每次到我家来时，总问起你”，母亲对闰土的处境应该十分清晰，毕竟每次闰土来都会和母亲谈话，但当儿子问到闰土的处境时，此刻竟然有些迟疑，母亲在嗫嚅之中，已对闰土现时生活的悲苦情状有所隐喻。

3. 母亲的“说”与“不说”——生存之艰、精神之苦的镜像

无论母亲言说与否，其深沉原因都在于生存之艰和精神之苦的困窘，言说与否只是二者的镜像。

童年的伙伴闰土前来和我见面时，张口结舌，欲言又止。母亲此时一口气说了许多圆场的话语：“阿，你怎的这样客气起来。你们先前不是哥弟称呼吗？还是照旧：迅哥儿。”母亲在“我”身边的圆场，帮衬着闰土说了那么多话语，是在化解闰土和“我”·之间的尴尬，在化解闰土的紧张不安，化解“我”的惊诧、不适，这一番言说中，母亲对闰土和“我”对话中的巨大隔膜试图化解，其实在解放“我”和闰土之间的精神之苦，母亲性格的善解人意由此可以窥见一斑。

然而，当曾经的豆腐西施而今已成“细脚伶仃的圆规”的杨二嫂，尖酸刻薄地奚落“我”的时候——“哈，这模样了，胡子这么长了……”却未能看见我母亲的身影，只有当杨二嫂在我愕然后，抛出“我还抱过你咧！”这一句话，令“我”愈加愕然之时，母亲这时也就进来，从旁说：“他出门多年，统忘却了。你该记着罢，”便向着我说，“这是斜对门的杨二嫂……开豆腐店的。”此处一个“从旁”，似乎在替已无语应对的儿子救场解围，一个“向着”，似乎又在安慰儿子面对这刁蛮无理之人，不要难过。我们从母亲的这一番言语里面，不难读出母亲当时内心的那番尴尬和无奈。然而，这

尴尬和难过并没有结束。杨二嫂接下来冷笑着对“我”的一顿奚落，母亲却什么也没说。不难推想，此时的母亲，看见自己在外打拼多年的儿子，二十多年后才返回故乡来卖老屋的儿子，模样憔悴，经济困窘，作为母亲其内心悲摧自不消提，怎忍见尖酸刻薄的杨二嫂当着自己的面，对年届中年的儿子的这般奚落？难道她竟能无动于衷？这一番不言不语，正折射出母亲精神的困顿之苦。作者并未在文本中给出母亲言行举止的描写，这之中一定存在一种言语的断层。否则，这既有悖常理，又不太具有说服力，如此恰好留给我们思考补白的空间。为此，我们可以结合人物形象的分析和情感的把握，启发学生主动思考，训练学生立足文本揣摩情意的思维能力和表达能力。设计以下活动让学生沉浸到文本中去探究文本的内涵。

【探究设计一】

还原型补白。

在通读全文的基础上，根据自己对文中“杨二嫂”和“我”的性格把握程度，想象还原杨二嫂、闰土和“我”交谈时的情景，揣摩说话人和听话人当时各自的心境，将老年的“杨二嫂”和“我”、中年闰土和“我”的交谈场景描述出来，可任选其一写作或描述。

【设计意图】

落实新标准中“对作品中感人的情境和形象，能说出自己的体验；品味作品中富有表现力的语言。”“文学作品阅读的评价，着重考查学生感受形象、体验情感、品味语言的水平，对学生独特的感受和体验应加以鼓励。”这一要求，借助“还原阅读”与“比较阅读”这一方法，先从文学语言出发，通过想象，还原出原生的、未经艺术加工的状况，生活中的意义，然后将它与文本中的艺术形象进行比较，从中找到差异，从而揭示矛盾，并加以深入分析。调动学生的阅读体验，结合学生对文中人物性格的把握和文章语境的整体把握能力，训练学生的想象能力、语言表达能力。

【探究设计二】

比较型补白。

将自己增补还原了场景的文章和作者原文进行比较，看谁的效果更好，并谈谈理由。

【设计意图】

借助“比较阅读”这一方法，将它与文本中的艺术形象进行比较，从中找到差异，从而揭示矛盾，并加以深入分析。引导学生从六个方面深入比较和还原：

①艺术感觉的“还原”，即把作者排除的、变异的东西，用推理和想象还原出来；

②情感逻辑的“还原”，即将情感逻辑还原为理性逻辑，并加以比较；

③审美价值的“还原”，即将实用与价值情感的审美价值区别开来；

④历史的“还原”，即把作品还原到历史语境中去，给予历史的评价；

⑤流派的“还原”，即分析出作家所属艺术流派的共同性；

⑥风格的“还原”，即把同一流派的作品加以比较，分析出特殊风格。

本文中，引导学生努力将作者所写的还原成生活，然后找出文本与生活的差距。去发现作者为什么这样写，好在哪里；如果有矛盾的，去品味它，跟其他文本去比较，从而引导学生对文本进行深度把握。文贵含蓄，意在言外。本文也可从作品本身的张力这一角度挖潜学生的思维能力。原文是意在言外，言有尽而意无穷，富于思维想象的空间，具有多种可能性，这为个性化的阅读提供了可能；而如果补出了相关的内容，则堵塞了读者的思维空间、削弱了文本的张力，也就削弱了文本的深刻性和意蕴的深刻性。

【探究设计三】

探究型补白。

随着小说情节的发展，在很多需要母亲说话、需要母亲帮“我”说话的场合，母亲却几乎什么也没有说。甚至当“我”在接受他人的奚落时，母亲的话语都十分稀少。文本中，母亲这一人物在“说”与“不说”之间，究竟隐藏着什么？请结合文中内容进行探究。

【设计意图】

引导学生深度挖潜人物的性格特点。母亲的“说”与“不说”，与母亲的修养、心境、说话人的亲疏关系等因素有着直接的关系。探究母亲的“说”与“不说”的过程，既是立足文本、走进文本，与文本对话的过程，也是读懂作者、读出自我的必然路径选择。

（二）闰土的“说”与“不说”

1. 幼年闰土的“说”与“不说”——活泼天性的自然彰显

文中写道：“他见人很怕羞，只是不怕我，没有旁人的时候，便和我说话，于是不到半日，我们便熟识了。我们那时候不知道谈些什么，只记得闰土很高兴，说是上城之后，见了许多没有见过的东西。”

幼年闰土滔滔不绝地说捕鸟、说管瓜、刺猹等海边新鲜事，儿童活泼机灵的人性之光熠熠生辉，在其滔滔不绝的言说中，“我”却只有听的份儿，不禁令“我”感慨万千：“阿！闰土的心里有无穷无尽的稀奇的事，都是我往常的朋友所不知道的。他们不知道一些事，闰土在海边时，他们都和我一样只看见院子里高墙上的四角的天空。”闰土在新年过完，和“我”分别的时候，“他也躲到厨房里，哭着不肯出门”都是少年闰土活泼天性的自然表达：对自己熟悉的生活、熟悉的人，滔滔不绝地言说，离别自己亲近的玩伴，用儿童最自然纯真的情感宣泄方式尽情宣泄，这都是儿童活泼天性的自然彰显。

2. 中年闰土的“说”与“不说”——生存之艰与人性之光的黯淡

二十多年后的重逢，“我”和中年闰土交谈，其言语：

“老爷！……”

“水生，给老爷磕头。”

“这是第五个孩子，没有见过世面，躲躲闪闪……”

“老太太。信是早收到了。我实在喜欢得了不得，知道老爷回来……”

“啊呀，老太太真是……这成什么规矩。那时是孩子，不懂事……”

“冬天没有什么东西了。这一点干青豆倒是自家晒在那里的，请老爷……”

“非常难。第六个孩子也会帮忙了，却总是吃不够……又不太平……什么地方都要钱，没有定规……收成又坏。种出东西来，挑去卖，总要捐几回钱，折了本；不去卖，又只能烂掉……”

上述引文，再现的是闰土来到“我”家，与“我”和母亲絮絮叨叨的谈话，通过闰土自述的这些话语，串起了他现时生存的艰辛，活化出闰土精神的困顿，他的言语之中隐含着丰富的信息：闰土对“我”，为何改变称谓；

自己的生活如何困顿；为何会有这样的生活等。

闰土的言语，时断时续，欲说还休，个性非常鲜明。可以看到，几乎每一句话中都有省略号，那么在这些省掉的话语背后，究竟隐藏着闰土彼时怎样的心情？因此，我们可着力于这些省掉的内容所形成的空白，思考闰土的命运为何会这样？这与母亲先前谈起闰土时的嗫嚅有何关联？与少年闰土的滔滔不绝地言说有何关联？可设计教学活动如下：

【探究设计四】

请结合自己对课文的理解，对闰土命运和性格的全面把握，根据上下文语境，对“闰土”话语中的省略号进行补全，并简要说说你这样补充的原因。

【设计意图】

落实《义务教育语文课程标准（2011年版）》中“对作品中感人的情境和形象，能说出自己的体验；品味作品中富有表现力的语言”。“文学作品阅读的评价，着重考查学生感受形象、体验情感、品味语言的水平，对学生独特的感受和体验应加以鼓励。”这一要求，调动学生的阅读体验，结合学生对文中人物性格的把握和文章语境的整体把握能力，训练学生的想象能力、语言表达能力，引导学生深度挖潜人物的性格特点。闰土的“说”与“不说”，与闰土的生存之艰、心境之苦、人性光辉的黯淡等因素有着直接的关系。探究闰土的“说”与“不说”的过程，既是立足文本、走进文本、与文本对话的过程，也是读懂作者、读出自我的必然路径选择。

文本解读和教学实践跳出聚焦于故乡之“变”这一解读视角进行文本探析，赋予作品和教学以新的审美意蕴，激活阅读创新活力。打破“以模式化的解读来代替学生的体验和思考”，带领学生挖掘文本中还隐藏着什么，结合学生的学习能力和教师自我的解读能力思考还有什么可以挖掘——看到文本文字背后的内容、情感、意义，将发掘到的这些“陌生”内容变成教学的内容，引导学生去探究、去思维、去表达，真正发掘学生语文学习的探究能力，培育学生自主思维的习惯和能力。

二、深度解读文本，建构教学内容选择的新路径

鲁迅的小说《祝福》，文本经典，时代特色鲜明，思想含蓄深邃，人物命运震撼人心。但文本因具有鲜明的“鲁迅特色”，师生在教学中，大多视

其为畏途，或者沿袭“套路”，“三要素”加“语言品析”，几板斧砍将下来，草草收场。

面对经典文本，需要有敬畏之心，但不必存畏惧之意。可以迎难而上，聚焦某一个角度，找到某一切入口，再着力此点去深度挖掘，深度解读文本，努力为挖潜文本内涵觅得一扇崭新的窗，从而建构教学内容选择的新路径。

解读案例

本为同根生 相煎竟太急[①]

——浅析《祝福》中“绞杀”祥林嫂命运的女性群像

《祝福》一文，内蕴丰富，值得挖潜和探析的内容有很多。实际教学中，却由于教学课时的限制，不可面面俱到。然“弱水三千，只取一瓢饮”，则可启示我们，若聚焦某一个角度，找到某一切入口，再着力此点去深度挖掘，深度解读文本，亦可为挖潜文本内涵觅得一扇崭新的窗，从而建构教学内容选择的新路径。

（一）关注文本中的女性群像，“突围”解读视角

毋庸讳言，解读《祝福》，需关注文中人物，更需关注人物之间的关系，并从这些关系的组合方式中探寻“关系”背后所隐藏的思想主旨。见诸报端的文章中，多将探析的聚光点置于“鲁四老爷”“祥林嫂”二者身上，自是无可厚非；但挖潜文本的主题意义，仅此二者，绝非固化符号、唯一选择。正如“文似看山不喜平”，文本解读的视角也绝非唯一角度、单一侧面。为此，还可关注文本中存在的女性群像，选择新的挖潜点，以实现对解读视角的“突围”。

为此，我在解读《祝福》一文时，对人物及其命运的关注，不再囿于“祥林嫂”“鲁四老爷”这两个在解读语境中早已成定式、早已被固化的人

① 岳国忠.本为同根生 相煎竟太急——浅析《祝福》中“绞杀”祥林嫂命运的女性群像[J].语文知识，2015(07)：23-25.

物（在实际的课堂教学或见诸报端的教学实录中，教学《祝福》分析人物形象，都会分析这两个人物，但是对这两个人物所做分析的角度比较单一，似乎早已成固定形象），而是力图从“祥林嫂的婆婆”“柳妈”“四婶”“卫老婆子”“闲谈的老女人”，以及文本中那些未具名的众女性等共同组成的女性群像这一角度，去挖潜她们这一群体对祥林嫂命运共同形成的绞杀力量，以此挖潜人物命运中所折射出来的时代价值和社会意义，于挖潜中探寻、把握小说的主旨。

概言之，本文将着力“祥林嫂的婆婆”“柳妈”“四婶”等女性的存在角度，结合她们所“贡献”的言行仪止，在探析她们性格的同时，梳理她们的存在与祥林嫂的存在、她们的活法与祥林嫂命运之间的关系，探析她们对祥林嫂命运的转捩所起的作用，以实现对《祝福》文本主题、价值意义的深度挖潜。

（二）品析女性绞杀者群像，挖潜核心人事

文本中，祥林嫂的婆婆、柳妈、前来听阿毛被狼吃的故事的老女人以及四婶等几位女性，聚合于祥林嫂的生命圈子，她们在“贞洁”观念的召唤、指引下，共同凝结成鲁镇中假封建礼教之名绞杀祥林嫂的隐性刽子手团队。她们以其言行、仪止，共同实现了对她们的同类——祥林嫂的联合绞杀。

这样的联合“绞杀”，表达视角深刻而独特，凸显了作品主旨的深刻。

1. 女性绞杀者群像的聚合

《祝福》中，饱受封建礼教思想戕害的祥林嫂的命运苦旅，封建夫权思想令女性人性的泯灭等深层的悲哀，可以说都源于“鲁镇”这一《祝福》中极具鲜明特点的社会环境中的众女性——祥林嫂的婆婆、柳妈、听闲话的老女人以及四婶等。作者借助她们的“眼、手、身、法、步”，深刻而清晰地凸显作品中所揭露的封建礼教的巨大淫威，凸显这些身处封建礼教宗法制度、夫权族权观念钳制之中的妇女，自身灵魂的麻木不仁、愚钝不醒，却还对弱小的同类积极施以精神的戕害。她们同为深受封建礼教的夫权、族权钳制、束缚的女性，对有着悲楚命运的同类祥林嫂，本该在祥林嫂遭遇命运困厄之时，抱以同情，施以援手；然而，正是这样一群女性，她们对祥林嫂非但没有报以（或持续报以）基本的同情和怜悯，反而是不断落井下石、侮辱中伤，以其特有的女

性感触对潦倒落魄的祥林嫂反复施以心灵的暴虐。

从这一独特的审视视角去分析作品，也有助于启发我们这样去思考：一群同样身处封建礼教桎梏下的被侮辱与被损害者——“鲁镇”的妇女群像，在对另一个遭遇封建礼教摧残的被侮辱与被损害者进行联合绞杀，这一同类的自戕，无疑凸显了作品思想的深邃。

2. 核心人事：祥林嫂“三次”被卖

（1）遭遇婆婆，首次“被卖”，命运苦旅之发轫

通览作品可知，决定祥林嫂悲剧命运的并非她是寡妇（尽管死了丈夫已很悲惨），而是她的被迫再嫁。在“三从四德”的封建礼教观念根深蒂固，妇女必须谨遵“饿死事极小，失节事极大”“从一而终”这一“妇德”的核心伦理信条的时代背景下，祥林嫂因抗争而失败的被迫改嫁，便已是不贞洁，“败坏风俗”，甚至于“父母、国人皆贱之”！

当这一妇道伦理面临贫困的挑战之时，伦理妇道、名节终究敌不过贫困；哭喊、抗争终究敌不过“族权”——“她有小叔子，也得娶老婆。不嫁了她，哪有一注钱来做聘礼？”她的婆婆为了自己的小儿子，已然不顾社会普遍的伦理观念，强制她再嫁。——她被自己的婆婆卖掉了：

“……那船里便突然跳出两个男人来，像是山里人，一个抱住她，一个帮着，拖进船去了。祥林嫂还哭喊了几声，此后便再没有什么声息，大约给用什么堵住了罢。……她有小叔子，也得娶老婆。不嫁了她，哪有这一注钱来做聘礼？他的婆婆倒是精明强干的女人呵，很有打算，……现在第二个儿子的媳妇也娶进了，……除去办喜事的费用，还剩十多千。吓，你看，这多么好打算？……”

祥林嫂面对这一次的被卖，其自身是否有“贞洁”“妇道”等观念意识呢？有！从她对待再嫁的态度可知：她“真出格”“闹得厉害”“大约因为在念书人家做过事，所以与众不同”，可见她已深受“讲理学”的鲁四老爷的影响，骨子里面是恪守从一而终的妇道的。对再嫁是极不情愿的，——“可是祥林嫂真出格，听说那时实在闹得利害，……他们说她一路只是嚎，骂，抬到贺家坳，喉咙已经全哑了。拉出轿来，……她就一头撞在香案角上，头上碰了一个大窟窿，鲜血直流，……直到七手八脚地将她和男人反关在新房里，还是骂，……”

祥林嫂在念书人家做过事，所以中了封建之毒；而与众不同，说明她中毒至深；中毒至深，却又被婆婆卖掉，深坠精神矛盾的泥潭难以自拔，婆婆开启了祥林嫂命运苦旅的同时，还给她的人格烙上了“不贞洁”的印记。

（2）遭遇柳妈，第二次被卖，命运苦旅之沉坠

遭遇了婆婆明码实价卖掉之后，祥林嫂又遭遇了夫死子亡的悲剧命运。她又一次到鲁镇做工，以维持自己的生计。尽管她依然像以前一样勤劳肯干，但这一次，祥林嫂已悄然走向毁灭。

而这毁灭，离不开柳妈的推手！——“人们由于对荒谬的封建道德习俗缺乏应有的辨别力和判断力，于是对于荒谬的道德习俗的维护远远超过那些出于生存迫不得已违背道德习俗的生命个体的关注，显示出可怕的残暴性与麻木性，反映了封建制度底下的畸形伦理观念，已经弥漫在社会生活的每个角落，在悄无声息地腐蚀和虐杀着几乎是整个民族的无辜妇女。”[①]

祥林嫂所遭遇的柳妈，既伪善又愚钝，既可恨又可怜。她“吃素戒杀”，虽不杀生，却主张祥林嫂“索性撞一个死，就好了”；在鲁镇，其地位已是最普通、见识也是最无知无识，可就是她，对祥林嫂的改嫁，居然也有着强烈的道德不满，还四处宣扬祥林嫂的“隐私”——“但自从和柳妈谈了天，似乎又即传扬开去，许多人都发生了新趣味，又来逗她说话了。至于题目，那自然是换了一个新样，专在她额上的伤疤。”当祥林嫂被心灵的创伤痛苦地折磨时，迷信愚昧的柳妈还对祥林嫂讲述阴间的惩罚，感叹祥林嫂在改嫁时应宁愿撞死也不应屈从，否则，像祥林嫂这样改过嫁，“一女二夫”的女人，就是死了在阴间也会遭受锯开的残酷惩罚。这令还活着的祥林嫂欲生不能，欲死不得，恐怖不已；更令祥林嫂担忧自己的来世——不管是活着还是死去，都难逃命运惩处。

唯其如此，柳妈怂恿祥林嫂去捐门槛——以此来“当作你的替身”，“给千人踏，万人跨，赎了这一世的罪名，免得死了去受苦”。“赎了这一世的罪名”，祥林嫂何罪之有？还不就是因为改嫁！柳妈之所以怂恿祥林嫂去捐门槛，同样是封建的“贞洁”观念在女性心中的根深蒂固，正是由于这些女性把自己的生存与命运早已祭上了“贞洁”“妇道”的灵台，才会为祥

① 徐红云．浅析鲁迅小说中的妇女形象[J]．景德镇高专学报，2008（03）：44-46.

林嫂出此主意，看似聪明，实则愚钝；看似帮助，实则损毁；看似热心，实则冷酷；看似善良，实则狠毒！

虽说祥林嫂是自己去捐的门槛钱，究其实质，却是以封建卫道者自居的柳妈于不经意间亲手贱卖了祥林嫂！

如果说祥林嫂的婆婆卖掉她换取的是为她的小叔子娶亲的钱物，是族权、夫权的淫威在作恶施暴；那么，祥林嫂遭遇到柳妈的这一贩卖，则是在封建贞洁观念的威慑之下，让祥林嫂不只是花去了辛辛苦苦劳作一年的血汗工钱，更是令祥林嫂生存的希望逐步被蚀空而深坠财物和灵魂两空的悲凉境地。

柳妈与祥林嫂同为女性，同是生活在社会最底层的劳动妇女，被压迫受剥削；同为受害者，但由于封建伦理观念、迷信观念的毒害，在祥林嫂的悲剧命运中，柳妈不自觉地往祥林嫂脖颈上套绞绳，扮演了“帮凶”角色，助推祥林嫂的命运坠入深渊。

（3）四婶断喝：第三次被卖，命运苦旅之幻灭

原本在柳妈的怂恿下捐过了门槛，已赎了罪，“神气很舒畅，眼光也分外有神，还高兴似的对四婶说自己已经在土地庙捐了门槛了”，在冬至祭祖时节，做得更卖力，原本坦然地去拿酒杯和筷子的祥林嫂，却遭遇了四婶的断喝——“‘你放着罢，祥林嫂！’四婶慌忙大声说。”

便使祥林嫂“像是受了炮烙似的缩手，脸色同时变作灰黑，也不再去取烛台，只是失神的站着。……这一回她的变化非常大，……不但眼睛窈陷下去，连精神也更不济了。而且很胆怯，不独怕暗夜，怕黑影，……有如在白天出穴游行的小鼠，……直是一个木偶人”。

四婶对祥林嫂，原本还抱有一丝同情，起初在听完祥林嫂讲述了夫死子亡的命运惨景之后，“眼圈就有些红了”，不再踌躇，收留了祥林嫂。

然而，四婶毕竟深受封建礼教剧毒浸淫，在鲁四老爷的贞洁观念的威逼之下，在身边众女性对祥林嫂的非议声中，最后也还是放弃了对祥林嫂的怜悯：“‘祥林嫂怎么这样了？倒不如那时不留她。’四婶有时当面就这样说，似乎是警告她。……他们于是想打发她走了，教她回到卫老婆子那里去。”

四婶还是在封建礼教魔力的驱使之下，向祥林嫂举起了精神的屠刀，她的一声断喝“你放着吧，祥林嫂！”成了压垮祥林嫂精神之塔、灵魂支柱的

最后一根稻草。离开四婶家后，她灵魂被掏空“……仿佛是木刻似的；只有那眼珠间或一轮，还可以表示她是一个活物”——由希望到失望最后绝望，这毁灭性的打击，令其彻底坠入万劫不复的深渊，命运苦旅的希望之光彻底熄灭，最终变成了鲁镇在祝福时节被鲁四老爷唾骂、如供天地万众“歆享”的福礼一般的人性“祭品”，走向了死亡。

（三）建构教学内容选择的新路径，升华主题意蕴

通过对女性群像中祥林嫂的婆婆、柳妈、四婶等人物及其事件的品析，觅得挖掘作品主题意义的新路径，借由这一路径深度开掘，亦有助于挖潜并升华文本的主题意义：

不可否认，鲁四老爷直接以“贞洁观念”，封建礼教思想，从精神上下手杀害了祥林嫂。祥林嫂初到鲁镇，便对她皱眉头，并以“这种人虽然似乎很可怜，但是败坏风俗的，……祭祀的时候可用不着她沾手，……不干不净，祖宗是不吃的”的话语告诫鲁四婶；开始年度祭祀时，祥林嫂则只能烧烧火，没别的事可做，她坐着只看柳妈洗器皿。表面上是对祥林嫂参与祭祀的劳动资格的剥夺，其实是受礼教思想的影响带来对她的名节的贬损，这一做法，无疑在祥林嫂饱受创伤的心灵上又撒了一把盐；将祥林嫂赶出门使其流落街头，变成乞丐；听闻祥林嫂在祝福声中凄惨死去的消息，他非但没有一句同情话，反而说祥林嫂死得“不早不迟，偏偏要在这时候”，并骂祥林嫂是一个“谬种”，清晰地画出了戕害祥林嫂的线路图。

在鲁迅笔下，这些原本是男权以其强势对女性的钳制和摧残的“贞洁观念”“父权、族权、夫权”思想，已然成为饱受这些封建礼教思想荼毒的众女性（受害者群体），对本该同命相怜的同类命运的摧残，她们原本是弱势群体，非但不怜悯自己的同类，反而对比自己更弱势的同类施以精神暴虐，这般“以弱凌弱”的同类的自相残杀，可见封建礼教思想中男权力量的强大，深受封建礼教思想戕害的女性群体的无知愚昧、麻木冷酷。

如果说鲁四老爷是戕害祥林嫂的主谋，那么鲁镇的妇女群像则是助纣为虐、为虎作伥的帮凶。尽管她们也是女性，同样也在遭受夫权、神权、族权的毒害却浑然不知其毒，虽实为被侮辱者，却联手欺侮、绞杀了比自己更弱小的同类，——如果说“以强凌弱”是悲剧，“倚强凌弱”是悲剧，那么

“以弱凌弱”则更是悲剧中的悲剧！

可叹的是，鲁镇的众女性，却全然忘却了她们自身也是悲剧的主角，不亦悲乎？！

本文教学聚焦一个角度：女性群像；从“女性绞杀者群像”这一切入口，梳理核心事件：从祥林嫂“两实”“一虚”共“三次被卖”的经历去深度挖掘，不再是泛泛地分析作品中“人物”的形象，而是将主要人物的“形象”“性格”置于复杂的“人际关系”中，透过具体的事件情节深度解读事件背后蕴含的价值深意。为挖潜文本内涵觅得一扇崭新的窗，建构起了教学内容选择的新路径，将文本教得深刻而独特。

三、细读文本 挖潜经典名篇的“新、美、力 ”

作为语文教师，追寻“眼中有光”的语文教学，需遵循语文教学规律，观照教学文本，“文字，文学、文化”三“文”一体，“思考、思维、思想”三“思”共生，赋还并促进学生的语文学习发展，既立足当下之“学”与“考”，更着意于学生终生必备之素养。传承文化不泥古，沿波讨源，广益多“师”，多元多维；审辩经典不标新，辩证发展，与时俱进，革故鼎新。

经典名篇，已为大量名师演绎为经典名课。文本经典早成定论，名课经典广为传播，面对身处不同时代的一茬又一茬的学生，语文教师又可以如何赋予名篇、名课新的美感，激发名篇名课新的活力？怎样站在巨人（名师名课）的肩上，上出传统经典名篇的新意？对经典篇目的教学内容如何选择，准心如何定位？

《孔乙己》作为经典小说，教学中对其“三要素”如何灵动体现？对《孔乙己》文本如何细读出新？我在四川省初中语文教师统编教材培训会上，应邀为200多名与会者上了一节小说阅读课《孔乙己》①，对此做了尝试和回答。

---

① 岳国忠．致敬经典《孔乙己》．2018 年 6 月四川省初中语文教师统编教材培训会展示课。

着力四个词 解析矛盾语

——也谈“大约孔乙己的确死了”

鲁迅先生于《孔乙己》结尾写道：“我到现在终于没有见——大约孔乙己的确死了。”这句话历来备受执教者青睐，常为执教者玩味品咂，“大约”和“的确”两个词语的内涵，以及二者之间的丝丝缕缕的关系，几乎为品析者咂摸殆尽。尽管如此，在数番教学《孔乙己》一文之后，我觉得“大约孔乙己的确死了”这句话仍有可供深味之处。为此，结合文本中的“隔壁”“门槛”“大钱”“这一回”四个词语，尝试“新翻杨柳曲”，再来窥识这“大约”与“的确”所蕴含的别样滋味。

（一）“隔壁”之“隔”

文章开篇出现了“隔壁”一词。对这个词，不可等闲视之，这一“隔壁”，若置于全篇来看，它实际上已在为后文孔乙己之死的“大约”“的确”张本。

文中写道：“只有穿长衫的，才踱进店面隔壁的房子里，要酒要菜，慢慢地坐喝。”此句中，看似在写与“短衣帮”身份迥异的酒客的吃喝情态；但我们关注到“隔壁”这个词语，再思考“长衫酒客”与“短衣帮”之间为何会有此一“隔”，这两类酒客与“孔乙己”之间为何会有此一“隔”？这一“隔”是要隔断什么？

1.“隔壁”，隔出了物理空间，厘定了阶层地位

“隔壁”，从客观环境来看，“店面柜台”与“店面隔壁的房子”属于“物理空间”的间隔；这一间隔，源于经济实力，有赖物质基础，从“店面柜台”的酒客身份和层次来看——“做工的人，傍午傍晚散了工，每每花四文铜钱，买一碗酒，……——靠柜外站着，热热的喝了休息；”“但这些顾客，多是短衣帮，大抵没有这样阔绰。”“只有穿长衫的，才踱进店面隔壁的房子里，要酒要菜，慢慢地坐喝。”可见，能不能“踱进隔壁的房子里坐着喝”，首先取决于物质基础是否厚实，在酒钱上出手是否“阔绰”。

2.“隔壁”，形成了心理障壁，隔膜着人性凉薄

正是这一“物质条件”拉开了“短衣帮”与“长衫客”两类酒客之间的距离。因身份层次的差异而带来的“心灵隔膜”便成为“隔”——既“隔”开了“长衫客”与“短衣帮”之间的生存空间，也把穿着长衫的“孔乙己”的生存空间给挤压甚至割舍了——他既不能融入“踱进店面隔壁的房子里，要酒要菜，慢慢地坐喝”的“长衫客”，也难以融入“靠柜外站着，热热的喝了休息”的“短衣帮”。尽管此时“孔乙己”尚未出场，但未出场便已被这“隔壁”给“隔”掉了生存的空间。

“隔壁”之所以存在，既是缘于酒客身份地位、经济水平、文化层次等客观条件上的巨大差异，更是缘于酒客因低贱高贵带来的心态感觉及心理接纳等主观因素的巨大差异。

“隔壁”还隐喻着“孔乙己”的命运结局——尽管他身穿长衫，却不能为“长衫酒客”接纳；尽管他只能“靠柜外站着”，却又因为他“穿着长衫”，终究不能被“短衣帮”接纳。他是在出场时的“欲坐不得”与退场时的“想站不能”全过程中，生命渐趋委顿而凋零。其他生命结局，究竟是“大约死了”还是“的确死了”？——毕竟“长衫酒客”们不会在乎，“短衣帮”们也不会在意，“长衫酒客”与“短衣帮”虽然地位甚殊，但他们对待“孔乙己”这一“生命体”之存在的轻与重，竟是惊人一致——无人问津、无人理会，全因一“隔”——这一“隔壁”，隔离了人间暖情，倍增了人性凉薄。

（二）“门槛”之“槛”

小说结尾出现了“门槛”一词，其实这有形的“门槛”，已为孔乙己在咸亨酒店、在这凉薄人世中“翻不过”的人生结局，埋下了伏笔。

1.“门槛”与开篇的“隔壁”遥相呼应

“那孔乙己便在柜台下对了门槛坐着。他脸上黑而且瘦，已经不成样子；穿一件破夹袄，盘着两腿，下面垫一个蒲包，用草绳在肩上挂住；见了我，又说道，‘温一碗酒。’”孔乙己最后一次来咸亨酒店喝酒，因腿被打折，已经翻不过咸亨酒店的“门槛”，只能对了“门槛”坐着喝酒，“隔壁”隔开了尚能站立的孔乙己，而“门槛”再一次隔开了只能蹲坐的孔乙

己，从“站立”到“蹲坐”，孔乙己的人生已跌落至低谷，孔乙己的生命已逐渐趋于委顿；孔乙己的命运始终难以突围——不但有“隔壁”，还有“门槛”，其生存图景之艰，不言自明。

2.“门槛”之“槛”隐喻着难以翻越之“坎”

“隔壁”和“门槛”这两个词语，我们可将其视为小说中的“物象”。“隔壁”，可视为孔乙己尚且能够“站立”时候的物理隔阂，毕竟尚有一定的空间和高度；而“门槛”这一具有“隔断”效果的“物象”，则可视为孔乙己生命晚景的“形象标杆”——“门槛”之门，他已进不去，咸亨酒店门内的众生喧哗、吃喝享受、调侃打趣——哪怕是他自身作为酒客们的谈资和笑柄，他现在都已进不去这个“门”；“门槛”之“槛”，他因被打折腿而再也翻不过。

进不去“门”，翻不过“槛”，这一来便彻底拉低了孔乙己作为“人”的身份；“孔乙己”的生命晚景，只能是匍匐于地，苟延于世，他生命中曾经拥有的所有的“高傲”——譬如知道茴香豆的“茴”字的四种写法，穿“读过书”的读书人的标志性“长衫”，以及那“满口之乎者也，叫人半懂不懂”“读书人的事能算偷么”等言语，此刻全都委顿于初冬时节咸亨酒店门槛之外那冰冷的地面，“孔乙己”余生之“卑贱”与“凄惶”，便在这一“门槛”的阻隔与显影下，立体而清晰。

（三）“大钱”之“大”

“四文大钱”与“十九个钱”。同样面值的钱，为何叫法迥异？——孔乙己以“大钱”视之，而酒店掌柜却以“个钱”视之。“大”与“个”，不只是在计量钱的数目，更是在这差异化的搭配中，凸显了孔乙己的自我价值定位，以及他人对他的价值定位之间的巨大差异。

“大”对应的“小”：“大钱”一词，有一种厚重感和阔绰感。联系全文可知，孔乙己其实是渺小和卑微的，尽管他的心是“大”的：看不起“短衣帮”，以读书人自居且自视清高，这一“大”，便符合孔乙己那自视清高、不屑与“短衣帮”为伍的心理；这一“大”，更与孔乙己盲目自大实则渺小卑微的身份暗合。

“个”作为一个量词，只是一种客观的量化，属于纯物质的数量关系，没有情感的投入，在掌柜心里，只是数量关系而已；基于此，就连无足轻重的孔乙己本人在掌柜心中，也就是“十九个钱”而已，根本不存在情感的投入，尽管孔乙己到店可以带来快活的空气，“可是没有他，别人也便这么过”。这份快活，在掌柜、酒客及“我”心中，都无足轻重，可有可无，这实属孔乙己生命的多余之哀。

（四）“这一回”之“这”

“这一回”与“要好”：两个词暗示了人物的命运结局——再也没有下回了，此词可以作为“的确”的暗示，同时在内容上与前文形成了照应。

（1）这一回是现钱——以前是不是都是现钱呢？还有没有下一回呢？

“这一回是现钱”，那表明之前必有欠账：“虽然间或没有现钱，暂时记在粉板上，但不出一月，定然还清，从粉板上拭去孔乙己的名字。”这表明之前欠账的事实；有没有下一回？“大约”可以模糊回答。

（2）这一回酒要好——以前喝的是不是好酒呢？以前为何没提此要求？

“酒要好”，孔乙己只有这一回提出了这一要求，那之前的酒究竟如何呢？由“在这严重监督之下，羼水也很为难”可知，之前的酒（当然也包括孔乙己喝的酒）掺水太多，这表明孔乙己对之前喝的那些不好的酒是有感受的，那些酒并非孔乙己心中的“好酒”。但奇怪的是，孔乙己之前都没有就“酒好不好”这一问题提出过要求，之前不提要求，这一回专门强调，可见，这次的“好酒”是最后的心愿，暗示已不可能再有下回了，回答了“的确”。

那孔乙己以前来喝酒的情状怎么样？以前他来喝酒时，酒店里的不同人——长衫酒客、短衣帮酒客、掌柜以及“我”，对他有怎样的态度？结合文本不难发现，在众人的“笑声”中，释放的多是嘲讽、戏谑、作弄他的“凉薄”人性。

而这一次有了现钱的孔乙己，他自身的情状如何——“他脸上黑而且瘦，已经不成样子；穿一件破夹袄，盘着两腿，下面垫一个蒲包，用草绳在肩上挂住”，这是被打折了腿之后的落魄凄惶惨象；面对孔乙己的这一惨象，咸亨酒店里的长衫酒客、短衣帮酒客、掌柜以及“我”，对他的态度有无改变？——“掌柜仍然同平常一样，笑着对他说‘孔乙己，你又偷了东西了！’”“此时已经聚了几个人，便和掌柜都笑了。”此时掌柜依旧在

"笑"，酒客也依旧在"笑"，尽管孔乙己的生命已经委顿于地，但咸亨酒店里的"凉薄"依旧没有变化，冷漠、冷酷、无情、寡义！"不一会，他喝完酒，便又在旁人的说笑声中，坐着用这手慢慢走去了。""不一会""又在旁人的说笑声中""坐着用这手慢慢走去了"，在咸亨酒店停留短暂，在咸亨酒店羞辱多多，在人世间苟延时日尚存几何？不言而喻，孔乙己之末路，"的确"只有"死"。

结尾写到，"自此以后，又长久没有看到孔乙己。到了年关，……到第二年的端午，……到中秋可是没有说，再到年关也没有看见他"。此处为什么不用"又过了一整年"或"整个第二年"中都没有看见他？

通过"年关"—"第二年端午"—"到中秋"—"再到年关"，用"节日"—"年关（除夕）、端午、中秋、年关"这一年中重要的节日串成清晰的时间线，这时间线的勾勒，引发读者思考：在这样的年节，孔乙己尚且不能来咸亨酒店喝酒，那孔乙己的结局可能会怎样？"的确"只有走向"死亡"。

掌柜看似在一次又一次等待孔乙己到来，其实并非关心和牵挂孔乙己，而是在等待孔乙己来还所欠的"十九个钱"；而"我"也在等孔乙己，在这份等待中，"我"似乎已对孔乙己有了一丝牵挂，似乎可以视为"我"的心开始由"冷"逐渐转"暖"，但"我"所希望的见到终究又未能实现——"我到现在终于没有见"！遗憾中，亦透露着伤感。

"大约"与"的确"这对矛盾语看似矛盾，依旧有"蛛丝"可觅，有"马迹"可寻，着力品咂语言觅得一点新意，语文教学之乐，大约也存乎此吧！

致敬经典 二昧《孔乙己》

"坐不下去"与"站不起来"

——《孔乙己》"语词"教学选点新探

鲁迅先生的《孔乙己》一文作为经典名篇，深得执教者推崇。多位语文名师所选择的经典教学突破点——或立足"作品注释"推进"文本整体把握""作品分析、赏析"；或关注"咸亨酒店"店名内涵并挖掘其间深意；或关注"一天凉比一天的秋风"；或聚焦孔乙己的"破夹袄""长衫”“脸”“手”；或深味酒店中众人的“笑”的含义；或体会孔乙己的“排”与“摸”，或关注“短衣帮”以及隐形人“未出场的丁举人”……

肖培东①围绕“记”“忘”二字做文章，肖培东围绕“哦”字和“！”展开品析；曹双英②品析韩军老师对“孱水”“茴香”解读的独到之处；冯金③围绕“窃”与“偷”展开探析；郑梦怡④则围绕“伤疤”进行解析；廖明发⑤围绕“笑”字做文章；黄厚江巧妙地抓住孔乙己的“手”来解读文本……但凡可资教学之点，似乎已被搜罗殆尽。

笔者亦曾多次教学《孔乙己》，试着意于文本中的寻常“语词”，聚焦教学选点，从“笑”“酒”“长衫”“摸”“排”“温”“大约”“的确”等语词之外再找“生根点”——“坐”与“站”，从这两个看似普通却贯穿孔乙己整个酒店活动始末的动词身上，结合“温酒”和“笑声”两个词语，体悟孔乙己的生存境遇，勾勒孔乙己的生命镜像，显影孔乙己的生命悲哀，为破译《孔乙己》文本密码寻找出更多的教学“支点”。

（一）“站”着出场，痴念“坐喝”之梦

孔乙己在文中，是这样出场的——

“孔乙己是站着喝酒而穿长衫的唯一的人。”

孔乙己出场亮相的地方，是位于鲁镇镇口的“咸亨酒店”，这是孔乙己出场亮相的大背景——“鲁镇的酒店的格局，是和别处不同的：都是当街一个曲尺形的大柜台，柜里面预备着热水，可以随时温酒。”

“咸亨酒店”中顾客有哪几类人？据文本可知，来到咸亨酒店喝酒者为截然不同的两类人，他们阶层分明。这是孔乙己“喝酒”的社会关系显影——“做工的人，傍午傍晚散了工，……靠柜外站着，……但这些顾客，多是短衣帮，大抵没有这样阔绰。只有穿长衫的，才踱进店面隔壁的房子里，要酒要菜，慢慢地坐喝。”镜头逐渐由远而近，特写“只有穿长衫的，

---

① 肖培东 . 残喘在“忘”与“记”之间的苦人——我教《孔乙己》[J]. 语文教学通讯 2016(02).

② 曹双英 . 打破思维定式 探求文本深意——韩军《孔乙己》赏析 [J]. 课程教学研究，2018(02).

③ 冯金 . 由“窃”到“偷”——《孔乙己》教学新探 [J]. 科教文汇（中旬刊），2019(2).

④ 郑梦怡 . 伤在一人身，痛于世人心——《孔乙己》中“伤疤”的解读 [J]. 名作欣赏，2019(32).

⑤ 廖明发 . 试析《孔乙己》中的“笑”[A]. 基础教育理论研究论文精选（下）[C]. 2005(2).

才踱进店面隔壁的房子里，要酒要菜，慢慢地坐喝”一句，看似在写与“短衣帮”身份迥异的酒客。

孔乙己，在咸亨酒店喝酒，“站着”喝酒，这表明他与“不阔绰”的“短衣帮”为同一类人，但他又是“站着喝酒而穿长衫的唯一的人”，“穿长衫”在咸亨酒店是能“踱进店面隔壁的房子里，要酒要菜，慢慢地坐喝”的，“穿长衫”本应是“进店坐着喝酒者”的身份标志，孔乙己身上也恰好拥有这一“标志”——“长衫”且“十多年未曾洗过”，但他却不能安享“穿长衫”这一身份标志所拥有的“特权”，只能与“短衣帮”一道，踱不进“店面隔壁的房子里”而站着喝酒。

这虽“穿长衫”却只能“站着”喝酒，将孔乙己精神上不愿与“短衣帮”同道而实力上却只得与“短衣帮”为伍，精神上渴慕与“长衫客”同道，但阶层地位却不能被“长衫客”认同接纳的矛盾、痛苦展露无遗。

“站”着出场的孔乙己，虽着一袭“长衫”痴念“坐喝”之梦，却终究只能是自欺欺人之“梦”，他不但未能跨入“长衫客”生活圈子半步，反倒遭其（如丁举人）欺凌、侮辱甚至损毁；他虽站立于“短衣帮”之侧，但自始至终也未曾被“短衣帮”接纳，反倒是被“短衣帮”取笑、揭短、讥讽、嘲弄，这羞辱几乎成为孔乙己站着喝酒必备的精神折磨——他的“长衫”只能撑起他的痴“梦”，却不能为他遮挡人世生存的侮辱与凉薄。

（二）“坐”着谢幕，永诀“站立”之生

孔乙己最后一次出场有这特写镜头：

“站起来向外一望，那孔乙己便在柜台下对了门槛坐着。他脸上黑而且瘦，已经不成样子；穿一件破夹袄，盘着两腿，下面垫一个蒲包，用草绳在肩上挂住；见了我，又说道，‘温一碗酒。’”“便又在旁人的说笑声中，坐着用这手慢慢走去了。”

这一次，长期只能在“咸亨酒店”站着喝酒的孔乙己，终于能够在初冬时节“天气凉比一天”的“咸亨酒店”“坐”着喝酒了；但他这“坐”着喝酒的地方，既不是“咸亨酒店”里他渴慕不已的“隔壁的房子里”，也不是他穿着长衫却只能一直“站喝”的老地方（柜台边），而是在“柜台下对了门槛”的地上，他因为腿被丁举人打折，只能蹲坐在“咸亨酒店”的“柜

台下对了门槛”的地上！这一次，虽然是“现钱”，却因为腿被打折，而连“咸亨酒店”的门槛都不能跨越，被这“门槛”彻底挡在了“外面”！

这一次“咸亨酒店的门槛”还是那个“门槛”，却已然成为孔乙己“生存之坎”“命运之坎”。在腿被丁举人打断之前，他到店能“站着”喝酒的时候，原是可以跨过那有形的“门槛”的，然而他却始终未曾跨越酒店掌柜、众酒客对他嘲弄、取笑甚或欺侮的无形的“门槛”；但在被丁举人打折了腿之后，尽管孔乙己身材依旧高大，可他却再也难以翻越“咸亨酒店”那有形的“门槛”了，更别奢望他还能翻过酒店里由“长衫酒客”“短衣帮”以及“掌柜”等人长期共同设置的价值尊严的“藩篱”——依旧是酒店里酒客心里的“笑柄”。

这一次，“跨不过”又“站不起”的孔乙己，“坐”着喝酒，“坐”着走远，“坐”着从“咸亨酒店”的掌柜、酒客以及小伙计“我”的眼里，凄惶退场于酒店、悄然谢幕于人间。

所幸的是，在他生之永诀这最后时光，唯有“我”这曾温了数次酒的小伙计，在他狼狈凄惶的生命晚景，还亲手端给了他所渴望的最后一碗被温过的、尚存人情余温的“好酒”——“我温了酒，端出去，放在门槛上。”为孔乙己人生的永诀悲歌添加了一抹人性的亮色。

（三）“温”酒只温热了皮囊，“笑”声却凉薄了人性

小伙计“温”酒这一程式化的活动，在鲁镇咸亨酒店里日复一日上演着。

“咸亨酒店”里的酒客，不论是“长衫”慢慢坐喝的“酒客”，还是做工归来倚着柜台站立喝酒的“短衣帮”，人人喝的都是被“温”过的“热酒”；然而，这些喝着“热酒”的酒客，却只是温暖了各自的皮囊，并未温暖自己的人性。

他们在“咸亨酒店”，无一不是在“温热”的酒里收获属于自己的快乐——他们，可以对孔乙己取笑、嘲讽，甚或毒打；在他们的谈笑声、嘲笑声、取笑声里，那一碗碗被温热的酒，日复一日地凉薄着他们各自的人性。

孔乙己不能在酒客们身上感受到人性之温热，但他渴望在小伙计“我”身上能够感受人性的温热，渴望“我”带给他的不只是物质层面的“温酒”，而且能有精神层面的“温热”。

比如，“我”的日常工作：已是专管温酒的一种无聊职务。可是“我”温酒，却温不了酒客的心——“他们往往要亲眼看着黄酒从坛子里舀出来，看过壶子底里有水没有，有亲眼看将壶子放在热水里，然后放心”，——同样是酒客的孔乙己，没有这样监督“我”和不信任“我”——“孔乙己自己知道不能和他们谈天，便只好向孩子说话。有一回对我说道，”教“我”写茴香豆的茴字，面对“我”的“回过脸去，不再理会”，他“等了许久，很恳切的说道”，见“我”终于有了回应，“懒懒的答他道”，他居然显出“极高兴的样子”，见“我”与“愈不耐烦”“毫不热心”，便又“叹气而惋惜”。孔乙己的这一番主动交谈，固然有他炫耀“学问”的成分在其中，但整个过程中，可以说是在“我”这里套近乎讨好“我”，他的“等许久”“恳切”“高兴”“叹气”“惋惜”，无一不是在寻求“我”对他精神、心灵的“温热”。可惜的是，“我”也未能摒弃其他酒客的成见，未能带给孔乙己心灵的“温热”——“我想，讨饭一样的人，也配考我吗？”一个“配”字，横亘于心，隔膜了人性之善。

“我”为孔乙己最后一次“温”过酒，“端出去”也只是把酒放在“门槛上”，并没有放在他的“手上”；而孔乙己却是“从破衣袋里摸出四文大钱，放在我手里”，这一个是放在“门槛上”，一个是放在“手里”，对比之中，依然可见“我”对孔乙己仍存有“隔膜”。

但“我”对待孔乙己的态度，又异于其他酒客而尚存一丝暖意——“温一碗酒，这声音虽然极低，却很耳熟”——“极低”的声音，“我”却感觉“耳熟”，这表明“我”对孔乙己是有所在意的；“耳熟”这个词语，此刻在初冬的“咸亨酒店”已经带有了人性的温度。“我温了酒，端出去，放在门槛上”——“温”“端”“放”，三个动作很是连贯，“我”未作声，也没有像其他酒客那样“笑”，也没有如以往那样“可以附和着笑”，尽管没有了言语的交流，可此时无声胜有声——“我”的态度已在悄然发生变化——“我”把酒端出去，是放在“门槛”上而不是直接放在“地上”，“我”在这一连串的动作中，默默传递着“我”的那点温暖，让孔乙己还能在“我”这里收获人世上的最后一丝暖意，“我”的这一举动也为后面“自此之后，又长久没有看见孔乙己”“再到年关也没有看见他”“我到现在终于没有见”等“我”“未见”而“有所念”做了铺垫。

《孔乙己》教学设计

导入：

《孔乙己》这一作品：

鲁迅曾说，这是他最喜欢的自己的短篇小说。

莫言愿意用自己全部的作品，换取鲁迅先生的一篇短篇小说。

1.读完全文，作者在文中介绍的孔乙己，是一个怎样的人？

孔乙己是（站着）喝酒而（穿长衫）的唯一的人。（板书：孔乙己 ___人）

2.结合你的感受，你觉得孔乙己还是一个使人________的孔乙己。

使人快活的孔乙己——酒客取笑，掌柜逗笑、我附和笑——笑；

使人感伤的孔乙己——何家、丁举人毒打：夹杂伤痕、添伤痕、致残——怒其不争、哀其不幸；

使人同情的孔乙己——有善心，读过书，很落魄，遭人取笑；

使人惦念的孔乙己——掌柜欠十九个钱。

3.思考：孔乙己一生，何以如此？何以至此？

（一）从“站”到“坐” 生命的委顿

第4自然段中，“孔乙己是站着喝酒而穿长衫的唯一的人”，纵观孔乙己在酒店喝酒的经历，他只有“站着”喝酒的经历吗？

学生阅读发现：第11段中，“那孔乙己便在柜台下对了门槛坐着”“我温了酒，端出去，放在门槛上”。

思考：

1.孔乙己是如何实现从“站着喝酒”到“坐着喝酒”的人生转折的呢？其间发生了哪些事？快速阅读4~11自然段，概括事件；最关键的是什么“事”？

到店增添笑声；酒客取笑争辩；（第4~6段）亲近孩子教写茴字、分豆于孩（第7、8段）（屡次遭“打”，致残落幕）。

2.你觉得孔乙己到店，最需要的是什么？为什么？

需要“温”过的酒——温暖的人心。

（二）脏破“长衫”心灵的藩篱

人物性格，命运遭遇，除了其自身因素之外，还与其生存的时代背景紧密相关。请结合本文孔乙己“进过学”这一事实，分析其个性特点及时代特点。

“进过学”，在孔乙己身上的具体体现：

姓名（孔乙己）；能抄书；窃书偷书；“茴”字的四种写法。

1. 衣着：一袭长衫 不愿意脱下

“长衫”，这一“物件”在孔乙己的生命中，有哪些作用？（这一“物件”对孔乙己来说，有哪些作用？）

（1）隔离了短衣帮；（2）支撑读过书的面子，凸显读书人的高贵；（3）掩饰着自己的落魄，包裹着空落的灵魂；（4）遮盖的人性的本真。

2. 语言：“之乎者也”与“省略号” 灵魂的失落与孤寂

言为心声。孔乙己几次出场，言语中除了“之乎者也”，还有很多省略号。请结合文本情境，揣摩人物当时的心理，分析人物的性格特点。

第4段：你怎么这样凭空污人清白……

窃书不能算偷，……窃书……读书人的事，能算偷么？

第7段：他说，“读过书，…… 我便考你一考”。

孔乙己等了很久，很恳切的说道，“不能写罢？……我教给你，记着！”

第11段：孔乙己很颓唐的仰面答道，“这……下回还清罢。这一回是现钱，酒要好。”

孔乙己低声说道：“跌断，跌，跌……”（羞愧）

3. “个体命运”折射“社会意义”

“短衣”帮 与“长衫”客——阶层地位；

“站喝”与“坐喝”——喝酒的姿态折射社会地位；

“四文钱”与“十几文钱”：有下酒菜与无下酒菜——财富多寡折射社会地位；

“被人打”与“打人”：何家、丁举人；孔乙己——阶层地位、权势。

【板书设计】

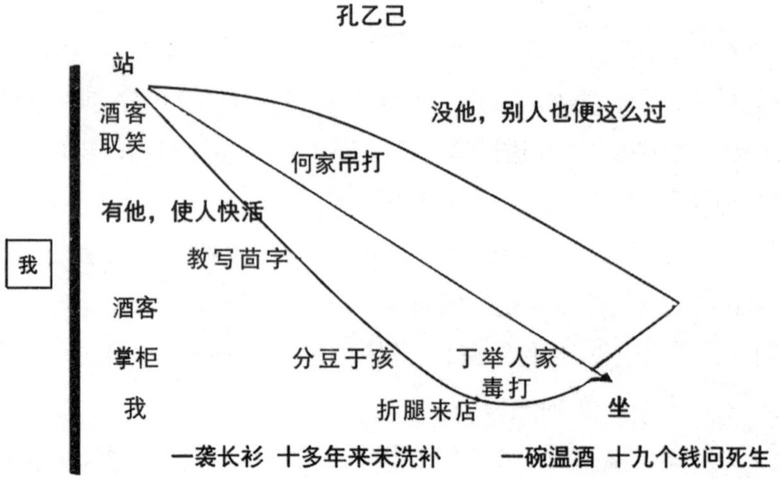

孔乙己

站

酒客
取笑

没他，别人也便这么过

何家吊打

有他，使人快活

教写茴字

我

酒客

掌柜

我

分豆于孩

丁举人家
毒打

折腿来店

坐

一袭长衫 十多年来未洗补 一碗温酒 十九个钱问死生

【教研员语】

《孔乙己》——细嚼慢咽　直击人心

点评：成都市教科院语文教研员 戴宏

思考：经典篇目如何定位？

小说三要素如何灵动体现？

文本如何细读？

1.激趣导入，明确经典价值。我是学生，会问：作者自己和“诺贝尔奖”作家评价如此之高，为什么？

抓手：

“站”与“坐”——生命的委顿　　（借此概括情节，梳理事件）

“长衫”——生命的挣扎和猥琐　　（借此分析人物性格和心理）

省略号——生命的无奈和羞愧　　（借此分析人物性格和心理，观照时代背景）

（“书”和“酒”，让人耳目一新，茅塞顿开）

引发的思考：逢小说必明确“三要素”，说明文必讲“说明方法”，议论文必讲“论证方法”，是否找一个有价值、有意义的新颖的切入口和抓手，追求更有文本思维价值的目标？即使要讲这些，是否可以寻求一个“曲线救国”的巧妙路径？这样，我们的课堂是否更有厚度和新鲜度？

2.“细嚼慢咽”

第4段：你怎么这样凭空污人清白……（心虚、羞愧）

窃书不能算偷，……窃书……读书人的事，能算偷么？（自圆其说、自我夸耀）

第7段：他说，“读过书，…… 我便考你一考。”

孔乙己等了很久，很恳切的说道，“不能写罢？……我教给你，记着！”（炫耀学识、寻求自我满足）

第11段：孔乙己很颓唐的仰面答道，“这……下回还清罢。这一回是现钱，酒要好。”（无奈、愧疚）

孔乙己低声说道，“跌断，跌，跌……”（掩藏窘境）

3.在品析文字的同时，让学生反复有感情地进行诵读，学生在教师的引导下，读出了简单省略号背后的人物心理和性格，读出人物悲剧命运背后的时代意义。文本，就是这样细嚼慢咽的。经典的文字，值得玩味。教师，需要有深度地独特思考。

岳国忠老师的《孔乙己》是经典老课了，这样的经典课选用一课时进行教学，课文的选点、抓手就显得尤为重要。这一课有太多的名家经典案例可供参考。我自己在以往的教学中也曾经模仿创新，以“酒”“手”“伤疤”等为课堂抓手，以孔乙己的进出场对比贯穿课堂，但大都不太满意，主要原因在于自己教小说还局限于三要素，力求面面俱到，其实一课一得就足够了。

岳老师的抓手：“站”与“坐”——生命的委顿（借此概括情节，梳理事件），“长衫”——生命的挣扎和猥琐（借此分析人物性格和心理），省略号——生命的无奈和羞愧（借此分析人物性格和心理，观照时代背景）是自己从没有想到的。自己最欠缺的还是读文本的素读，从素读中解读文本的密码。这需要深厚的文学功底和对语言敏锐的感知。

《孔乙己》教学新构想

1. “坐不下去”——“坐”是身份的象征——长衫者才有的坐下慢慢喝酒的资格。

【问题】

根据小说第1段的记叙，判断“丁举人”“何乡绅”是属于“站着喝酒”的还是“坐下喝酒”的？

【明确】

联系后文可以判断，他们是属于“可以坐下喝酒的”——坐下喝酒，不只是姿态，更是身份、地位、贵贱的标志——治人者。

2. 站着喝酒——哪些人是站着喝酒的？

【明确】

短衣帮——做工的体力劳动者们，他们自食其力，向往“丁举人”“何乡绅”的生活，但也嘲笑甚至鄙弃“孔乙己”的生活。——总是偷！

3. “站不起来”——“站”立，不只是躯壳，更应是灵魂！

【明确】

虽然是站着喝酒，但瞧不起短衣帮——

（1）言语上与短衣帮隔膜——满口之乎者也，教人半懂不懂。

（2）行为上与短衣帮迥异：抄书、偷！

【思维进阶】

归纳整合：（1）（2）为现象层面的“事实表象”。

（3）命运遭遇上的迥异：侮辱与被侮辱，损害与被损害；挖苦、讽刺；遭吊打、毒打、打折腿。

（4）深层隐喻：站不起来的不只是躯壳，更是灵魂！灵魂的委顿！

【思维进阶】

理解分析：（3）（4）为主题层面的“深层内涵”。

由（1）（2）的归纳到（3）（4）的挖掘，实现思维的进阶，由表及里，透过现象看本质，把握小说的主旨内涵。

【能力进阶】

课下再进一步阅读鲁迅的《呐喊》，了解小说集《呐喊》的意义——小说集的要义——唤醒麻木的人性，冲破黑暗屋子的牢笼！（《呐喊自序》）

四、聚焦灵魂个性 聚合人物群像

小说教学，是否言必称“三要素”？教必“三要素”+“2”——“人物、情节、环境”“主旨、语言”？是否只要关注了“三要素”就实现了小说文本的教学价值？对小说中“人物”的分析，除了关注人物外在的“衣着、动作、肖像、神态、细节”，内在的“心理”以及内外兼顾的“语言”描写等分析之外，还能不能结合人物的生平独特经历着力探究人物性格与命运的个体主观和时代客观因素等成因？或由人物个体的命运去折射时代、社会的命运大背景？或去挖掘人物个体或人物群像人性的时代共性、个体差异？

解读案例1

向死欲得生 宿命料难违

——挖潜《林黛玉进贾府》中林黛玉命运的三重隐喻

《林黛玉进贾府》一章自入选高中语文教材以来，因其全知视角的运用、生动的描写等精湛的艺术造诣而广受语文教师欢迎。经梳理发现，教学本文，教者解读视角亦多关注“黛玉进贾府”后拜见贾母、两位舅母以及结识众姊妹等场景，于场景中，去审视人物的衣着、言语、举止、形貌、神态、心理以辨析人物形象；或着力荣宁二府的陈设、气象之差异等内容，窥视贾府的命运端倪等。其间，在分析场景方面，教学中又尤以比较“王熙凤出场”与众姊妹（迎春、探春、惜春）出场，“宝黛初见”两处场景之差异为重。

当然，这种置于全知视角下择其一端或诸端予以重点品味的做法，固然值得提倡；但《林黛玉进贾府》作为《红楼梦》全书的第五章，若置于整本书来看，上述教学内容的选择似乎又显得有些单一或单薄，似乎未能洞察作者的匠心。

为此，本文试着从“黛玉进贾府”这一事件进程中的三个视点，于黛玉进入贾府后，三个视点与黛玉命运之间所潜藏的隐喻关系入手，做一探讨，以寻求教学解读的新视角、教学内容的新定向。

（一）第一重隐喻：癞头和尚“不经之谈”之中的宿命

《林黛玉进贾府》一章中，黛玉与贾母初见，便借黛玉之口，道出了癞头和尚曾经对黛玉宿命的划定。文中写道：

众人见黛玉年貌虽小，其举止言谈不俗，身体面庞虽怯弱不胜，却有一段自然的风流态度，便知他有不足之症。因问：“常服何药，如何不急为疗治？”黛玉道：“……那一年我三岁时，听得说来了一个癞头和尚，说要化我去出家，我父母固是不从。他又说：‘既舍不得他，只怕他的病一生也不能好的了。若要好时，除非从此以后总不许见哭声；除了父母之外，凡有外姓亲友之人，一概不见，方可平安了此一世。’疯疯癫癫，说了这些不经之谈，也没人理他。”

黛玉进贾府之后，众人眼里已看出“她有不足之症”，众人纷纷询问，以表对林黛玉的关爱。黛玉于不经意之间，道出是三岁那年癞头和尚的那番不经之谈，看似随口所答，却着实富有深意。“若要好时，除非从此以后总不许见哭声；除了父母之外，凡有外姓亲友之人，一概不见，方可平安了此一世。”黛玉若要平安了此一世，在出家这一条件不能满足之外，尚存两点希望：

其一为“从此以后总不许见哭声”，其二为“除了父母之外，凡有外姓亲友之人，一概不见”。联系《红楼梦》中，黛玉后来的命运轨迹，癞头和尚当时的言语，当真为不经之谈?

先联系贾母所言，贾母听得黛玉在吃“人参养荣丸”，便道“正好，我这里正配丸药呢。叫他们多配一料就是了”。贾母作为外祖母，此番话语中，对外孙女的疼爱自不言表。然而，“多配一料药”对贾母而言，原本是极为简单的事情，但是这一味药，却并非能根治黛玉毛病的药，能根治黛玉毛病的药，便是黛玉所道出的癞头和尚的保命符——“若要好时，除非从此以后总不许见哭声；除了父母之外，凡有外姓亲友之人，一概不见，方可平安了此一世”。然而贾母并未认真听得黛玉所言癞头和尚的告诫，黛玉的不足之症，其实也并非药物所能够根治的。

再联系《红楼梦》中所交代的黛玉的前身，原是绛珠仙草——“西方灵河岸上三生石畔的绛珠仙草，因受到赤霞宫神瑛侍者天天以甘露灌溉，始得久延岁月，脱了草木之胎，幻化人形，修成女体，终日游于离恨天外，饥餐秘情果，渴饮灌愁水。只因尚未酬报灌溉之德，故郁结着一段缠绵不尽之意。当神瑛侍者凡心偶炽下凡之时，绛珠仙子一道下凡，转世为林黛玉，要把一生所有的眼泪还他。”由此可见，黛玉一生哭泣多，其眼泪多为其宿命使然。然而她哭，是只允许她自己哭，而不能允许他人哭。——“若要好时，除非从此以后总不许见哭声”。可惜的是，他人往往哭个不已：

贾母一见黛玉，便已大哭——“方欲拜见时，早被他外祖母一把搂入怀中，心肝儿肉叫着大哭起来。当下地下侍立之人，无不掩面涕泣，黛玉也哭个不住。”这一哭，便已经“破”了黛玉的保命之符，贾母那一味可以“随便多配一料”的“人参养荣丸”，又岂能让黛玉的病好起来呢？

再联系《红楼梦》中的“万艳同悲、千红一哭”，癞头和尚那些看似疯言疯语的谶语，黛玉又岂能逃得过宿命的手心呢？

（二）第二重隐喻：贾母、舅母、表嫂等人姓氏之中暗藏的玄机

贾母作为黛玉的外祖母，看似非常亲近，为黛玉遭遇丧母之人生大恸之后，最有利于黛玉生存的命运庇护者；然而，贾母的姓氏里，就已经暗藏着玄机，预示着她尽管身为外祖母，亦不可能完成对黛玉命运的庇护，反倒成为黛玉命运的“毁灭者”——

黛玉方欲拜见外祖母。——“此即冷子兴所云之史氏太君，贾赦贾政之母也”。“史”可与“死”谐音；林黛玉进贾府，首先就必须拜见贾母——她的外婆——史太君！黛玉进贾府，首当其冲者，便是去拜见“死”！再联系《红楼梦》中所述宝黛爱情的幻灭，宝玉宝钗爱情的定格，又何尝不是源于贾母那不可违背的命令！而黛玉正是在得知宝玉与宝钗定亲之后，才加剧了死亡的进程，这黛玉进贾府之后所见第一高位者即贾母史太君，这一见，已经为黛玉的死亡埋下了必然的祸根。

再看黛玉的二位舅母，大舅母姓氏为“邢”，谐音“刑”，“刑”，杀戮之谓刑（《韩非子·二柄》）；二舅母姓氏为“王”，谐音为“亡”。

再看表嫂王熙凤，她的姓氏为“王”，谐音为“亡”。由此可见，林黛玉进贾府所见的三代亲友，她们的姓氏无一不具很重的“杀气”！再联系癞头和尚的保命符——“若要好时……除了父母之外，凡有外姓亲友之人，一概不见，方可平安了此一世。”上述亲友皆为“父母之外”的外姓亲友，皆一概不能见。唯有不见，黛玉才能平安了此一世；但是，黛玉进贾府之后却必须一一前去拜见，必须一一相见，又势必与癞头和尚的保命符相冲，进了贾府之后的林黛玉，又怎可平安了此一世？

既然异姓亲友不得见，方可保其平安；那么，林黛玉的二位舅舅，他们属于与林黛玉母亲的同姓亲友，林黛玉去拜见应该没有问题。然而，属于与父母姓氏相符的同姓亲友，黛玉一一前去拜见，却均未见着——

大舅身体欠安，避而不见：邢夫人让黛玉坐了，一面命人到外面书房去请贾赦。一时人来回话说：“老爷说了：‘连日身上不好，见了姑娘彼此倒伤心，暂且不忍相见……’”……再坐一刻，便告辞。大舅是身体有恙，暂且不忍相见。

那二舅呢？王夫人因说：“你舅舅今日斋戒去了，再见罢。”二舅是今日去斋戒了，可见也未曾见着。二舅斋戒，或许根本就未曾在意黛玉到来。

这一来，贾母、两个舅妈、熙凤表嫂、李纨表嫂，均为不能见的外姓亲友，黛玉却必须一一拜见，尤为特殊的是李纨这一外姓亲友——她是贾政已去世的儿子贾珠之妻，未亡人；而两个符合见识条件（与母同姓的亲友）的舅舅，可见却见不着。

黛玉好不容易在晚间，才见着了贾宝玉这一父母的同姓亲友：“黛玉一见，便吃一大惊，心下想道：‘好生奇怪，倒像在那里见过一般，何等眼熟到如此！’……宝玉即转身去了。……”“宝玉看罢，因笑道：‘这个妹妹我曾见过的。’贾母笑道：‘可又是胡说，你又何曾见过他？’宝玉笑道：‘虽然未曾见过他，……亦未为不可。’贾母笑道：‘更好，更好，若如此，更相和睦了。’”“探春笑道：‘只恐又是你的杜撰。’宝玉笑道：‘……，偏只我是杜撰不成？’……宝玉听了，登时发作起痴狂病来，摘下那玉，就狠命摔去，骂道……贾母急的搂了宝玉道……宝玉满面泪痕泣道……”

宝黛正式初见，三次刻画宝玉的笑，两次刻画贾母的笑，一次刻画探春的笑，在祖孙的笑语中，可谓带给了黛玉的未来一丝亮光；然而好景不长，宝玉在听得黛玉不曾有玉这一刻，登时发作痴狂病，满面泪痕，短暂地笑，转瞬即逝，“哭”神如影随形再次降临。可见，贾宝玉这一黛玉父母的同姓亲友，尽管带给了黛玉短暂的笑语人生，却依然难逃哭啼的宿命，黛玉进了贾府，怎可平安了此一世？

（三）第三重隐喻：林黛玉进贾府觅生机，其亡母话语却处处念兹在兹

林黛玉虽然已经进到了贾府，与贾府内的众亲友相见相识。按理说，这个对她而言充满关爱、亲情满满的新环境，将有益于她自己把她丧母的那份忧思冲淡甚至消逝。然而，黛玉在贾府里，却时不时回想起逝去的母亲，这便值得深思。

《林黛玉进贾府》一章中，“听得母亲说过”“记得母亲说过”等话语分别在以下场景闪现，林黛玉触及贾府内或人，或事，或物等“境”，而生“忆母”之情，本章节凡三处兹列举如下：

1. 黛玉弃舟登岸时，便有荣国府打发了轿子并拉行李的车辆久候了。这林黛玉常听得母亲说过，他外祖母家与别家不同。

2. 众姊妹都忙告诉他道：“这是琏嫂子。”黛玉虽不识，也曾听见母亲说过，大舅贾赦之子贾琏，娶的就是二舅母王氏之内侄女……

3. 宝玉出场之前——黛玉亦常听得母亲说过，二舅母生的有个表兄，乃衔玉而诞，顽劣亦常，极恶读书，最喜在内帏厮混……在家时亦曾听见母亲常说……

另外，借他人之口，旁及黛玉之母的有以下内容：

1. 不过说些黛玉之母如何得病，如何请医服药，如何送死发丧。不免贾母又伤感起来，因说：“我这些儿女，所疼者独有你母，今日一旦先舍我而去，连面也不能一见，今见了你，我怎不伤心！”

2. 王熙凤：“只可怜我这妹妹这样命苦，怎么姑妈偏就去世了。”

3. 宝玉多看了一眼，便料定是林姑妈之女。

4. 贾母道：“你这妹妹原有这个来的，因你姑妈去世时，舍不得你妹妹，无法处，遂将他的玉带了去了，一则全殉葬之礼，尽你妹妹之孝心；二则你姑妈之灵，亦可权作见了女儿之意。”

上述回忆“林黛玉母亲”的内容，既有林黛玉自己记忆中的“主动闪回”，也有旁人因景而“主动提及”，在林黛玉和众亲朋对其亡母的交互闪回过程中，不露痕迹地将已经去世的黛玉之母反反复复地呈现于读者眼见。

看似是不经意地闪现母亲当初在世时，在家庭生活中对黛玉的教诲、与黛玉的闲谈，其实黛玉母亲当初的这些话语，在已经进入贾府，在与贾府内的众位亲友对答闲谈的过程中又一一再现，一方面有黛玉触景生情的时空闪现、有黛玉对母亲的怀念之情；另一方面，对于在贾府里“寻觅生机”的林黛玉而言，在她积极“向生”的路途中，却始终有已经逝去的母亲的话语在闪现、在牵挂，这些有着极强的死亡暗示效应的“死亡”阴影相伴随行，这又可视为林黛玉在贾府中不可漠视的寓“死”的宿命。

细读林黛玉进贾府，我们至少可以发现这三重隐喻。每一重隐喻，都以强大的力量预示着尽管黛玉已进贾府，看似会迎来新生，但，死神却处处如影随形，黛玉早早地香消玉殒，在隐喻中，已是不可违抗的宿命。

这，不能不说是作者的匠心之所在。

解读案例2

浅析小说文本中“边缘人物”对小说主旨的投射

当下中学语文课本里对小说作品的教学，多侧重于传统小说理论所强调的人物、情节、环境三个基本要素，三者关系及其共同构成的主要内容。在对三要素的“人物”这一要素的分析中，又多遵循小说鉴赏中将“人物”划分为“主要人物”“次要人物”的这一准绳，集中对所谓“主要人物”的性格进行分析，对其形象刻画方法进行梳理。其实，这一解读视角往往会多见人物“森林”中高深的“植株”，而忽略那些装点缤纷世界的“灌木”甚至“花草”。因此，我们在小说阅读教学中，应当多引导学生去关注那些“边缘人物”，发现他们在拓展文本视角、开拓小说视野、推进小说情节、深化文本主旨、彰显人物性格上不可或缺的重要作用，培养学生在小说文本的阅读中去领略小说文本丰富的精神世界和审美世界。

关键词：小说文本；边缘人物；主旨投射。

（一）赋还小说文本中“边缘人物”文本价值的必要性

当下中学语文课本所选的古今中外的小说作品，它们共同丰富着语文教学的审美世界：为学生打开了异彩纷呈的阅读窗口供学生审视，提供了丰富的文学养料供学生汲取。

1．由凸显“焦点”到关注“边缘”是文本本身丰富内涵的挖掘需要

当下中学阶段的文学作品教学尤其是小说教学中，常常会囿于小说的“三要素”对小说文本进行分析，而在对“三要素”中“人物”这一要素进行分析时，往往又会将关注点聚焦于那些“主要人物”身上，围绕小说中“主要人物”就其性格展开条分缕析式的评析，就其形象刻画的手法力求“穷形尽相”，如此讲析，似乎便可以深得文本的精髓。

我们知道，小说的主旨是由小说中所有人物共同形成合力来彰显的，因为“人物是文学作品中，特别是小说戏剧中的核心”“人物是小说的原动力”。“我们看一部小说主要看小说中对人物性格的揭示，这也就是构成小说的魅力和教育意义的因素。”[①]这里的“人物”并未强调“主要人物”和“次要人物”，而应该是包含一切活动在小说文本世界里的人物。因此，我们需要关注除“主要人物”之外的“次要人物”，甚至“边缘人物”，这是小说文本内涵挖掘的需要。

2．由尊崇“唯一”到拓展“多元”，是新课程对文本解读的基本要求

在当今课程改革背景下的三维目标中强调“知识与技能”“过程与方法”“情感态度价值观”三维并举，现行《普通高中语文课程标准（实验）》“阅读是学生的个性化行为，应引导学生钻研文本，在主动积极的思维和情感活动中，加深理解和体验，有所感悟和思考，受到情感熏陶，获得思想启迪，享受审美乐趣。要珍视学生独特的感受、体验和理解。不应完全以教师的分析来代替学生的阅读实践，也要防止用集体讨论代替个人阅读，或远离文本过度发挥”。更是强调“尊重学生在学习过程中的独特体验，逐步培养学生探究性阅读和创造性阅读的能力，提倡多角度的、有创意的阅读，利用阅读期待、阅读反思和批判等环节，拓展思维空间，提高阅读质量”。

---

① 利昂·塞米利安著，宋协立译．现代小说美学[M]．陕西人民出版社，1987:138, 140.

这一标准对教学内容的价值取向和解读作品的策略有了显著的变化：在教学内容的价值取向上，由过去的关注教学内容的思想教育意义到现在的不仅关注文章内容的思想教育价值，同时更多地关注教学内容的文化认同，文化积淀的价值和情感熏陶、艺术审美的价值；在解读策略上，由过去的按照教参强制灌输的"一元解读"到现在的倡导在教师、学生、文本基础上深入的"多元解读"。因此，在阅读教学中，我们必须紧扣这一要求去追寻语文阅读文本的教育价值。在教学实践中，要立足于培养学生探究性阅读和创造性阅读的能力，提倡多角度的、有创意的阅读，利用阅读期待、阅读反思和批判等环节，拓展思维空间，提高阅读质量。

因此，置于文本阅读理论中的阐释理论视域，那种只讲"突出"而忽略"细节"的评析方法既会在文本解读的整体建构中囫囵而粗疏，无疑也会忽视学生发展的现实需求，而制约学生思维的发展、阅读兴趣的提升，最终影响学生阅读能力的提高。

我认为，在文学作品特别是小说类文本的教学解读过程中，要尽可能地对文本内容进行深度的思考与挖掘，不忽略那些通常被我们简单冠以"次要人物"称谓的人物，尤其不能放过那些出场率较高而又并非主要人物的"边缘人物"，因为通过深入分析，不难发现他们在拓展文本视角、开拓小说视野、推进小说情节、深化文本主旨、彰显人物性格上同样起着举足轻重的作用。

（二）对小说文本中"边缘人物"及特点的基本认知

通常来看，中篇小说中，除可以有一两个主要人物外，也可以有较多的次要人物。在日常教学中，通过对小说文本的解读，我发现小说中的"小人物"，尽管作者在文本中对这类人物着墨并不多，有些甚至在文章末尾才出现，但是他们却容易为读者所记忆，他们的性格固定，不为环境所动，他们一成不变地存留在读者心中，在各种不同的环境映衬下更显出他们性格的固定。

在此，我把那些在文本中支撑起文本情节结构在阐释主旨上具有重大意义的人物称为"中心人物"，而将那些"出场"不多，甚至并未直接出场，而只是借他人之口道出，却能通过这一类人物投射出整个小说文本中的主题价值，作者着墨虽不多，却能体现整个作品的审美旨趣的人物称为"边缘人物"。他们可能是小人物（当代叙事文越来越不注意刻画那些丰满有力的、能主动把握自己命运的英雄形象，取而代之的是刻画一些淹没在芸芸众生的大海里的小人物），甚至是根本就未出场而只有名称代号，却着实有着独特作用的影子人物。

因为在文本阐释中，人物的划分不能只囿于“主要人物”和“次要人物”这一框架，应力求全面多元。正如英国小说家福斯特则在其《小说面面观》中，把文艺作品中的人物划分为“扁平人物”和“圆形人物”。“扁平人物”也被称为“性格”人物，他们多是简单、单维、静态的人物，他们在作品中从头到尾坚持一种性格，在作品中会保持一贯的作风。①

谢泼德曾言：“人物不是在演员将自己融入的行为背后有逻辑动机的‘完整’人物，而应考虑成为一个带着从中心主题飞进出来的人物碎片的破碎的组合，换句话说，应更多地从拼贴画的组合及爵士乐的即兴表演方面来考虑人物。”

童庆炳在其主编的《文学理论教程》中谈到“扁平人物”，也认为：扁平人物的众多艺术形象仍有艺术的魅力。因为他们的性格虽然是单色的，但他们的灵魂却是有深度的。因此，判断典型人物的艺术质量，不应简单以是否属于“圆形人物”为标准，而更应该以是否具有“灵魂的深度”，是否符合人类的理想为尺度。②

因此，“边缘人物”除了具有“扁平人物”简单、单维、静态的特点外，还具有文本主题的价值投射作用。对小说中人物这样进行解读，则既可以避免人物塑造中唯“主要人物”“圆形人物”“中心人物”的单一、刻板、索然寡味，又可以使文本中艺术人物的刻画形成和谐统一的整体，同时兼备个性特点和多样性。

（三）小说文本中“边缘人物”对小说主旨的价值投射例谈

【案例一】

郝叟老头——“中心主题飞进出来的人物碎片的破碎的组合”。

人教版中所选都德《最后一课》里的郝叟老头，全文共计出现两次，摘录如下：

① 英 福斯特 (E.M.Forster) 著，冯涛译．小说面面观 [M]．北京：人民文学出版社，2009.

② 童庆炳．文学理论教程（第四版）[M]. 北京：高等教育出版社，2008.

第一次在第10自然段中："其中有郝叟老头，戴着他那顶三角帽，郝叟还带着一本书边破了的初级读本，他把书翻看，摊在膝头上，书上横放着他那副大眼镜。"

第二次在第23自然段中："郝叟老头已经戴上眼镜，两手捧着他那本初级读本，跟他们一起拼这些字母。他感情激动，连声音都发抖了。听到他古怪的声音，我们又想笑，又难过。啊，这最后一课，我真永远忘不了！"

在都德的《最后一课》中，小说基于普法战争法国战败被迫割让阿尔萨斯和洛林这两个地区的时代背景，通过原本不爱学习的学生小弗朗士的视角，着力刻画了被德军占领的阿尔萨斯、洛林地区一位有着四十多年教育生命的法语教师韩麦尔先生在上最后一节法语课时，教师、学生以及镇上的市民在最后一节法语课上的情形，展示了被占领地区的人民对占领者（入侵者）的恨，表达了对祖国母语以及祖国的热爱之情。

在这一中心主题的统辖下，文中绝非"主要人物"的郝叟老头，从文本中人物的地位来看，他毫无争辩地只能被视为"人物碎片"，因为从全文来看，我们根本不知道郝叟的具体身份。也就是说，郝叟老头在文本中存在的一切信息都缺失不全，只知道是个老人，是镇上的一个普通市民，从事何种职业、家庭状况怎样等信息都缺失，但是他在这样的情形下还坚持来上最后一节法语课，文中的"我"——小弗郎士两次写到他在这一节课上的情形，还特别关注郝叟的那本"初级读本"："郝叟还带着一本书边破了的初级读本"，"两手捧着他那本初级读本"。在郝叟和他的书上，作者仅用"带着""捧着"这两个行为动词，写出郝叟在课堂上的情形，看似漫不经心，其实大有深意，这两个动作行为在文本中随着小说情节的推移而渐次呈现，如果剔除情节推进这一因素，可以说，这两个行为动词"带着""捧着"二者之间的意义十分简单，毫无深意可究。然而，在整个小说文本里，这虽然属于破碎的组合，却折射出的是整篇小说的中心主题：爱母语、爱祖国、不屈服、永抗争。

郝叟作为市镇上普通的一位老人，还能带着破了边的初级读本来上最后一节法语课，这一举动本身意义就很深远：

带书来学习——不可不谓之对法语的深爱、珍惜，书虽已破边，但依然在，在这一场景下这破了边的书还真有"敝帚自珍"的意味，因此还能被郝叟老头带着到教室来学习。

他学习的时候还能够“两手捧着”，不可不谓之虔诚，虔诚的背后折射的是对这一机会的珍惜，甚至可以说是带有“仪式”的意味——这是最后一次在这样的土地上，上韩麦尔先生的法语课，上整个阿尔萨斯和洛林地区的法语课！

就这两个动词，是一种仪式。仪式里，郝叟在国难背景下对祖国语言的热爱，对自己的祖国深爱的虔诚和难舍之情溢于言表。我们试着再将郝叟的这一行为放诸法国战败后被迫割地的时代背景，由此不难折射出被占领地区的人民对入侵者的“恨”和对祖国的“热爱”。试想，连郝叟这样年迈，而当年还可能有着作为阿尔萨斯人具有的共同毛病——把学习拖到明天（文中韩麦尔先生说到，“唉，总要把学习拖到明天，这正是阿尔萨斯人最大的不幸”），在得知自己生活的地区不再允许教法语，学法语被迫改学德语之后，尚且愿意如此认真：“他把书翻看，摊在膝头上，书上横放着他那副大眼镜”；如此虔诚：“两手捧着”，如此珍惜：“柏林已经来了命令，阿尔萨斯和洛林的学校只许教德语了。新老师明天就到。今天是你们最后一节法语课，我希望你们多多用心学习”；甚至痛苦：“他感情激动，连声音都发抖了”，更何况那些有识之士，那些不甘被异族统治的仁人志士，他们又会以怎样的方式来表达对祖国、对母语的爱？韩麦尔先生在文中谈到的：“法国语言是世界上最美的语言——最明白、最精确；又说，我们必须把它记在心里，永远别忘了它，亡了国当了奴隶的人们，只要牢牢记住他们的语言，就好像拿着一把打开监狱大门的钥匙。”反抗和斗争，夺回属于自己的国土，恢复自由的行动，为过上自由自在的生活而开展不屈的抗争，这一主旨便不言而喻。

【案例二】

张乡绅和丁举人——“科举功名为护身符的儒林丑类 ”。

编入课文的吴敬梓《范进中举》，虽系节选自《儒林外史》第三回《周学道校士拔真才　胡屠户行凶闹捷报》，放诸历史的背景来考察，其中“张乡绅”和鲁迅《孔乙己》中的“丁举人”一样，都属于在科举仕途上实现了飞黄腾达梦想的儒林丑类，本质上都为鱼肉乡邻的地方邪恶势力的代表，都属于作者辛辣讽刺和无情鞭挞的对象。

且看《范进中举》整章中，“张乡绅”一直未出现，直至文本结束的时候方才出场：范进被众人寻回之后，打发完报录的人，谢过邻居之后，正待坐下，“早看见一个体面的管家，手里拿着一个大红全贴飞跑了进来道：‘张老爷来拜新中的范老爷。’说毕，轿子已是到了门口。”由此可见，张乡绅来见同乡新中的举人范进，心情之急切，行动之迅速，这与范进中举之前门前冷落、门可罗雀的情形形成鲜明的对比，这一出场暗示了科举制度带给人的功名富贵其效果是立竿见影，直观现实时，因此50多岁的范进会醉心于此道数十年（考了二十来回）而痴心不改。

透过张乡绅出场的穿着来看他出场的声势：“头戴纱帽，身穿葵花色员领，金带、皂靴。”从此装束可见，张乡绅这次来见新中举人范进，非常重视这一次会见，显示这一次会见在仪表上是非常隆重、在仪态上是非常正式的。这一举动既是显示自己“立起个体统”与众平头百姓不一般，又为后文出手阔绰拉拢腐蚀范进做了铺垫，喻示这些中举的儒生，“做了秀才就要摆架子，中了举人、进士当了乡绅或做了大官，那就要骑在人民头上作威作福”。（霍松林语）甚至草菅人命、中饱私囊，彼此之间沆瀣一气、夤缘吹捧。

再看张乡绅的出手气度：随在跟的家人手里，拿过一封银子来说道：“弟却也无以为敬，谨具贺仪五十两，世先生权且收着。这华居其实住不得，将来当事拜往俱不甚便。弟有空房一所就在东门大街上，三进三间，虽不轩敞，也还干净，就送与世先生。搬到那里去住，早晚也好请教些。”出手送钱如此阔绰，赠送房子大手一挥，如此大度，张乡绅何来如此底气？原来，张乡绅自报家门：“贵房师高要县的汤公，就是先祖的门生。”且看汤公为何许人？第四回中假严贡生之口：“像汤父母这个做法不过八千金。前任潘父母做的时节实有万金。”道出了昏庸愚蠢的知县汤奉，一年就要搜刮八千两银子……这些描述，交代了整个封建官僚机构，从上到下，贪酷成性，昏庸糊涂，朝不保夕，反映出雍正乾隆年间政治的极度腐败。张乡绅张静斋之流其实是以科举功名为护身符的专横土豪劣绅的代表。面对如此盘根错节的官场，即将走马上任的举人老爷范进能否出淤泥而不染？还是“染淤泥而不出”？

联系下一章节，可见张乡绅这一次的送钱送房，并非可以简单地归结为趋炎附势、巴结讨好范进，而是另有打算。且看后文张乡绅送钱、送房唯恐范进拒绝，张乡绅急了："你我年谊世好，就如至亲骨肉一般；若要如此，就是见外了"。如此盛情范进还真能再三推辞？这里面的张乡绅送东西唯恐送不出，岂是虚情假意的应景行为？仅是一片"世弟兄"的真情相送？见范进再三拒绝，何必如此急？其实不然，这里面的"见外"，张乡绅这一做过"一任知县的"，恐怕范进初入此道不甚明了规矩，如何在官场上进行贪污、受贿、行贿，张乡绅这一次如此恳切旨在亲自为范进演示，更有提醒、教导范进，目的自是明了：拉拢腐蚀范进，便于此后沆瀣一气、朋比为奸。

张乡绅寻常所为，这在胡屠户的话语里也有明证："他家里的银子，说起来比皇帝家还多些哩，他家是我卖肉的主顾，一年就是无事，肉也要用四五千斤，银子何足为奇！"借胡屠户之口道出张乡绅家的势力：银子比皇帝家还多——说明非常有钱；无事也要四五千斤肉——说明钱既多，家中人更多，可谓有钱有势。张乡绅家庭生活之奢靡腐朽由此可见一斑。这里我们不由得进一步探究，张乡绅如此飞扬跋扈，有钱有势，钱从何来？

联系下一章节的内容可知，向上讨好勾结官吏，如汤知县，对下搜刮百姓、鱼肉乡邻、中饱私囊甚至草菅人命、无恶不作，正是他广敛钱财的秘诀。张乡绅这样的生活，怎让当初每日得不了几钱银子的胡屠户看见屡考不中的范进不生气，对张乡绅为代表的考中者不眼红？范进为何苦苦考到54岁，考过二十来回，家境破败，衣食无着依旧不考不甘心？

因此，《范进中举》一文的主旨，在本文张乡绅这一"边缘人物"的投射下，清晰可辨。

同为揭露科举制度腐朽的《孔乙己》，虽然故事与《范进中举》中的时代相距数百年，但其腐朽性质一脉相承，甚而变本加厉。《孔乙己》中丁举人在文本中只出现一次，且未正面出场，只是在中秋前三天，掌柜盘算账目时，发现很久未来店里且欠酒钱十九个的孔乙己大名依然在粉板上时，通过酒客和掌柜的对话，假酒客之口道出了丁举人：

一个喝酒的人说道，"他怎么会来？……他打折了腿了。"掌柜说，"哦！""他仍总是偷。这一回，是自己发昏，竟偷到丁举人家里去了。他家的东西，偷得么？""后来怎么样？""怎么样？先写服辩，后来是打，打了大半夜，再打折了腿。""后来呢？""后来打折了腿了。""打折了怎样呢？""怎样？……谁晓得？许是死了。"

再看后文孔乙己出场的情形："他脸上黑而且瘦，已经不成样子；穿一件破夹袄，盘着两腿下面垫一个蒲包，用草绳在肩头挂住；……见满手是泥，原来他便是用这手走来的。"

丁举人虽然没正面出场，只像影子一样虚无，但是他带给我们的阅读震撼却非同一般：酒客聊到丁举人，有以下词句："竟""他家的东西，偷得么？""先写服辩，后来是打，打了大半夜，再打折了腿"。

"竟"表明出乎意料，也折射出丁举人家的势力。"他家的东西，偷得么？"作为孔乙己这一落第文人，去丁举人家偷东西，在酒客眼里无疑是"太岁头上动土""先写服辩，后来是打，打了大半夜，再打折了腿"。那丁举人作威作福、鱼肉乡邻、恃强凌弱、残暴凶横、草菅人命的形象呼之欲出，令人胆寒心惊。

丁举人和孔乙己，二者均为读书人，一个作为"侮辱者和损害者"，另一个却成为"被侮辱者和被损害者"，二者之间对立的壁垒就在于是否"中举"。丁举人中举，便成为"侮辱者和损害者"，作威作福，炙手可热之徒；孔乙己屡考不中，落魄潦倒，只得任由诸如丁举人者侮辱和损害，小说对封建科举制度对人性的摧残，对其腐朽本质的揭露和鞭挞，由此可窥一斑而见全豹。

【案例三】

六一公公——"淹没在芸芸众生的大海里的小人物"。

在鲁迅创作的诸多小说中，六一公公较诸《祝福》中的"祥林嫂"、《孔乙己》中的"孔乙己"、《药》中的"华老栓"、《狂人日记》中的"我（狂人）"、《阿Q正传》中的"阿Q"等小说人物，可以近似地认为是一个淹没在鲁迅的小说人物画廊中的小人物，设若放诸古今中外整个小说世界人物的海洋，那毋庸讳言更是"淹没在芸芸众生的大海里的小人物"。然而，这个小人物却在《社戏》中，为"我"的童年精神生活打下了金色的底子，供"我"一生品味着那童年时段的幸福滋味。正如文本写道："真的，一直到现在，我实在再没有迟吃到那夜似的好豆，——也不再看到那夜似的好戏了。"虽然那夜似的好豆是小伙伴们在看完社戏以后，月夜归航时偷摘的，那夜似的好戏是年幼的自己到外婆家消夏，内心渴慕已久最终如愿以偿的社戏，但是，在那一段光阴里，六一公公那宽和大度、热情真诚的品质无疑给了“我”童年生活的美好和温馨。

且看文本临近尾声才写到的六一公公：“双喜，你们这班小鬼，昨天偷了我的豆罢？又不肯好好的摘，踏坏了不少。”“我抬头看时，是六一公公棹着小船，卖了豆回来了，……”……“六一公公看见我，便停了楫，笑道，“请客？这是应该的”。于是对我说，‘迅哥儿，昨天的戏好看么？’……不料六一公公竟非常感激起来，将大拇指一翘，得意的说道：‘这真是大市镇里出来的读过书的人才识货！……我今天也要送些给我们的姑奶奶尝尝去……’”

文本中的六一公公，对孩子们的指责并非在责骂，而是在批评孩子们不爱惜庄稼：“不肯好好的摘，踏坏了不少”，农人对庄稼的爱惜原本是农人的天性，此处的批评体现的是对自己劳动成果的珍惜，表明六一公公并非一个吝啬小气的人，而恰是道出了农人的率真质朴；六一公公见我后便停了楫笑问我，可见他对客人的敬重，尽管“我”是小孩，依旧对“我”热情友好，再听双喜说摘豆是为了请客，六一公公马上表现出的是肯定，甚至是赞许了，“请客？这是应该的”。再如后文对“我”的夸赞，表示晚上还要送豆给我们吃，且说到做到，这些细节都体现出六一公公的热情真诚、直率朴实、言行一致、善良守信。

由此，淹没在芸芸众生的大海里的小人物六一公公，凭借他的性格特点，尽管作为边缘人物，也依旧在《社戏》里为读者留下了别致的风貌。

在中学语文小说文本的解读教学中，我们应力求在新课程理念和《义务教育语文课程标准（2011年版）》的指导下，跳出传统的“三要素分析法”中分析人物时固守“主要人物”和“次要人物”的藩篱，力求结合阐释学中文本解读理念，关注小说文本中那些看似无关紧要的“边缘人物”，拓展我们的解读视域，挖掘文本建构于这些“边缘人物”身上的意义，把握人物的视域的宽度、心理的深度和思想的程度。引领学生学会通过“边缘人物”挖掘“边缘人物”对小说主旨的投射，从而窥这一斑而见全豹之形，悟全豹之性，既解放学生在文本阅读中的心灵，放飞思维，又在这一解读过程中，有意义地深入小说文本的内涵，解构小说文本的意义。

解读案例3

《范进中举》中的“影子人物”意义探寻

——《范进中举》文本解读

阅读教学，是师生双方在特定的文化背景下，依托文本，多维度展开的对话过程。

《儒林外史》是我国文学史上一部杰出的现实主义长篇讽刺小说，为我国古典讽刺小说中的杰出作品。此书乃吴敬梓根据切身体验，从多方面描绘士大夫的精神面貌，对科举制度和封建礼教进行深刻的批判。教学《范进中举》一文时，再三品思，发现张乡绅这个在文末才姗姗出场的人物，在全文却有着举足轻重的作用：可谓那个时代考取功名的读书人的精神靶向。作者将其置于范进已中举这一章节快完结之际，方才隆重登场。张乡绅这一出场，将吴敬梓揭示封建末世群魔丑剧的倾向以及讽刺的笔力一下推至高潮。这一手法之巧，正如恩格斯致敏·考茨基的信所言：“倾向应当从场面和情节中自然而然地流露出来，而不应当特别把它指点出来。[①]”笔者试着不揣浅鄙，欲透过张乡绅这一只横行于封建社会华丽袍服下的肥硕虱子，窥见当时的社会世风、时弊。同时，试着从张乡绅的出场，深度解读文章，体会其压轴的绝妙作用。现结合文章，试解读如下。

（一）“三看”张乡绅，观其言、品其行、识其意

小说中写到范进被众人寻回之后，打发完报录的人，谢过邻居之后，正待坐下，“早看见一个体面的管家，手里拿着一个大红全贴飞跑了进来道：‘张老爷来拜新中的范老爷。’说毕，轿子已是到了门口。”由此可见，张乡绅来见同乡新中的举人范进，心情之急切，行动之迅速，与范进中举之前门前冷落、门可罗雀形成鲜明的对比。

再看张乡绅出场的声势，穿着：头戴纱帽，身穿葵花色圆领，金带、皂靴。从此装束可见，张乡绅这次来见新中举人范进是很隆重且正式的会晤，为后文拉拢腐蚀范进做了铺垫。

---

① 朱光潜．谈美书简 [M]. 北京：人民文学出版社，2018.

三看张乡绅的出手气度：挥霍，送钱出手阔绰，送房子大手一挥，原来，张乡绅自报家门："贵房师高要县的汤公，就是先祖的门生。"且看汤为何许人？昏庸愚蠢的知县汤奉，一年就要搜刮八千两银子……这些描述，交代了整个封建官僚机构，从上到下，贪酷成性，昏庸糊涂，朝不保夕，反映出雍正乾隆年间政治的极度腐败。张乡绅张静斋其实是以科举功名为护身符的专横土豪劣绅的代表。面对如此盘根错节的官场，即将走马上任的举人老爷范进，能否出淤泥而不染？

张乡绅的送钱送房，并非简单地归结为趋炎附势、巴结讨好范进辄止，而是另有打算。且看后文张乡绅送钱、送房唯恐范进拒绝，张乡绅急了："你我年谊世好，就如至亲骨肉一般；若要如此，就是见外了"。如此：范进再三推辞。这里面的张乡绅送东西唯恐送不出，岂是虚情假意的应景行为？仅是一片"世弟兄"的真情相送？见范进再三拒绝，何必如此急？其实不然，这里面的"见外"，张乡绅这一做过"一任知县"之人，恐怕范进初入此道不甚明了规矩，在官场上的贪污、受贿、行贿，旨在亲自演示，更有提醒教导，目的自是明了：拉拢腐蚀范进，便于此后同流合污。

张乡绅寻常所为，这在胡屠户的话语里有明证："他家里的银子，说起来比皇帝家还多些哩，他家是我卖肉的主顾，一年就是无事，肉也要用四五千斤，银子何足为奇！"银子比皇帝家还多，这一说辞，固然有胡屠户的夸张，但是这也说明张乡绅确实有钱；无事也要四五千斤肉，说明钱既多，人更多，生活奢靡由此可见一斑，这又是怎样的一般为非作歹的地方恶霸？这一对比，怎让当初胡屠户看见屡考不中的范进不生气，对张乡绅为代表的考中者不眼红？张乡绅的"功成名就"，已成为那个时代、那个环境中读书士子或社会百业的精神靶向。

胡屠户在收了范进所给的银子后，对女儿说道："姑老爷今非昔比，少不得有人把银子送上门来给他用，只怕姑老爷还不稀罕。"这些话语，自是有胡屠户一贯的夸张、吹嘘，也有真实的生活基础在里面，他作为屠户，接触社会的面肯定比死读八股的范进见得多，也比穷家小户的范进母亲、范进浑家见的世面广，说出这一番话，正是对当时世风的一种反映，连最下层的屠户对官场的奢靡都洞若观火，更何况文人士子？作为范进，屡考不中，从所结交的人之中，也不乏耳濡目染之流，醉心功名，利何其多！

范进在盯住功名的眼睛里闪烁着功名之利，虽则饿得多日不曾进食，但是范进的眼里明察秋毫依旧！毫不糊涂！

年龄不小的范进对考科举如此醉心，在老丈人胡屠户唾沫啐脸百般羞辱的情形下，依旧痴心不改，瞒着老丈人前去考试，由此可见，巨大的精神动力，儒林儒生们的精神境界。正如《儒林外史》一书中人物马纯上所言："人生世上，除了这事（举业），就没有第二件可以出头。"

范进一中举，就得到张乡绅的垂青：这倒是范进结交官府、横行乡里、鱼肉百姓的资本。且看小说原文（课文节选之后）的一段叙述："自此之后，果然有许多人来奉承他：有送田产的，有人送店房的，还有那些破落户，两口子来投身为仆图荫庇的。到两三个月，范进家奴仆、丫鬟都有了，钱、米是不消说了。"

张乡绅和范进的番番对话中，不难领会科举制度下官官相护、结党营私的腐败社会现实。张乡绅，其实就是科举功名这一袭华丽袍服下寄居的肥硕虱子的典型代表。

（二）"二品"胡屠户，辨其言、识其意

1. 称呼改变，由"现世宝""烂忠厚""没用的人"变"贤婿老爷"

胡屠户的言行举止，吴敬梓已经刻画得入木三分：唯利是图的市侩形象。这从胡屠户对中举前后的范进的称呼就可以看出一些端倪。

【思考】

胡屠户称已经中举的范进为"贤婿老爷"，有哪些用意?

【发现】

一则表明对范进的巴结抬举，一则还不忘范进与自己的关系。这中了老爷的范进，首先是自己的"贤婿"，从"现世宝""烂忠厚""没用的人"一下子成为"贤婿老爷"，不知道跃过了多少台阶，如果不是范进这一次一举而中，胡屠户对范进的称呼恐怕还会"每况愈下"地低贱吧。对范进，从称呼的改变上，已然清晰可见胡屠户那种一贯精于见风使舵、顺势抬举自己的嘴脸。这一转变，神似契诃夫笔下的奥楚蔑洛夫。"贤婿老爷"这一称呼，将胡屠户一下子扫入了善于见风使舵、圆滑善变的"变色龙"的"朋友圈”，胡屠户俨然已经成为吴敬梓版的“变色龙”。

2. 动作扭捏、效果夸张的“苦肉妙计”

【思考】

胡屠户打了范进一个嘴巴，手竟然不能弯曲，非得立即讨膏药才能奏效?

【发现】

如果说范进中举之前，胡屠户打他，可能是胡屠户嫌弃作为女婿的范进家小业薄且屡考不中，家中日子窘迫连带自己的女儿吃苦受累，打他还可能以此解恨。

但是，现在他所打的尽管是胡言乱语甚或有些疯癫的范进，但是毕竟这范进已经是中了举的范老爷，且在众目睽睽之下，尽管众人想方设法对治好范进的疯似乎已经无计可施，众人不得已出此下策，本着救人的目的央求他打一巴掌，但是胡屠户打这一巴掌还是“大着胆子打了一下”。以胡屠户的性格，平日里对范进轻则挖苦斥责，重则破口叱骂，甚至“啐其面”，如要认真动手，以一屠户之膂力，竟至于手掌受伤?——“那手掌隐隐疼将起来，自己看时，把个巴掌仰着再也弯不过来”。竟至于连忙问郎中讨了个膏药贴着来疗伤?何况前文范进的老母亲已有叮嘱在前：“亲家，你可只吓他一吓，却不要把他打伤了。”众邻居道：“这自然，何消吩咐。”

如此看来，胡屠户这一“打”的实效，实属夸张，想必虚张声势成分居多，也无甚力道（尽管他操屠户业，至少此刻如此），这里除了写出胡屠户一贯的虚张声势之外（之前范进中秀才他提着大肠和酒来贺，就已经教训了范进一顿：譬如“我们行里”）如此云云，这一番打“文曲星”，有无作势给以前曾经戏谑欺凌范进的邻居们看的成分?试揣摩胡屠户的心理：今日已经中举的范老爷已非前日的“烂忠厚没用的人”“现世宝”范进，我作为他老丈人打了他尚且立即如此遭罪，何况常人乎?由此看来，胡屠户此举，更多的是一种对邻人的告诫之意，虽是简单的手伤，其实更是一个威慑众人的苦肉妙计。

（三）雅士实俗、凡夫实鄙

进国学的读书人张乡绅，虽然在名义上是一雅士，然而从这一雅士的勾当来看，确实是一俗士；而专事杀猪的胡屠户整日与低贱牲畜为伍，以此为业，竟然也看不起种田的、淘粪的邻里，还对自己尚未中举的女婿恶语相向、随意谩骂讥讽，甚至捎带着自己的亲家母一并痛骂，的确是一鄙贱的凡夫。

而中举之后的范进，确实在张乡绅之流的驱动下沿着一条固有的官场轨迹在发展，很快就和已经任职的官僚沆瀣一气。尽管在自己的老母亲死去之后的“居丧尽礼”期间，还在守孝期间就跑出去“打秋风”——混吃混喝，还在喝酒前装腔作势，忸怩作态，不肯用银镶筷子和象牙筷子，置换成了普通筷子才肯举箸，然而这一虚假的作态毕竟没有掩盖内心的强烈欲望——刚开始吃，就迫不及待地“在燕窝碗里拣了一个大虾丸子送在嘴里”。然而，巧妙的是，张乡绅这一“雅士”与胡屠户这一俗人，又为范进的醉心科举做了最直观的注释。

这也提醒着我们，新课程理念下的阅读教学，教师要尽可能带领学生挖掘文本、解读文本，不光要看到文中的内容是什么，还应该带领学生深度挖掘揣摩这一文体的文本，其背后还有什么，以及事件彼此的联系是什么，这样才可以在实践教学中做到“读透文章背后事，莫作雾里看花人”。

解读案例4

见叶落而知秋意

——从“手”的形态、意象入手探究和分析人物的性格和命运[①]

内容摘要：

中学语文文本中，文学作品的教学是“中学语文阅读教学的最灵动、最丰富、最美好的内容”，它既关涉到感知主体（学生）对文学作品的鉴赏、分析、评价，又关涉到感知主体（学生）借助文学作品的学习、鉴赏来丰富，养成自身的文学情感体验，丰富个人的认知，最终达到能增强对美的鉴赏和体验。

本文旨在通过对现行中学语文课本里入选的文学作品（小说）中关涉到“手”的意象的文本进行类比探究，对文学作品（小说）中有关“手”的意象进行部分归类式集成分析，借此找到并从某个角度直接切入教材，从某一

① 岳国忠.见叶落而知秋意——从“手”的形态、意象入手探究和分析人物的性格和命运[J].语文周报，2007（12）.

个“触点”出发，对同类素材进行集成，从教材中获得文本材料的组合与阅读、写作信息的整合，最终形成“横式的、积聚资料式的、科学分析式的阅读”（余映潮语）。由此，从这一途径挖掘文本信息，在欣赏的基础上培养学生研读小说的能力，探究作品的情感与思想的蕴含及其社会价值，多角度地、多元地理解作品的主题或人物。

比如，对比“孔乙己的手”与“闰土的手（中年闰土和少年闰土的手）”；“杨二嫂的手”与“水生嫂的手”；“葛朗台的手”和“严监生的手”等。从“手”的形态入手，探究和分析人的性格与命运，将这一视角作为探究、分析人物性格及命运的途径，加深学生对文学作品形象的整体把握，开拓学生的视野，整合学生的阅读、写作知识构成，并期望通过这种方法的示例，教会学生体验探究把握的方法，找到解决问题的突破口，以此来分析文学作品中的人物形象、探究人物性格，以期收“举一隅而知三隅反”之效。指导学生学会个性化的阅读，发展学生的想象能力、发现能力和评价能力，最终达到发展学生独立阅读能力之目的。

关键词：文本意象；集成类读；探究途径；独立阅读。

（一）对文学作品教育教学的功能的认识

文学作品之所以为人们所接纳和欣赏，主要在于其蕴含的“养分”丰富，个中魅力耐人寻味，所蕴意韵启人思索，让人在“兴、观、群、怨”（《论语》）的阅读、思索、评论、模仿、创作等创造式体验中乐此不疲。大体而言，其功能大致有陶冶性情、净化心灵、提升认知水平、丰富生活阅历、拓展情感思路等，不一而足。

当然，对中学生而言，作为教育主导者的语文教师，主要是运用课本中文学作品的经典意象，对学生进行引导和启发。在文学作品的教学中，尤其要将审美教育作为重点，以此对学生进行美的熏陶，培养学生的审美意识和审美情趣，促进学生情感的丰富和发展；引导学生感受美的语言、品味美的语言，在大容量的感知下，积累美的语言、学用美的语言、感悟美的情感，最终丰富并提升学生的情感。

通过对阅读和鉴赏方法的揣摩，引导学生走进阅读，陶情冶性，拉近学生与语文的距离，激发及深化学生热爱语文的感情。通过这样的方式，让学生感受作品中的形象、体验蕴含的情感、品味作品语言、领悟文学作品的丰富内涵、体会其艺术魅力，在此过程中习得并运用鉴赏文学作品的基本方法，最终达到促成、发展学生独立阅读的能力的目的。在教师的指导下，学生学会个性化的阅读，发展自己的想象能力、发现能力和评价能力。

（二）教学实践与体验

鉴于这一愿望，笔者在日常的语文教学实践中，曾将现行高初中教材进行了综合分析，最终筛选出以下一些可资探究的意向，集成后在课堂教学实施中展开，在教学中进行了检验，基本达成了预设的期望目标，拓展了学生的阅读思维，丰富了学生的知识，激发了学生阅读的兴趣，受到了学生的好评，也拓展了笔者自身的教学思路。

在此，将以作品中所关涉的主人公的“手”的意向，现将操作实际概要回顾如下：

1. 第一组：“孔乙己的手”与“闰土的手（中年闰土和少年闰土的手）”

（1）孔乙己的手——孔乙己的名片

对鲁迅先生的小说《孔乙己》研读后，主人公孔乙己的“手”既可以视作认识孔乙己的名片，又可以视作本文人物描写的线条。孔乙己的这双“手”，除了能证明他这个旧时代落第文人的身份和价值存在——抄东西赚点钱聊以为生之外，作品中还可以见出这双手的其他五种“特殊用途”：“分豆食（音饲）孩”“蘸酒写字”“偷窃东西”“书写服辩”“代脚行路”。

可以从手的用途切入分析人物的性格，揭示孔乙己穷困潦倒、落魄凄凉的一生。

课文将孔乙己双手特殊用途的描写纵贯故事全篇：落第文人处境凄凉的孔乙己，除了抄书这一唯一“糊口”的营生还能发挥“进过学”的读书人能写得一笔好字的价值外，这一功夫的最后显现，竟是在一个同为读书人，只不过是中了举人的“读书人”面前写服辩——认罪书：同为读书人的丁举人，对他竟是如此“温情”——“捉住了，吊着打，后来呢，打了大半夜，打折了腿”，由此可以看出，落第者和中举者的命运结局竟是天壤之别；丁举人的残暴最终摧残了他那双赖以维持生计的手——让本应具有谋生本领代人抄书的手，最终成为代步的工具——双手着地，爬向死亡的工具。当然，赋予读书人孔乙己双手的“窃书”功效，既可印证他曾是读书人——这一身份有别于站着喝酒的短衣帮，有别于要酒要菜踱进里间慢慢吃喝的穿长衫的读书人；又有别于普通人的偷盗——“窃书，窃书不能算偷，读书人的事，能算偷么”，这一功效正是他从落魄通向死亡的津梁。可见，作者对孔乙己双手多角度近乎“反常”的描述，深刻地表现了孔乙己性格及命运的悲剧，让读者在品咂之余、唏嘘之际，多含酸楚，伤感无限。

这双手，唯一不带给读者太多伤感的用途，就在“分豆食（sì）孩”和“蘸酒写字”了。他给看热闹的小孩子们分茴香豆吃，还能看出在冷漠的人世间的一抹温情的痕迹，这温情的馈送竟然是来自处境最为凄凉的孔乙己，其余酒客多是围观哄笑。从这一鲜明的对比不难看出，作品中特定时代背景下孕育的各色人等的性格。

蘸酒写字，能写字，既是他作为读书人的本领，可以在“我”这个样子太傻、不善交际的温酒小工面前展示自己曾“进过学”，还可以从管用的角度来体现价值：教这样的小伙计记住茴香豆的茴字的四种写法，以备小伙计将来做了掌柜，记账要用。这一丝残存的美好，最终也只能在艰难冷漠的社会现实里被侮辱、遭毁灭。

孔乙己的手，既是认识他读过书的标志，又是深层次挖掘孔乙己本人以及所处市井百姓人性的途径，正是这双手在抗争无力的情形下，将旧时代落第文人的命运亲自打了“结”。

（2）闰土的手——命运的暗示

《故乡》中的少年闰土，曾让“只知道四角的高而远的天空”的“我”无比佩服，且看少年时他那灵巧的双手：会雪后花园里装弶捉小鸟雀，能在深蓝的天空、金黄的明月下，一望无际的碧绿的西瓜地里，手捏钢叉，勇猛刺猹。不难看出：少年的闰土，天性活泼，精神愉悦，身心健康，是玩伴中的小机灵、小英雄；而中年的闰土，那一双粗糙的松树皮似的大手，“手里提着一个纸包和一只长烟管，那手也不是我所记得的红活圆实的手，却又粗又笨而且开裂，像是松树皮了”。（《故乡》）这一巨变，将社会生活的残酷对人物命运的摧残结果，现实生活的困窘艰难，直观地再现在读者眼前。

半封建时代科举制度的余毒对孔乙己这类落第文人的摧残，半封建半殖民时代军阀混战所造成的严峻生活的重压对闰土这双手的碾压、对活泼机灵的闰土精神上的摧残，由此可见一斑。可以说，通过这一双手，对作品里所描绘的社会现实是一直观的“突破口”。

我们在对这两个人物的手探究以后，不难得出这样的结论，源于黑暗的时代和残酷的社会现实，以及黑暗社会的混乱和巨变对美好人性的摧残和毁灭，将人生有价值的东西残忍地毁灭给人看。这一过程背后的根源，耐人寻味，让人们在同情被毁灭者的同时，更要对造成这一残酷现实的时代、人物、环境诸因素进行进一步挖掘。

经过这样的探究，对把握人物的形象、探究作品的主旨，以及从对《故乡》的思想意义探究，延伸到鲁迅先生其他作品的教学，自然可以做一个突破口。

2. 第二组:“杨二嫂的手”与“水生嫂的手”

（1）杨二嫂的手——美丽女性的蜕变

《故乡》中年轻的豆腐西施杨二嫂，“擦着白粉，颧骨没有这么高，嘴唇也没有这么薄而且终日坐着”，不难想象年轻的杨二嫂斜倚着门框，话语不多，娴静地坐着的样子，妇女的端庄贤淑自是留给周遭的人们美好的印象并美其名日“豆腐西施”。然而，就是这么一位美丽女性，在时代的变迁和社会的巨变下，那娴静端庄“静女其姝”的形象荡然无存——“却见一个凸颧骨，薄嘴唇，五十上下的女人站在我面前，两手搭在髀间，没有系裙，张着两脚，正像一个画图仪器里细脚伶仃的圆规”。那一双卖豆腐的手，也堕落到在灰堆里刨出闰土藏下的碗，双手叉腰，摆出圆规的造型，尽显泼辣粗鲁之相。

如果说少年闰土到中年闰土的蜕变，是对社会生存圈子“故乡”的一特定缩影里男性遭毁灭的代表，那么杨二嫂则是遭毁灭的女性的典型代表。

闰土在“我”家特意挑拣了一副香炉和烛台，还被杨二嫂从灰堆里刨出，据说是闰土藏下的十多个碗碟，这些动作细节既可以写出闰土精神的空虚和麻木，也可以写出杨二嫂的贪婪和势利，还可以通过闰土这一“藏”、杨二嫂这一“刨”，把两个曾经美好的形象遭摧残之后的现状予以直观的说明。可谓一“石”三“鸟”，言简意赅。

（2）水生嫂的手——勤劳能干、坚强乐观的女性

孙犁先生的《荷花淀》中，水生嫂在月光下，熟练地编苇篾子，“女人坐在小院当中，手指上缠绞着柔滑修长的苇眉子。苇眉子又薄又细，在她怀

里跳跃”。灵巧能干的手，在月色下编织出勤劳和坚韧的美好品性。

水生嫂就是用这样的一双手，既能就着月色，娴熟地编织苇篾子帮补家用；又能为抗日杀敌的丈夫织衣服做鞋袜，还能支持丈夫踊跃杀敌；更能一人担起持家的重任：照顾老人，抚养小孩，支援丈夫的杀敌抗日；还能组织广大的劳动妇女团结起来，坚定抗日的信念，为前线打仗的丈夫解决后顾之忧，提供物质和精神的双重支持。

这一双原本属于女性的纤细羸弱的手，在身处抗日杀敌前线、保家卫国的水生嫂这里，却时时、事事显得坚韧和强壮。由此，我们不难看出源自她内心那坚定的信念和抗日杀敌的勇气，勇于抗争的不屈不挠的果敢，对侵略者的痛恨和仇视，以及对美好生活的向往、捍卫自己家园的坚定决心。

在具体情节的分析之后，我们再将这两位女性做一比较，不难得出以下结论：

杨二嫂和水生嫂同处旧时代，面临的社会形势都不太平，杨二嫂遭受的是旧时代辛亥革命不彻底带来的社会弊病的摧残，她在这样的形势之下，被社会时弊压塌；从身形到精神遭受了双重的变形：身体像细脚伶仃的圆规，精神上更是异化得近乎泼妇，言语尖酸刻薄，动作泼辣无忌。然而，水生嫂在遭受日寇侵略，家园遭受重大危机的情形之下，却没有被社会时局“压扁”，精神也未遭异化，而是变得更加坚定和顽强，将夫妻之情、家国之爱、纯美人性、崇高品格寓于深明大义、坚守正义的抗争之中，勇敢地支持丈夫抗日杀敌，最后自己也积极地投身抗日杀敌前线，勇敢积极地改变自己的生存现状。

由此比较，可以看出：困境下对自身命运的把握及结局，不在于社会本身，而在于自身是否敢于选择与抗争。

3. 第三组：“葛朗台的手”和“严监生的手”

（1）葛朗台的手——财富的挖掘器

《守财奴》中，葛朗台对金钱的占有欲望，对亲人的绝情，也可以从“拔刀子撬梳妆匣”“把钱掂着玩”“不时用手摸一摸藏钱密室钥匙”“断气之际抓法器十字架”这些行为之中，把握葛朗台嗜钱如命、贪婪冷漠，尤以临死之际将手伸向镀金的十字架那一细节，最能勾画出他拜金主义的灵魂。

（2）严监生的手——人生不能承受金钱之重

经典意象：“严监生喉咙里痰响得一进一出，一声不倒一声的，总不得断气，还把手从被单里拿出来，伸着两个指头。”“他把两眼睁的滴溜圆，把头又狠狠摇了几摇，越发指得紧了。”“他听了这话，把眼闭着摇头，那手只是指着不动。”“赵氏分开众人走上前道：‘爷，只有我能知道你的心事。你就是为那盏灯里点的是两茎灯草不放心，恐费了油。我如今挑掉一茎就是了。’说罢忙走去挑掉一茎。众人看严监生时，点一点头把手垂下，登时就没了气。”（《儒林外史》第五回《严监生疾终正寝》）

严监生进入弥留之际，从被单里伸出两根手指头，见众人不明意思，手便指着灯草不动，赵氏挑掉一茎之后手垂下登时断气。这一串细节，刻画出严监生怕花钱、怕浪费灯油的吝啬心态。

当然，在《守财奴》中，刻画葛朗台的吝啬冷漠，除了用手的意象之外，还从语言、心理多角度来集中展示。（此处不赘述）

但是在刻画严监生的吝啬时，却重点把这一意象作为核心，因为在这一章节里，严监生在招待亲朋，办理大老婆的丧事，馈赠两位舅子时还是比较大方的，只是对自己的生活要求比较简单。所以，严监生的性格里，吝啬并不是他的一贯性格。除了临死之时见两根灯草不肯闭眼睛，待赵氏挑掉一茎之后方断气。弥留之际伸出的两根手指头为他整个人生画上吝啬的句号。

由此可以见出，葛严二人虽都名列世界吝啬鬼之册，但挖掘其性格的手段和角度，既有共性，更有个性。只有在求同存异的探究中，才能深入作品内核，强化认识。

教学展望：

在教学中，作为教育指导者的教师，对学生的引导一定要尽可能“导之以方”。如果能将教材进行整体分析并找到不同文体的突破口做适当的类比探究，既可以从点上找到一些解决问题的突破口，整理出一些分析的思路，又可以从面上拓展教学的思路，拓展教材的空间，增强教学的密度，提升教学的效能。

这就需要善于思考，勤于分析，敢于探究和实施总结，并坚持贯穿日常教学的点滴之中，这样就既可以拓展语文教学的容量，增大单位时间里授课的知识容量，丰富学生的视野，又可以将这一种方式作为培养学生语文思维，锻炼学生学用语文能力，提高当下语文教学实效的一种策略，在授学生以“鱼”的同时，授学生以“渔”。

当然，这一策略除了在小说的教学中可以运用之外，在诗歌、散文、戏剧、电影等作品的教学中，也可以据不同的体裁和文体特征，教学目标实际需要，找到一些切入点，再整理出延伸思维的路径，最终收到触类旁通、“举一隅而知三隅返”的教学效益。

解读案例5

不可忽略的“客”

——《信客》一文的解读视角新探

《信客》一文教学，施教者历来都会聚焦“信”字进行探析，其教学设计也大多会围绕“诚信”来探析老年信客的“守信”“失信”，年轻信客的“守信”，等等。

然而，这一文本的解读者、施教者、设计者大多会忽视“信客”中的“客”字。“客”在文言语境中有“漂泊”“寄居在外”等意思。《现代汉语词典》（第5版，774页）中释“客”为：“客人，跟主相对”；“旅客”“寄居或迁居外地”。为此，根据“寄居或迁居外地”这一义项，我们走进《信客》一文，联系“信客”的职业特点和他们一生的经历及遭遇，不难看出，“客”字在这一文本中同样蕴含深意，同样值得探究。

因此，本文试从“信客”的“客”这个字的角度，从“客”的生存境遇、价值选择、生命轻重、生命归宿等方面凸显“客”的价值内涵，探析本文中“信”的深意。

（一）“客”之生存境遇：“故乡”与“他乡”的交叠

文中先后出现的两位“信客”，无论是先前的年老“信客”，还是作为后继者的年轻“信客”，他们共同的职业特点都注定他们一生之中必须用各自一生的精力去“漂泊”。他们生存的环境，始终在“家乡”和“他乡”这两个生存时空之间切换。

因此，对他们而言，“家乡”和“他乡”既是漂泊的起点，又是漂泊的终点：“家乡”是他们生长的地方，也是他们讨生活求生存的出发地；“他乡”，是他们前往的地方，又是他们前往之后必须重新出发的地方。

可见，在“信客”的生存境遇里，“家乡”和“他乡”是同一个概念，这一概念的本质，就是“客”！就是“客”的境遇。虽然“他乡”可以短暂停留，但毕竟不是自己的“家乡”，只是暂时的寄居地；虽然“家乡”是自己生长的地方，但是职业特点决定他们必须不断地离开自己的“家乡”。不断地离开后的那尽管万分熟悉却又万般陌生的“家乡”，在“信客”生存的时空里面，便定格为“他乡”，最终，在迟暮年老之际，“家乡”便逐渐变成“信客”带有厚重的回想性质的“故乡”了。“故乡”与“他乡”就在奔徙的时空中不断交叠。

（二）“客”之价值取舍：“背离”与“守望”的价值调和

按理说，“客”这一意象中所附带的人生价值选择，因其漂泊、动荡的生存境遇使然，其信用的价值张力或许应该更为薄弱才对。换句话说，他们在自己颠沛流离的生活中，“失信”的可能性会比“守信”更大一些。

然而，作为“信客”的“客”，却需要更强的“守信”的价值张力来维系他们的现实生存与职业生存，维护他们的人生口碑与职业操守。

由此，在“失信”与“守信”二者的博弈之中，便必然存在一个难以突围的矛盾，却又必须不断地调和、艰难消解这一客观矛盾的现实纠结。为此，“信客”们便需要用多年的“守信”行为来建构自我的职业价值基石，并用多年如一日的“守信”行为来维系这一价值、巩固这一价值，这便是“信客”虽具备“客”漂泊、动荡、游离等特征，却又异乎寻常之“客”，他们有职业操守、有价值追求、有人生信条。

这便是“信客”对于“客”的传统内涵的丰富和发展，也是对“信”的价值意义的独特解析。

（三）“客”之生命轻重：“一瞬”与“永恒”的小大之辩

文本中“老年信客”，多年来坚守“信客”的职业操守，平平静静地维系着自己的职业、自己的生存。

然而，老年信客多年积攒的信用基石，却能于转瞬之间坍塌而遭人唾弃。他一生“守信”所积淀的公信力，却承受不起一根“稻草”——他在用剪刀剪下作为记号的红丝线的时候，他一生的信用基石便随着剪刀的轻轻咬合而轰然坍塌。

一生的执着、一生的守信、一生的奔波劳苦，不能不说是沉重的；然而，就在生命迟暮、年迈体衰之际，因为剪下了别人那一段扎包裹的红绸，便被这红绸的“轻盈”，压塌了一生的信誉。这不能不说是“信客”身份中，“客”这一意象所不能承载的生命之轻。

“剪了别人的一段包扎包裹的红绸”，这一瞬间的“失信”，导致年老“信客”在全体乡人心中失去了“信”，这看似“小”事一桩，其实已为“大”难临头——老年信客的一生，便以“失信”做结，其命运中除了劳苦，更多了悲楚！

这一事件由此引发了雪崩式的灾难性后果：全体乡人对他的伤害不只是肉体上的戕害，更多的是精神上的戕害——老年信客从此只能告别这一职业，尽管他的一生曾经总是行进在他人的生命历程中——“挑着一副生死祸福的重担，来回奔忙”。“带出”和“带回”的都是他人的生活，信客自己唯一的生活方式就是奔走，不断地在“家乡”和“他乡”之间奔走。然而，当自己有了“祸”，却无人能够为他“挑”，这便是信客难以承载的生命之痛，生命之重！

但令人惊异的是，已经被村人轻慢、彻底失信于民的老年信客，尽管自己受到了村人的伤害、冷漠、蔑视，自己去看守坟场；却并未对村人的需求袖手旁观，他仍在积极主动牵挂村人的“信”，他还在为村人物色合适的人选，他还在出面为自己被迫放下的工作寻找事业的“继承者”和“接班人”——“我名誉糟蹋了，可这乡间不能没有信客”。

这便是“失信”之后的“守信”，这便是“信客”的虽为“客”，虽为村人眼中之过客，却依然秉持着主人翁姿态的“守信”，实现了“信”的价值内涵的超越。

（四）“客”之生命归宿：“向死”与“觅生”的生存选择

村人对待老年信客的做法，也折射出了村人的冷峻与薄情。尽管老年信客的晚景凄凉，但年轻的信客依然接过了这一沉重的职业棒，重复着老年信客的人生，他遭遇到上海老乡的“上海事件”而忍辱吞声。一直到“信客这条路越走越艰辛”，终于走不下去了才得以罢休。

一个“艰辛”，道出了年轻信客的生存环境之艰。这份生存之艰，不只在于生活的奔波之苦，更在于精神上的艰难，这一份精神的艰难，从老年信客的凄凉晚景中可见一斑——来自村人的冷漠、不理解，可以这么认为，是村人的冷漠与自利心理扼杀了两代信客的生存之道。

然而，可贵的是，年轻的信客依然像老年信客一样，也没有对村人的需求视而不见，他最后选择了做教师、办学校。尽管从形式上看，他这样的选择有别于老年信客的选择——老年信客选择的是去看守坟场，他面对的是所有已经终结的生命，他把自己的晚年沉浸于生命枯寂的坟场，这也可以视为老年信客内心的死寂，这或许正是老年信客一生的悲怆落幕，也从侧面揭示了村人对老年信客的毁灭性的伤害，老年信客守坟墓，于“向死”之中走向生命的终结！

而年轻信客则选择的是兴办教育，他这一选择面对的是崭新的生命，他的生命延续于教育学生的生命成长历程中，他在为自己寻觅生存之机，其实也是在为整个村人寻觅生存之机——这里面寄予的是他对整个乡村年幼的一代精神灵魂的改造，年轻信客把自己一生的体验和见识通过教育传承给乡村的新一代，则是期望从根本上改变整个村庄人们的精神风貌，从根本上扭转两代信客生存的命运。

年轻信客的选择较之于老年信客的选择，则是一种改造，一种新生。年轻信客的晚年，大异于老年信客，他这一收获体现了他当年选择的重大意义——他去世后，前来吊唁的人非常多，有不少还是从外地特地赶来的。

在他生命终结之后，还把他安葬在老年信客的坟墓旁，人们还从四面八方赶来祭奠他和老年信客，甚至还将老年信客“那个不成样子的坟修了一修”。这些行为，则可以视为村人内心的觉醒。村人在祭奠先后两位信客的过程中，也最终完成了整个乡村人们的精神洗礼和升华。

因此，我们也可以这样认为，村人他们对两代信客的祭奠，与其说是一种祭奠，不如说更是一种忏悔，一种对他人生命的理解与尊重，一种自我生命的觉解和超脱。

村人们的这一举动，相对于两位信客的一生辛劳、一世辛酸来说，尽管来得有些晚，但毕竟也算是“失之东隅，收之桑榆”，有一份遗憾，也有一份希冀，更是对“信客”之“客”的特殊内涵增添的一份值得眷顾的美。

这便是“信客”对于“客”的传统内涵的发展和超越，也是整个社会对“信”的价值意义的升华与传承！

解读案例6

从“母亲”的“缺位”说开去

——《台阶》结尾中“父亲若有所失”的一种必然

李祥森的《台阶》尽管在部编本中属于自读课文，其文本内涵却值得深度深究。本文试图从“母亲”这一人物在“父亲”建造新台阶过程中的“缺位”、不在场这一“不合情理之处”入手，带领学生深入探究《台阶》中“父亲建造新台阶”的价值意义，以此另觅新境，挖掘“父亲建造新台阶”这一场艰辛而孤独的“逐梦”之旅的沉重与孤独，以及新台阶建成后“若有所失”的一种必然。

（一）“三级青石板”台阶承载的家庭喜乐

“三级青石板台阶”，虽为“父亲一口气背回”的，却可以视为此台阶系“父亲”与石匠的一场打赌而来：“那石板多年前由父亲从山上背下来，每块大约有三百来斤重。那个石匠笑着为父亲托在肩膀上，说是能一口气背到家，不收石料钱。结果父亲一下子背了三趟，还没觉得花了太大力气”。

【探究设计一】

如何理解石匠的“笑”与父亲的“一下子背了三趟，还没觉得花了太大的力气”？

【文本解析】

句中石匠的“笑”，可谓意味深长；而“父亲”的“一下子背了三趟”，可谓志得意满。“那个石匠笑着为父亲托在肩膀上”，石匠的这一“笑着”，既有友善的成分，也有其他的内涵——如果联系后文石匠的话

“一口气背到家，不收石料钱”，不难看出这“笑”里，既有几分石匠与“父亲”开玩笑的意思，也可以视为石匠在激将“父亲”，看“父亲”面对那每一块“三百来斤重的石板”，是否有那个力气或者能耐——“能一口气背到家”！因为只要能背回，“就不收石料钱”，这“能背回就不收钱”其实可以视为石匠在与“父亲”打赌，甚至是石匠在挑衅“父亲”有没有那份能耐；而“父亲”面对这样的“笑”，自然是非常认真地（甚至是极其执拗地）对待——“结果父亲一下子背了三趟，还没觉得花了太大力气”，这一结果，自然是“父亲”挑战成功，与石匠打赌得胜，为此“父亲”还颇有几分自得：“还没觉得花了太大力气”！只是对一来一去的许多山路磨破了他一双麻筋草鞋而感到太可惜。丝毫不见其劳累、疲倦甚至痛苦，这自然是年轻气盛的“父亲”的闪亮登场，其实这也为文章结尾“父亲”的颓丧老态做了铺垫。

【探究设计二】

“父亲”得胜背回的青石板，夏日带给家人清凉舒爽：“青石板上青幽幽的，宽敞阴凉，由不得人不去坐一坐，躺一躺”。“父亲”亲自背回的青石板，既闪亮着“父亲”的青春，见证了“父亲”的强劲有力，也为家庭带来了诸多“自在欢愉”。文本围绕“我”与“父亲”的生活，剪影式地勾勒了两幅家庭生活图景，各具怎样的特点?

【文本解析】

第一幅图景：“我”的自在成长图（婴幼时期，我在青石板台阶上演绎我的成长进行曲）。

“母亲坐在门槛上干活，我就被安置在青石板上，我乖得坐坐就知道趴下来，用手指抓青石板，划出细细的沙沙声我就痴痴地笑。我流着一大串涎水，张嘴在青石板上啃，结果啃了一嘴泥沫子。再大些，我就喜欢站在那条青石门槛上往台阶上跳。先是跳一级台阶，蹦、蹦、蹦！后来，我就跳二级台阶，蹦、蹦！再后来，我跳三级台阶，蹦！又觉得从上往下跳没意思，便调了个头，从下往上跳，啪、啪、啪！后来，又跳二级，啪、啪！再后来，又跳三级，啪！我想一步跳到门槛上，但摔了一大跤。父亲拍拍我后脑勺说，这样是会吃苦头的！”

青石板，成为母亲干活时“我”幼年生命成长的自在乐园。它承载了“我”生命成长的婴幼期。婴儿时的“我”，乘坐其上，用手指划青石板听沙沙声痴痴地笑，流涎水啃青石板，可谓自得其乐，自由自在；“再大些”“后来”“再后来”，勾勒了“我”跳“台阶”的发展历程——从“再大些”在青石门槛上往台阶上的三声“蹦、蹦、蹦”到“后来”的两声“蹦、蹦”到“再后来”的一声“蹦”，再到为了寻觅新的意思“调了个头后，从下往上跳”的“啪、啪、啪”到“后来，又跳二级，啪、啪”到“再后来，又跳三级，啪”正反方向跳台阶，“我”均能由“三级逐级跳”到“一气呵成一次跳完三级”。“蹦”与“啪”这两组拟声词出现频次的逐渐减少，其实既含蓄地写出了幼年之“我”在逐渐长大，“我”的力气也在逐渐变大；也透过这两组拟声词，传递出“我”在青石板台阶上的成长进行曲，传递出幼年的“我”跳青石板台阶的那一份愉快自在、那一份乐此不疲、那一份自我陶醉，生动地演绎了“我”婴幼时期，在由父亲亲自背回的青石板台阶上的童年自在快乐。

第二幅图景：父亲的自在洗脚图（岁末在青石板台阶上演绎全家的和睦温馨）。

“大概到了过年，父亲才在家里洗一次脚。那天，母亲就特别高兴，亲自为他端了一大木盆水。盆水冒着热气，父亲就坐在台阶上很耐心地洗。因为沙子多的缘故，父亲要了个板刷刷拉拉地刷。后来父亲的脚终于洗好了，终于洗出了脚的本色，却也是黄几几的，是泥土的颜色。我为他倒水，倒出的是一盆泥浆，木盆底上还积了一层沙。父亲说洗了一次干净的脚，觉得这脚轻飘飘的没着落，踏在最硬实的青石板上也像踩在棉花上似的”。

借助父亲过年时的一次洗脚，特写父亲在青石板台阶上的自在生活。父亲这一次洗脚，可谓全家总动员，三人齐上阵，主次有别，分工有序，效果奇佳：“母亲”特别高兴，亲自为父亲端来洗脚的热水；“父亲”坐在青石板台阶上可谓绝对的主角，耐心地享受一大木盆冒着热气的热水；“我”负责为父亲倒掉洗脚水；“父亲”说“洗了一次干净的脚，觉得这脚轻飘飘的没着落，踏在最硬实的青石板上也像踩在棉花上似的”。可谓轻松惬意，舒服自在。青石板台阶上，承载的是家庭时光，呈现出一家人自在、温馨、和美的图景。

可是，“乡邻们在一起常常戏称，‘你们家的台阶高’”，这“戏称”

背后的言外之意“就是你们家有地位啊”。不承想，这一“戏称”，竟然再一次让“父亲”认真起来！犹如当初与石匠打赌一口气背回三块青石板一样认真！

“父亲”面对乡邻们的“戏称”便心有戚戚，念念不忘“我们家的台阶低”——“父亲又像是对我，又像是自言自语地感叹，这句话他不知说了多少遍。”父亲在念叨时，颇为奇怪之处在于，“父亲”的念叨对象——“又像是对我”“又像是自言自语”，唯独没有对“母亲”！

【探究设计三】

那“不知道说了多少遍”的“父亲”，为何在这一部分行文中，竟未对“母亲”念叨过一次呢？这难道只是“我”的记忆疏漏？还是另有原因？随着“父亲”筹建新台阶的大幕开启，曾在“青石板台阶”上“出场”过的“母亲”，在“父亲”一年四季、春夏秋冬、艰辛准备“大半辈子”的漫长岁月里，竟然一直全方位地缺位，不曾出场？

难道这合理吗？难道这里面没有深意值得挖潜？

【文本解析】

文章开篇写道：“父亲总觉得我们家的台阶低。”是“父亲”总觉得“我们家的台阶低”，“母亲”没有这种感觉；是“父亲总觉得”，所以是“父亲”一口气背回了三块三百来斤重的青石板，并砌成了“三级台阶”，但是这“三级台阶”，却因为村民的“戏称”而着迷，时常念叨，“母亲”也并没有掺和其中；“父亲老实厚道低眉顺眼累了一辈子，没人说过他有地位，父亲也从没觉得自己有地位。”“低眉顺眼累了一辈子的父亲”，“累”中，既有“身体的疲累”，更有“精神的疲累”，因为“没有人说过他有地位，父亲也从没觉得自己有地位”，这“没有人”，既包含乡邻，当然也包含“母亲”，这导致“父亲也从没觉得自己有地位”，因此，心心念念修建“新台阶”便成为“父亲”填补“自我感觉的有地位”这一主观感觉的外显路径。“母亲”不置可否，甚至“缺位不在场”，其实可以视为一种“暗示”——“父亲”造新台阶只是其一厢情愿的孤独苦旅——“身心俱疲”的一场苦旅！

（二）“筹建新台阶”过程中“母亲”的缺位，暗示“父亲”造成新台阶后“不自在”“若有所失”的必然

“父亲要建造一栋有高台阶的新屋，父亲的准备是十分漫长的。”文中反复呈现的是“父亲”念叨、筹备、建造“新屋、高台阶”的图景。

想要建造，是“父亲”想要建造，而不是“父母”都要建造，这里面没有“母亲”的决心和意愿；“父亲的准备是十分漫长的”，只是“父亲”的准备，不是“父母”一起的准备。

准备建造新屋，只有“父亲”在做着十分漫长的准备；筹建过程中，只有“父亲”在“捡”砖瓦、塞角票、种田、砍柴、捡屋基卵石……“母亲”始终没有参与，也没有行动。

建造过程中，依然是“父亲”在忙前忙后！“他终于觉得可以造屋了，便选定一个日子，破土动工”“造屋的那些日子，父亲很兴奋。”“接着开始造台阶。那天早上父亲天没亮就起了床……”

“母亲”，为何依旧没有出场，没有在场！

文本中并未透露“父亲”筹建台阶期间，家庭成员有何变故。“父亲”筹备和建造台阶的全过程中，作为家庭中重要一员的“母亲”却一直缺位，不曾看见她参与“筹备、建新屋、建新台阶”中的任何一个环节，为何竟然没有听到她的只言片语，也不曾看见她的神情举止？这一异常甚至反常的情况，与当初青石板台阶时段的“母亲”，坐在门槛上边干活边看护我，在年末时“特别高兴”并为父亲端热水洗脚的情形，形成了鲜明的对比。

【探究设计四】

鉴于上述思考，我们可以进一步设计如下“问题串”，推动思维逐层深入发展：

揣测：“母亲”对于“父亲”执意要建造的这新屋、这高台阶的态度：“母亲”是“默认”还是“心存异议”？是明确支持还是坚决反对？

分析：“母亲”在“父亲”筹建台阶的过程中一直缺位不曾出场，“母亲”这一“缺位”，这对“父亲”穷尽大半生终于建造成了他自己心仪的“台阶”后的巨大变化，有何暗示作用？

探究：“母亲”这一“缺位”，对理解“父亲”的形象甚至理解小说的

主题有何裨益？

【文本解析】

此处一直在强调“父亲”之于“新屋”和“高台阶”的付出，回避了“母亲”的出场，让“母亲”缺位不在场的背后，联系前文，我们可以这样理解：

这“造新屋”建“高台阶”，其实都只是“父亲”他自己，因为听了乡邻的“戏称”之后，倔强而执拗的“一厢情愿”。这就如他当年因为石匠的“笑着为父亲（把青石板）托在肩膀上，说是能一口气背到家，不收石料钱。结果父亲一下子背了三趟，还没觉得花了太大力气”一样认真，甚至是执拗！“母亲”对“父亲”的这一“认识”和“行为”，并不赞同和支持。

“母亲”不在场，则是暗示“父亲”的一意孤行、执拗倔强，即使建成“台阶”也难以遂心如愿。如果说听了石匠笑着说的话——只要能背回青石板就不用给石料钱，是青壮年时的“父亲”在与石匠打赌；那么，听信了乡邻的“戏称”——“台阶高家庭地位高”后，致力于建造新屋并建造高台阶的“父亲”，就是在顶着家庭压力，与众乡邻甚至是与“自己”打赌。“父亲”一直是“高台阶”的念叨者、筹建的实施者，也是“高台阶”建成之后的失落者。

“母亲”的缺位不在场，便可以理解为——“父亲”连他的妻子都未能参与他的“筑梦”之旅，都未能给予他丝毫的帮助，这其实暗示了“父亲”穷尽大半辈子的生命时光，只是在孤独地完成一场执拗倔强却徒劳无益的“劳身”与“劳心”的苦旅！“父亲”建造成高台阶后，注定会“若有所失”，绝不可能再获得当初一口气背回青石板砌成三级台阶后的那份“自在与安适”。

（三）“新台阶建成后”“母亲”静默出场，无奈而痛楚的亲情疗伤，深度凸显“父亲”建造台阶的巨大“失落”

从“三级青石板”台阶再次出场，到以“三块青石板为新台阶的基石”砌成高台阶后，“父亲”收获的最强烈的感受是什么？

【探究设计五】

“父亲”收获的“不自在”，是言行举止、情意身心诸方面的“不自在”“大失落”！

【文本解析】

1. 不服老的“父亲”和我们一起去撬老屋门口，他当年亲自背回的那三块青石板，还和泥水匠争执那石板到底多重，最终父亲用手去托青石板，竟然“闪了腰”；九级新台阶砌好后，“父亲”想往台阶磕烟灰，而因为是水泥抹的面不经磕而忍住不磕。

这两处是“父亲”“行”方面的“不自在”。

2. “父亲”坐上新砌的九级高台阶后，与门口过路的人打招呼竟然回答出错，竟至于放弃坐台阶而坐到属于母亲的位置的那门槛上去！

这一处是“父亲”“心意”与“言行”方面都“不自在”。

3. “父亲”挑水很轻松地跨上“三级台阶”，在第四级台阶处竟然“受阻”，拒绝“我”要帮助他的好意，强撑着挑水进厨房后竟然再次“闪腰”！

这一处是“父亲”“意”与“行”方面的“不自在”。

【探究设计六】

“父亲”遭逢如此且不断加剧的“不自在”后，文本安排“母亲”再次出场，这一安排有何妙处？

【文本解析】

“父亲的腰闪了，要母亲为他治疗”。

“九个血孔”与“九级台阶”，与“一大摊乌黑的血”——“母亲”终于再次出场，但“母亲”出场，不是来分享“父亲”造成新台阶后他曾经渴盼的那一份满足和自得，而是被“父亲”要求为其“疗伤”！

这其实可以理解为，“父亲”要“母亲”为自己治疗，与其说是在治疗“腰闪了”，不如说是在请“母亲”“医治”自己大半辈子那“一意孤行”“执拗倔强”带来的“身与心”的“双重苦痛”。

“母亲”在治疗的整个过程中，竟然没有说一句话，也看不见“母亲”的任何表情，只是无声地为“父亲”疗伤，这一份沉默不语的背后，无疑潜藏着对“父亲”穷尽大半辈子建造台阶而老迈哀伤的结局的复杂情感。

“母亲”在文章结尾终于再次出场，却又“言语缺位”，这未吐露只言片语的“母亲”，内心肯定难以平静。“含不尽之意，见于言外”。正可谓“别有幽愁暗恨生，此时无声胜有声”，静默不语的背后，或许潜藏着千言万语却万般无奈。正如钱锺书在《谈中国诗》中所言："引诱你到语言文字的穷边涯际，下面是深秘的静默。"

"父亲"穷尽大半辈子造成高台阶后，终于将"他那颗很倔的头颅埋在膝盖里半晌都没动"，终于发出无奈的叩问"这人怎么了"，这与当初一口气背回三块青石板筑就三级台阶的他相比，一迟暮垂老，一年轻气盛，两番神情气度，已成天壤之别。

至此，我们可以这样认为——"父亲"凭一己执念，穷其大半辈子精力，苦心孤诣去建造自己所心仪的那一方台阶，其实只是他个人孤独自负、倔强执拗的精神幻象；他建造新台阶的全过程，其实就是他个人的一场追求"精神慰藉"而"身心俱疲"的孤独之旅。

第五节　教学觅法，善思常教开新境

《孟子·尽心下》云："尽信书，则不如无书。吾于《武成》，取二三策而已矣。[①]" 宋·陆九渊《政之宽猛孰先论》亦云："呜呼，尽信书不如无书。"教学有法，教无定法。这启发我们，无论是"读书"还是"教书"，都应该有自己的思悟。读书时应该加以分析判断，不能盲目地迷信书本，不能完全相信它，应当辩证地去看问题，善读方能治愚，不善读便会"致愚"。读有字书，理应如此；语文教师读教材，更要如此。叶圣陶先生也曾强调，"教材无非是个例子"。对教材中所选编的这个"例子"，是否典型，是否精准，是否恰当？我们如鲁迅先生所强调的那般——"要运用脑髓，放出眼光，自己来拿"，运用脑髓，积极思考，运用方法，收获真知，在思考、辨析的过程中，真实实现《义务教育语文课程标准（2011年版）》中所强调的"阅读教学是多重对话""阅读是学生的个性化行为"等阅读主张，让阅读有意义地发生。

本节通过"学贵有疑：比对印证，编读对话品优劣；教学相长：多维掘问追问，实现思维升阶；整本书阅读：由表及里，梳理思维增长线"三个方面展开探讨。利用教材，与教材编者开展"编读"对话，对课下注释进行辨疑，对整本书阅读进行方法探究，以期于对话、思辨中不断探新文本解读以

① 杨伯峻译注．孟子译注 [M]．北京：中华书局，1984.

及教学的路径。

一、学贵有疑：比对印证，编读对话品优劣

解读案例1

积极思辨巧对话

——引导学生与教材编者对话的一种形式[①]

《义务教育语文课程标准（2011年版）》中“对话理论”贯穿其中。比如，在“关于阅读教学”的具体建议中，如是强调：“阅读是运用语言文字获取信息、认识世界、发展思维、获得审美体验的重要途径。阅读教学是学生、教师、教科书编者、文本之间对话的过程。阅读是学生的个性化行为。”这一建议，无疑充分体现了对教师、学生作为阅读者的主体地位、个性的尊重。阅读教学是学生、教师文本之间的对话过程，这一点，教师在阅读教学实践中，意识上很重视，实践上体现得也比较充分。然而，教师、学生如何才能真实地实现和教材编者的对话？围绕这一问题，我重点筛选了几篇课文，着力于课本注释中的“题目为编者所加”这一支点，结合师生的文本体认，立足文本内容和语言品析，积极思辨，引导学生和教科书编者展开对话，以期达到“举一隅而三反，触一类而旁通”的效果。

（一）知不足：辨析编者所拟题目欠妥之处

“题好一半文”“题目是文章的眼睛”“题眼”等表述，无一不在强调文章标题的重要价值。我们的教材编写者也常常着意于文章的题目，苦心推敲，为一些文章添加、拟写一些精当的题目；但拟写、添加的题目，也存在一些瑕疵，这些“白璧微瑕”，恰好可以作为训练学生思辨阅读的素材。因此，我在教学原人教版七年级语文上册中的《陈太丘与友期》一文时，带领学生扫清文字障碍，初步阅读课文之后，设置了如下“主问题”供学生思考：

1．概括选文记叙的主要事件（学生概括本文所记叙的事件略）。

---

① 岳国忠．敢问“题目为编者所加”——引导学生与教材编者对话思辨的一种形式[J]．教育科学论坛，2021（01）：51-53.

2. 思考：编者所拟定的《陈太丘与友期》这一标题，能概括选文的主要事件吗?

（1）辨析：结合问题，品读、发现标题中“信息的缺失点”

学生围绕上述问题，进行思考，积极讨论，发现《陈太丘与友期》这一标题，根本不能“概括选文的主要事件”。（讨论、思考的过程略）

在课堂上带领学生完成“学习课文注释”“概述文章主要内容”这两个步骤之后，我们发现，编者所拟《陈太丘与友期》这一标题，不能完全概括这则选文的主要内容。

主要理由如下：

“期”，许慎在《说文解字》中解释为：“期，会也”；段玉裁在《说文解字注》中解释为：“会者，合也，期者，邀约之意，所以为会合也”；然而教材中所给注释为：“期”，在此处的意思是“约定”。

如此一来，若本文以《陈太丘与友期》为标题，那么，“陈太丘与友期”的意思就是“陈太丘与朋友约定”。这一表述中，选文信息呈现明显不完整。“约定”后面缺乏具体内容，导致题目的意思不完整，这源于编写者未能关注文段主要事件；《陈太丘与友期》在本选文中，只能作为选文故事发生的背景，同时并非这一文段的核心事件，“约定”只是后面故事——“陈元方与其父之友人论辩”这一事件发生以及发展的铺垫。

由此看来，《陈太丘与友期》这一标题，着实会困扰初一学段的学生。借这一次思辨，既有助于引导学生立足语言自身的品析，把握文章内容；也有助于引领学生明确“题好一半文”“题目是文章的眼睛”的真正含义，引导学生重视作文标题的拟写、用语的推敲。

（2）追问：结合所学、所思，你认为标题怎样拟定才更准确?

学生再次阅读全文，厘清事件发生发展的脉络，同时，结合自己的理解，看看在原标题的基础上，可以做怎样的修改，才更符合文义。

教师进一步指导：段玉裁在《说文解字注》中对“期”的解释为：“会者，合也，期者，邀约之意，所以为会合也。”

经提示，学生中有人对《陈太丘与友期》这一题目中的“期”字，在注释上将其解释为“会合”；还有学生结合自己对文章主要内容的概括，以及对主要人物陈元方的性格了解，最后拟写本文标题为《陈太丘与友期》。

加上一个“行”字，标题中所涵盖的信息更完备，也为后文陈元方与其父之友辩论做好铺垫。如此，便与《世说新语·方正》中的表述“与友期行”一致，在“期”的后面添加一“行”字，将“期”的内容具体化。

（3）启发：结合文本内容、工具书，去思考、去探索，积极地与编者对话

通过上述辨析，我们可以培育学生结合文本具体内容、结合工具书、结合自己的语文积淀等去细读文本、探究文本的习惯，从而立足文本，教给学生细读品味的方法，让学生在比较、辨析、评价的过程中，既与教材编者实现了对话，也在对话的过程中，激发起自我的学习兴趣和探究欲望，最终得以丰富自我的认知，锻炼自我的语文学习思维。

（二）品精妙：品味编者所拟标题的精要之处

教材中编者所加的有些标题，的确颇耐人寻味，如人教版《语文》九下中《曹刿论战》一文，“曹刿论战”——编者所加这一题目，实为精当。

1.析其精要，激活思维

“论”字精要。“论”字精当，极富启发性，耐人寻味。理由如下：

本文以“论战”为题，抓住了文章关键。“论”既是本文事件发生的时间轴，按照战前曹刿与庄公“论”谋，战中曹刿与庄公“论”战术，战后曹刿与庄公“论”战后反思总结，再一次“论”谋，从而以“论”字贯穿全文。

然而，全文并未主写这一次战争的详细过程，因为曹刿在整个战争中仅用了8个字，两组重复的词语——“未可”和“可矣”就指挥完了整个战争，可见“战”并非本文主旨。因此，曹刿于战中，两次“未可”，两次“可矣”，这8个字，既是“论战”的形式，也是“论战”的内容，看似轻描淡写，实则举重若轻，凸显了曹刿成竹在胸、指挥若定的军事远见和战争谋略。人物的智慧和独特的价值，于这一“论”中可见端倪。

2.聚焦主问题，导学导思

围绕“论”字之于本文的核心价值，聚焦“品析曹刿的语言”这一问题，可以帮助我们在教学设计中，聚焦文本内容，找到教学的突破点，变“教学”为“导学”。可结合事件进程中曹刿具体的语言内容，品析曹刿、庄公、乡人的人物形象、性格特点，惜墨如金——借俭省的笔墨勾勒人物形象。

事件进程	人物				写法
	曹刿		庄公		
	语言	性格	语言	性格	
战前					
战中					
战后					

（三）试身手：改拟编者所拟题目

原人教版语文七年级上册第25课选编《世说新语》两则，编者分别拟题为《咏雪》和《陈太丘与友期》。我在多次教学本文之后，发现编者所拟的题目和文章内容之间联系不够紧密，存在“文不对题”的问题，尚有可商榷之处。

为此，在教学实践中，我围绕这一问题，设计了一些主问题，引导学生开展探究。

1. 比较、辨析《咏雪》题目的妙处

问题设置：试比较“咏”“绘”“颂”“赞”几个词语的差异，结合文中所写之“雪”，你准备选用哪个词语作为标题，并谈谈这样拟写的理由。

引导学生结合工具书《古汉语字典》阅读，通过思考、比较，完成下列问题：

（1）对“咏”“绘”“颂”“赞”等每个词语的基本含义的理解。

（2）比较“咏”“绘”“颂”“赞”等词含义的不同之处。

（3）比较改换词语搭配之后的好处，从内容、音韵、画面等角度思考。

【助思资料】

咏，《说文》，咏，歌也。或从口；段玉裁《说文解字注》，“尧典曰:‘歌永言。’乐记曰:‘歌为之言也，长言之也。说之，故言之；言之不足，故长言之。’”做动词，形声。从口，永声。本义：曼声长吟；歌唱。

2. 举一反一：比对、品析课本中其余一些文章篇目

学生结合本课所学的方法，对教材中“题目为编者所加”的一些篇目，如《我的叔叔于勒》《走一步，再走一步》《湖心亭看雪》等，结合文章具体内容，体会编者所加题目的精妙之处或者是不足之处。

通过对编者所加题目的“比—对—思—品—改”，引导学生学习语文，阅读文章不能浮光掠影，走马观花，只“观其大概”，不求甚解；为了锤炼自己的语言，增强自己语言的领悟能力，还需要立足文本语言、结合文本内容，揣摩作者的情义，能够按照语文学科核心素养的要求——“准确理解对方的话语形式与话语意图，精确妥帖地运用祖国语言文字表情达意，以进行最有效的交流”。在日常学习中，主动将语文学科素养中“语言建构与运用”这项核心素养的培育落在语言的细节处，落到细节的肯綮处。

解读案例2

《归去来兮辞》注释辨析

现行普通高中课程标准实验教科书《语文（必修5）》（人教版）所收陶渊明《归去来兮辞》一文的注释，尚有值得商榷斟酌之处，今不揣浅鄙，兹胪列如下，并做说明，以就教于方家。

1.脱然有怀

有怀：有所思念。（第25页注释⑩）此说不妥。

按：“怀”在此处当释为“想法、念头”，做名词更为妥当。《说文·心部》：“怀：念思也”，做念思，思念讲时，其词性亦可为动词。《汉语大字典》（缩印本）第991页，“怀：忧伤、哀怜”；又《诗·邶风·终风》：“寤言不寐，愿言则怀”，《诗经》毛传：“怀，伤也”。

按：联系《汉语大字典》（缩印本）第873页，“脱：形容疾病一下子消除或表示油然而生的一种情绪”，“脱然”的含义当为“油然而生的样子”，整句当理解为：“心头一下子豁然开朗，（于是）有了想做长吏的念头”。

2.遂见用于小邑

见：被（第25页注释⑮），此说不妥。

按：此处“见”释为“被”，不妥。此处“见”字，不复以“被”字释之，非单纯指“被”，应考虑“见”字用法之变。

这里的“见”，同时含有指代意义，指代“我”。从句间关系来看，

“家叔以余贫苦”一句中，其主语只能是“家叔”，联系下一句来看，此句意犹未尽，当补出“家叔以余贫苦（而荐余）”，因而“遂见用于小邑”中的主语只能是“余（我）”而非“家叔”，“遂见用于小邑”此句意为“于是我被任用为小邑（彭泽令）”，由此可见，此句中的“见”不能单释为“被”，应释为“（我）被”。为此，“遂见用于小邑”，犹“于是我被任用为小邑（彭泽令）”。

“见”字具有人称指代这一用法颇为常见。例如，“卓又使布守中阁而私与傅婢情通，益不自安；因往见司徒王允，自陈卓几见杀之状。（《汉书·吕布传》）”按，此例当云“几见杀于卓”，而云“卓几见杀”者，盖谓“卓几杀己”耳，故此“见”字不复能以“被”字释之。以释为“被”则与事实相舛，不可通也，此为“见”字用法之变也。（杨树达《词诠》中华书局1978年9月上海第2版第142~143页，“见”字条。）

又，“见”字的用法及意义，杨伯峻《古汉语虚词》（1981年2月第1版）第86页云：“在动词上，一方面表示被动，另一方面指代自己。”

3. 载欣载奔

载……载；一边……一边。（第26页注释⑪）此说不妥。

按：“载”，释为“一边……一边”有误。“载”在此句当为“语首助词，无义”，如“载驰载驱，归唁魏侯。《诗经·鄘风·载驰》”（杨树达《词诠》中华书局1978年9月上海第2版第284~285页，“载”字条）整句解释为“高兴地奔跑过去”，若释为“一边高兴，一边奔跑”将“奔跑”和“高兴”这原本可同时发生的心理行为和动作行为割裂开来，则既显得生硬，也同上句“乃瞻衡宇”之“乃”的含义不能形成呼应，更难以体现出作者归来之际，见家门之后油然而生的那种激动和欣喜之情。

又，中华书局《魏晋南北朝文学史参考资料（下册）》第444页中，“载”释为语助词，有“则”和“乃”的意思，这二句说，看见了家就高兴地奔跑起来。可见，“载”当释为“就”。

又，北师大版普通高中课程标准实验教科书《语文（必修3）》2010年8月第3版第58页中“乃瞻衡宇，载欣载奔”，释为：“一看到家门，就高兴地奔跑过去。载：语助词，则，又。”此处“载……载”解释为“一……就”，此说妥当。

4. 三径就荒

就：接近。（第26页注释⑫）此说不妥。

按：就：释为“接近”在此处不妥，当释为“已经”。

联系下句，“松菊犹存”中的“犹”字，“犹”，仍，还。“三径就荒”中的“就”与“松菊犹存”中的“犹”二者均为副词，“犹”“就”两者意义上对举。“犹”释为“仍，还”，整句理解为“松树和菊花还存活得好好的”；“还”，强调了与上一种情形相反，为此，“三径就荒”释为“庭院间小路已经荒芜了”，方可与上文形成转折关系。

如果我们再联系小序中“仲秋至冬，在官八十余日。因事顺心，命篇曰《归去来兮》。乙巳岁十一月也。”，以及后文“农人告余以春及”一句可知，作者归去之季，当属冬季，联系自然物候亦可知，冬季时节的草势必已经枯黄，因此，此处之“就”释为“已经”，符合自然情理，句意也更为贴切。

又，中华书局《魏晋南北朝文学史参考资料（下册）》第444页中，释此句为“看见庭院间小路已经荒芜，却喜松菊还在”。此说妥当。

再者，《汉语大词典》（缩印本）第2140页中，“就”释为“成、完成”之意，如《诗经·周颂·敬之》“日将月就”，此处“就”为“完成”之意，“完成”意又可转为“已经”。

5. 或命巾车（第27 页注释⑧）

注释中将整句释为：“有时坐着有布篷的小车”。

按：此处未对“命”字做出明晰的注释。从本句释义来看，“命”释为“坐着”，这其实是对“命”释为“用”这一意思的转义。《简明古汉语字典》（460页）中，释“命”为：“使，用”。“命”释为“用”并转义这一现象数见于文献，兹举几例：蒲松龄《聊斋志异》：“文则命笔，遂以成编”，命笔：使笔，动笔。另有“命管：命笔”“命旅：出师，誓师，启程”等可佐证。

“命”，《说文：命》，使也。《汉语大词典（缩印本）》（上册）第1561页，释“命”为：“呼唤，招呼”，如晋·刘琨《扶风歌》：“揽辔命徒侣，吟啸绝岩中”；再如，白居易《琵琶行》序：“遂命酒，使快弹数曲”中的“命酒”：命人置酒；饮酒。

与陶潜时代相距不远的《世说新语·识鉴》中，有“遂命驾便归”中的“命驾”：命人驾马车。联系句意，此处“命”，当释为“命人备置”较妥当。

故，此处“命”当释为“命人备置”，整句理解为“命人置备有布篷的小车”。

6. 怀良辰以孤往

怀：留恋、爱惜。（第27页注释⑲）此说不妥。

“怀”，做动词，《说文》释“怀”：思念也。例如，《诗·周南·卷耳》：“嗟我怀人。”范仲淹《岳阳楼记》：“去国怀乡。”

按：怀：此处当释为“盼望、期盼”。“怀”具有“期盼、盼望、向往”意，并不鲜见，如李白《怀仙歌》“一鹤东飞过沧海，放心散漫知何在。仙人浩歌望我来，应攀玉树长相待。尧舜之事不足惊，自馀嚣嚣直可轻。巨鳌莫载三山去，我欲蓬莱顶上行。”中“我欲蓬莱顶上行”，表明诗人的“向往、期盼”之情。再如，“怀向”：归向；向往。《汉语大词典》第10389页，《新唐书·循吏传·贾敦实》：“敦实为洛州长史，亦宽慧，人心怀向”中的“怀向”：归向；向往。

又，北师大版普通高中课程标准实验教科书《语文（必修3）》2010年8月第3版第59页中“怀良辰以孤往”，释为：盼望着好时节自己单独前往。

综上所述，此句中，“怀”释为“盼望、期盼”较为妥当。

7. 或植杖而耘耔

植：立、扶着。（第27页注释⑳）此说欠妥。

按：此处“植”，当为“置、放”而非“立、扶着”，更非“插”。

《广雅·释地》：植，种也。《吕氏春秋·乐成》：我有田畴，而子产植之。注：“植，长也”。“植”又引申为“立”，如《周礼·田仆》：令获者植旌。立：树立。又如，植志：立志。

“植”还可通“置”，释为“安放，放置”，如《书·金縢》：植璧秉珪。疏：“植”，古“置”字。又如，《论语·微子》：植其杖而芸。再如，贾谊《威不信》：天下之势倒植矣。

又，北师大版普通高中课程标准实验教科书《语文（必修3）》2010

年8月第3版第59页中“或植杖而耘耔”，“植杖”释为“把手杖放在旁边”，释“植”为“放”，此说妥当。

二、教学相长：多维掘问追问，实现思维升阶

观课中，发现这么一个令人困惑的现象：但凡教学散文这一文体时，教师们通常喜欢这样提问，“你从_____中读到了一个_____的人。”教《散步》如此，教《秋天的怀念》如此，教《从百草园到三味书屋》如此，教《走一步，再走一步》如此，教《植树的牧羊人》如此，教《阿长与<山海经>》如此，教《老王》如此……甚至在教泰戈尔的散文诗《金色花》和冰心的《荷叶·母亲》时也是如此！可谓“一问在手通吃千文”，这般“一招鲜”，能行吗?

尽管散文中的“人”千姿百态，但教师教学中所提的问题却同出一辙，“公式化”的提问让不同的文本“千文一貌”、不同的语篇“千篇一律”，学生七年级学语文如此，八年级依旧如此，九年级仍然如此！铁打的“问题”流水的“文”，学生语文学习的思维始终停留于原地打转，未有进阶，遑论升阶？学生的语文思维能力，何以发展?

如遇到“分析理解”，教师往往又会这样问学生：“读完全文，你最喜欢哪一段，最喜欢哪个句式，为什么？”“一最”登场，满课“飘香”！于是便能听到学生从文中找出了若干他们喜欢的段落或句子，“我觉得”“我认为”，畅所欲言，侃侃而谈！但仔细一归纳可以发现，学生所找的这些段落、句式中，多为品字词、谈修辞一类的语句。学生在谈他自己的理由时，又大多从“字词”的效果，“修辞”的基本用法、效果等层面去分析；较少兼顾句式安排、细节的点染、画面的层次声色，等等。在分析品味中，教师和学生也就一直停留于“喜欢字词”“喜欢修辞句”这个语言感觉的层面上，其实也就是一种“模式化”的题型训练和考点渗透，较少上升到“语理”这个高度，美其名曰让孩子们个性化表达自己的理解，其实这些理解很多只停留于感受“语感”而并没有落脚于“语理”的培育和发展上。

教学案例

正视生命：语文课堂教学追问的基点①

摘要：在日常观课过程中，经常会发现执教者会就某一个问题向学生不断地提出系列问题，似乎通过“追问”这一方式，便能进一步走进文本、深入挖掘、切中文本的内核。其实，作为语文教师，在对一个问题进行“追问”时，应当从所提问题本身的价值、学生生命发展的维度，就其所追问的问题进行考量：教师在教学实施中所追问的问题，应当是基于自我的文本阅读体验，能促进学生积极深度思考、思维拓展发散、审美体验丰富、语言涵泳回味的“真问题”，而非浅尝辄止、无疑而问的“伪问题”。

关键词：课堂追问；形式；生命；责任。

（一）追问，教师和学生主动对自己生命负责任的表现

现行《义务教育语文课程标准（2011年版）》中强调：“充分发挥师生双方在教学中的主动性和创造性”“语文教学应在师生平等对话的过程中进行。学生是语文学习的主人。语文教学应激发学生的学习兴趣，注重培养学生自主学习的意识和习惯，为学生创设良好的自主学习情境。”教师在教学实践中，应该“遵循学生的身心发展规律和语文学习规律，选择教学策略”。据我在日常观课中的发现和理解，授课教师在实施课堂追问的时候，通常有以下一些追问形式存在：

1. 随机嵌入式的追问

在观课中，我把这样的追问形式概括为“随机嵌入式追问”：授课教师根据他当时所讲内容，并对此略做一些拔高（尽管学生囿于知识面窄，一时还不能准确作答，甚至无从作答），需要教师及时进行讲授的这种旨在进行知识面拓展的追问。

我们以2011年9月23日召开的四川省“中学共同体”语文教学省际专题研讨会上，来自北京市教育科学研究院的李卫东老师所执教的《<论语>十则》中一些追问片段为例（以下案例来源大多同此），分析这一追问形式。

① 岳国忠．正视生命，课堂追问的基点——以特级教师李卫东《论语》十二章教学为例 [J]. 教育科学论坛，2011.

【片段一】

教师让学生以小组为单位，结合课文注释，对《<论语>十则》进行翻译理解之后，引领学生继续思考。

师（微笑着说）：刚才我巡视了一遍，各个小组基本上都译了一遍，我们集中来展示一些问题，智慧分享，大家在讨论中不光带着耳朵，还要带心。哪个小组先说说自己的小组内讨论之后还没有解决的问题？

生甲："士不可以不弘毅"中的"士"是什么意思，我们不理解。

师（巡视）：那有没有谁能解决这个问题？

生乙：将士。

师（摇摇头）：期待大家再想想。

生丙：壮士。

师（摇摇头）：大家继续想想？

生丁：志士。

师：看来同学们还真不懂了，其实啊，这里的"士"是"读书人"，大家看这个字，上边一个"十"，下边一个"一"，古代十个人里面选一个人组织管理，后来这个字写成"仕"，意思是"做官"，明白了吗？记下来。（停顿一下）还有问题吗？

且看此处李老师对这个"士"字的处理，并未如一般教师直接将此字讲作"读书人"就完事，而是顺势宕开一笔，将这个"士"字和"仕"字二者之间古今字的关系理了出来，在讲述"士"字的时候，这样既从文字学的角度对此字的意义进行了阐释，又把这个"士"和"仕"之间的语义沿革讲了出来，深入浅出，举一反三，既在学生面前生动示范，又从学习的方法、知识的积累上给了学生直观的示范，教师这一"随机嵌入式"的讲述，为自己的追问拓展了内涵，"举一隅而三反"，适时激发学生的求知兴趣，丰富学生知识的积累，还能帮助学生建构文言实词积累的知识树。

2. 连类而及式的追问

在观课活动中，我对那些具有高度相似性的知识理解或由此及彼的拓展迁移的能力训练运用所做的追问，谓为"连类而及式的追问"，这一追问目的在于训练学生的能力迁移、知识理解运用能力。

【片段二】

（来源同上）

师："任重而道远"怎么理解？大家试一试？老师讲一讲方法：将文言文中的单音词对译为双音节词语，大家看"任"字怎么翻译？

生戊：任何。（其余同学笑）

师：哦，译为"任何"行吗？其实这里的"任"还可以组成"责任、任务"，那"重"可译为"重大"，"道"和"远"怎么讲？

生（齐答）："道路""遥远"。

师（微笑着赞许）：读书人为什么要"任重而道远"呢？

生（沉默）（摇头）：不明白什么意思。

师：原因在这儿呢，"仁以为己任"，能理解不？大家试着把有些词的顺序调换一下？

生己："以为己任仁"。（众生疑惑）

师（微笑）：看来我没有把问题说清楚。把某些词语的顺序换一下？看看？

生庚："以仁为己任"。

师：明白了呢？刚才学了文言文翻译的方法，如调调顺序，把单音节词组成双音节词，明白了吗？

生（齐声）：明白了。

在这一部分里，李老师的追问，没有只对知识进行拓展，还对文言文的翻译方法进行了示范讲授，在向学生讲授了"任重而道远"的翻译方法之后，顺势将句式上有变化，但依然需要运用到"任重而道远"中的"单音节组成双音节词语"这一翻译方法，让学生去思考，不单是"就一说一"的照搬运用，而是又抛出翻译中的一个新问题"语序不符合现代汉语习惯怎么办？"在学生的试错之后，教师讲出了"调调顺序"这一翻译方法。这一处理，其意义较诸教师直接向学生讲述文言文翻译的方法有"单音节变双音节""调顺序""添加"等，不言而喻，自是高明许多。

受此启发，我在教学《散步》一文时，围绕"我们都笑了"，让学生联系语境，分别对都笑的"四人"各自"笑的原因"和在"笑中的收获"进行探究，这就由小家伙的"叫"，触及全家人的"笑"，再延伸到对全家人在这一特定场景下的笑的深意进行探究挖掘，这些逐步提升的思考，只要学生能对某一人物的笑进行理解探究，就能触类旁通分析其余三者的性格。带领学生去深挖文本内涵，让学生在思考之后，教师在学生最需要方法的时候及时伸出思维的援手，助学生一臂之力。这样既迁移运用了旧知识，对问题突破举一反三，又及时教给学生一种思维方法，延伸出新方法，迁移其理解运用能力，还循序渐进地培养了语文学习主体的学习习惯。

3. 知行结合式的追问

教师向学生提问，不只为具体知识的落实，而且为引领学生借鉴做学问的方法，超越单纯的记忆而形成发展的技能，这一追问方式，我谓之为“知行结合式的追问”。

【片段三】

（来源同片段二）老师对学生的疑问进行收集、答疑之后，继续收集疑问。

师：还有问题吗？

生：岁寒，然后知松柏之后凋也。

师：你能发现这句与其他九句话在表达上的不一致吗？

生：借物喻人。

师：嗯，讲作“借物喻人”也不错，其实这里是用的比喻的修辞手法，《论语》本身就是一部非常好的修辞书。这句话译译看？“岁”怎么讲？

生（齐答）：岁月。

师（遗憾地）：哟，这里的“岁”其实就是“时令”“时节”；“寒”就是？

生（齐答）：天冷了。

师：那 “松柏后凋”这一情形你见过吗？

生（齐答）：没见过呢。

师：既然从未凋谢过，为什么说“后凋”呢？

生辛：冬天下雪，把叶子遮住了。（同学们大笑）

生壬（迟疑地）：树枯萎了吧？（全场听众笑）

师（微笑）：这里的“后”有难度，我查阅了资料，此处的“后”字意思应为“不”，在这个语境中，讲作“不”，本句就处理为“天气冷了，才知道松树和柏树不凋谢啊”。明白了吗？

生（齐答）：明白了。（座中听课老师啧啧称奇）

对这一个“后”字的处理，我们不难看出，李老师的信手拈来其实早在备课中就已根据自身的研究和专业知识的储备，对这个“后”字进行过深入理解，其含义早已成竹在胸。但在教学处理上，教师并未如一般教师直接将此含义抛给学生，让学生去背去记，而是带着学生去探究，让学生试错之后，激发学生探究的热情和求知欲望之后，再讲出自己的治学方法——“我查阅了资料，此处的‘后’字意思应为‘不’。”这里从情感态度价值观上来看，对学生也是一种引领：要解决学习中遇到的问题，必须真正钻研，不能人云亦云，必须脚踏实地查阅资料，考证研究。教师的这一躬亲示范，其说服力和感召力绝非直接的强调灌输所能媲美。

我在教学《散步》时，要求学生在课堂上补出《散步》中“我，母亲，妻子，儿子”发生分歧时的对话，我请他们念所补写的话语后，还根据他所写的某一词语，追问他为何这样写，谈理由。这一追问，其实为引导学生知其然，还应知其所以然——那就是要结合文本中的上下文语境去揣摩人物的性格，如此，既可把阅读方法——联系上下文语境揣摩人物的性格讲给学生，还可据此将作文中写准人物性格之法带出——可借语言描写中的对话描写来刻画人物在场景中的个性，在阅读的基础上讲写作，一举两得。

在这里，我们不难看到，“追问”既是课堂教学中促进师生双方主动思考、积极探索的思维过程，更是拓展课堂教学容量、挖掘教学资源深度和思考深度的有效途径。这正如《义务教育语文课程标准（2011年版）》中所强调的教学策略：“利用阅读期待、阅读反思和批判等环节，拓展思维空间，提高阅读质量。”

（二）追问，既寓含着课堂评价，更指引着课堂生成的必要路径

“阅读是搜集处理信息、认识世界、发展思维、获得审美体验的重要途径。阅读教学是学生、教师、教科书编者、文本之间对话的过程。”“阅读是学生的个性化行为，应引导学生钻研文本，在主动积极的思维和情感活动中，加深理解和体验，有所感悟和思考，受到情感熏陶，获得思想启迪，享受审美乐趣。要珍视学生独特的感受、体验和理解。不应完全以教师的分析代替学生的阅读实践，也要防止用集体讨论代替个人阅读，或远离文本过度发挥。”[《义务教育语文课程标准（2011年版）》]

【片段四】

（来源同片段三）（新课刚一开始）

师（微笑着问）：今天我们学习的课文题目是？

生（齐答）：《<论语>十则》（论：lún）。

师：哦，大家水平很高，大家怎么知道读“论”（lún）？

生甲：小学三年级我们学过一些。

师：哦，真不错。这真是温故而知新，可以为？（师故作停顿）

生乙：为师矣。

师（微笑着赞许）：在这里，他可以当老师了。大家知道读“论”（lún）的意思吗？

生（全体）：沉默。

师：那这里老师再补充一点：“论，就是编撰、整理；语，就是答难，对话的意思。”《论语》就是一本对话集，那作者是谁？

生丙：孔子。

师（惊疑地）：只是“孔子”吗？

生丁：应是孔子及其弟子。

师：这就对了，大家从哪儿发现的？

生（齐答）：课文下的注释里。

师（赞许地）：这就对了，同学们，注释里有，我们看书可要仔细。

本案例中教师对“论”字读音的追问，不是简单地停留在某一个字读音的考究上，不是为了让学生多掌握一个多音字的读音，换言之，这一教学并未停留在识记知识的表层，而是从这一个字的读音引入了对文本意义的深度探究，借此对《论语》这一传统儒家经典的书名进行了深入浅出的解读。

再看到对《论语》的作者这一追问中，当发现学生的回答错误以后，教师并没有直接抛出答案了事，而是对学生的阅读，在方法上和细节上进行了点拨：“注释里有，我们看书可要仔细。”

这一个片段里面，我们不难看出教师对教学内容、教学环节的预设和课堂中教学内容的生成的轨迹。透过这一个片段，我们能清晰地看到教师自身对“论语”的含义的准确把握，这自是预设中早已有之，但是对学生的回答“小学三年级学过”，教师马上就联系本课所学“温故而知新，可以为师矣”，让学生主动去接答“为师矣”，还就此回答对回答者进行了赞扬，此处可谓一箭双雕，既表扬了那个主动回答问题的学生，又对全班学生对知识的活学活用做了一个示范，这也正如李老师在讲座中所言，“学文言必须学以致用”。这一运用，正是来自追问中和评价里的顺势生成。

（三）以问题惠及生命，课堂教学的最高价值诉求

《义务教育语文课程标准（2011年版）》强调，学生要在语文学习的过程中，“养成独立思考、质疑探究的习惯，发展思维的严密性、深刻性和批判性。乐于进行交流和思想碰撞，在相互切磋中，加深领悟，共同提高。”因此，在教学中用追问的形式对学生进行引领、启发，小而言之是对学生当下的语文学习、思维训练进行启发和引领，大而言之，则为以问题惠及学生和教师的生命，对其生命进行启迪和完善。

【片段五】

（来源同片段四）有学生提出不能理解“由，诲女知之乎”这一句，教师启发学生帮助该生完成此问题之后——

师（微笑着）：今天我还给大家准备了一个问题，（出示幻灯片“学而时习之”中，对“习”的四种理解：复习/练习/演习/实践。继续问）你们觉得这里用哪一个解释更准确？

生甲：联系前面学的“温故而知新”，应该是“复习”。

师：哦，这种读书方法叫“互证互参法”（并板书），那同学们还有其他选择吗？

生乙：我选“练习”，学习了就要去练习，去熟悉。

师（期待地）：还有其他的吗？

生丙：去实践，去做。

师（微笑着赞许）：你的见解与一个大学者的见解一样，不过他现在在美国，他写了一本书《论语今读》，我看过很多遍，他认为“习”就是“实践”，要去“做”，这就教我们不要光读书、学知识，教我们还要去学会做事、做人，学做合一。

这正如《义务教育语文课程标准（2011年版）》所强调的“语文课程应致力于学生语文素养的形成与发展。语文素养是学生学好其他课程的基

础，也是学生全面发展和终身发展的基础”。其实，在新课程理念指引下课堂教学中，“追问”早已是一种习焉不察的提问模式。作为语文教师，在引领学生对问题进行深度思考时，需要对所追问的问题进行聚焦，不能泛泛而问，在充分捕捉追问触发点的同时，再辅以合理设置追问的难度并拓展所提问题的思维角度，我们要清楚地认识到“语文素养是语文知识、语文能力、语言积累、审美情趣、思想道德、个性品质、学习方法、学习习惯的融合”。作为语文教师，在引领学生对问题进行深度思考时，对所追问的问题需聚焦而不能泛问，充分捕捉追问触发点时，再辅以合理设置追问的难度并拓展所提问题的思维角度，既在方法上对学生加以导引，又从能力上对学生予以培育，还从情感上对学生进行熏陶，从态度上对学生进行欣赏激励，如我在《散步》教学中的情景还原补对话这一环节，学生念完自己所补写的话语后，还据其所写的某一人物的语气生动，在对其进行赞扬之时，还追问他在日常生活里面有无类似体验，于此体验中有了怎样的感觉，就对学生的情感进行了熏陶，将语文的情味和学生的生活体验自然对接，对学生生命中的美好记忆进行再现，从而惠及、润泽课堂中学生和教师自我的生命。

生发在课堂教学中的整个追问，始终沿着丰盈生命活动这一主线进行，只有这样的追问，才能真正惠及课堂中学生和教师自我的生命，才能通过语文课堂教与学，对师生课堂中教与学的生命进行润泽，唯有这般长期的浸润，才能对真正提高学生语文学习的能力有所裨益，对学生语文素养的培育有所帮助，才能从根本上提升教师的语文课堂教学效益。也唯有扎下思考的深根，教学效益才能收水到渠成之效。

三、整本书阅读：由表及里，梳理思维增长线

面对与学生现实生活有一定距离的整本书，哪怕此书早已成为经典，如果学生阅读时尚未产生阅读期待，不能够理好阅读头绪，面对再好的作品也会视其为畏途，遑论深入阅读、研读；即便是想要阅读，也会因为“束手无策”而走马观花、仓促草率、随便翻翻，身入宝山而空手回，难以达成阅读、研读的成效。

常言道，阅读是了解世界、沟通古今的一种最便捷的方式，那该如何引导学生去亲近阅读，亲近文本，读得有兴趣，读得有品质，读得更理性，读得较专业？实现了解和沟通的意图？面对整本书阅读教学，教师首先要具

备比较专业的文本阅读方法去提纲挈领，要有统揽整本书的意识，要有精研整本书的抓手，要能梳理整本书的线索，然后才能对学生导之以方、教之以术、精炼策略、建构系统，引导学生积极参与，反复实践，习得内化“阅读”这一言语实践方式的能力，感受“阅读”这一言语实践形式的魅力。

实践案例

“三步走”阅读思维赋形生长线路图①：

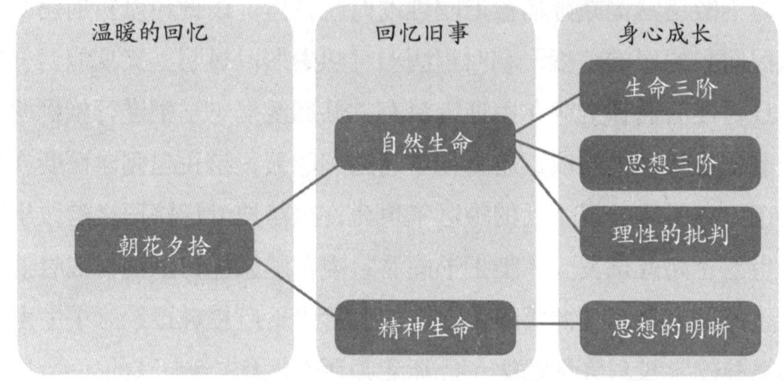

【第一步】

梳理“两条线”——浮现鲁迅自然生命、精神生命的生长双线。

甜蜜的回响；温暖的回忆；理性的批判；思想的明晰。

立足《旧事重提》中的“旧事”，围绕“成长”这一关键词，从“自然生命的发展（成长经历）”和“思想精神的成熟”两个维度，拎出《朝花夕拾》中作者鲁迅的“成长线”，切中“重提”之肯綮。

1.围绕“鲁迅自然生命的发展（成长经历）”，梳理并串联鲁迅自“童年—青年—壮年”这一成长旅程中所经历的“人”，明晰作者与这些“人”之间的关系，以及这些“人”、那些事带给作者的成长感受或体验（记忆），如“愉悦、幸福、痛苦、伤感、痛苦、压抑、自卑、自尊、自由、自省”，等等。

2.围绕“思想精神的成熟”这条线，梳理出鲁迅自“童年—青年—壮

① 岳国忠.《看透“整本书”之“整”》，2019年赴四川巴中、广西梧州开展《昆虫记》《朝花夕拾》名著阅读指导课并讲座。

年”这三大阶段中影响鲁迅成长，带给鲁迅思想启蒙、心灵震撼的关键人物、核心事件，逐步明晰鲁迅借《旧事重提（朝花夕拾）》所勾勒的思想成长轨迹：萌芽—转折—成熟。

【第二步】

聚焦两种“视角”，勾勒思想成长足迹。

鲁迅成长经历中的“察己”与“观人”：于“观人”中体察人情冷暖、感知世间炎凉；于“察己”中积淀生命体悟，自省发展思想。

1.外视角——观人：鲁迅自“童年—青年—壮年”这一成长中所经历、所观览的“人”：“亲人—邻居—玩伴—师友”等，以及所体认的这些人的生活、性格、命运结局，与这些人交往带给自己生命的斑斓色彩、情感体验，这便可视为“朝花”的“美好”寓意。

2.内视角——察己：鲁迅自“童年—青年—壮年”这一成长经历中，在与“亲人—邻居—玩伴—师友”交往的经历中，因这些人的生活、性格、命运结局，带给自己的生命体悟、思想触动、生命觉醒等，这也便可以视为“夕拾”的精神内核。

3.视角融合——在内、外视角的“两重”观照之中，在时间、空间维度里，再现鲁迅自“童年—青年—壮年”这一成长经历“朝花”的“色、香、味、形”——人事景物、世态人情、风物形貌。

4.时空交织——在情态志趣、精神思维、理想人格的向度与空间里，体悟鲁迅自“壮年”而回望“童年—青年”这一生命成长经历中的感受沉淀、思想体悟，“夕拾”“成长”经历中的生命体悟、苦乐情怀、理性思考、价值意义。

【第三步】

“双线”串珠由表及里，细品深读深悟。

读懂作者，读出自己，类比迁移。

1.“温暖”的回忆——哪些人、事、情、景、境，带给作者自己成长以温暖？这些要素中的“温暖”的内涵有何异同？哪些又带给了作为读者的你“温暖”的阅读体验？

2.“理性”的批判——成年后写作，文本中有哪些内容、现象、事实涉及“批判”（否定），从这些批判（否定）中，何以见出作者经过岁月积淀后理性审视之“理”？你是否能够理解这些“积淀后的理性”？你现在的生活中有哪些内容、现象、事实在重现鲁迅儿时的情境？你现在又是怎样看待自己所遭遇的这些事实的呢？

【连类而及，举一反一】

请运用此思维方法，阅读《朝花夕拾》中与“阿长”“族叔”“父亲”“闰土”“衍太太”“范爱农”“藤野先生”“寿镜吾”“清国留学生”等有关的内容，品读“回忆”的“温暖”，审视“批判”的“理性”。

亲疏关系	人	核心事件	批判的表象	理性的积淀
亲人	阿长	“大字形”睡相； “逼我吃福橘”	粗俗；迷信	率真；渴望美好
	族叔	族叔有《山海经》不借；不愿帮我买《山海经》		
	父亲	父亲逼我背《鉴略》； 父病		
师友	范爱农	反对发电报； 醉后常谈些愚不可及的疯话，“爱喝酒”“不喝酒”“不大喝酒”“还喝酒”最终死于酒； 办报少年的激烈行径		
	藤野先生	主动关心“我”的学习，认真为“我”改讲义， 为“我”改正解剖图；关心解剖实习，向“我”了解中国女人裹脚		
师友	寿镜吾	戒尺、罚跪不常用； 忘情背书		
	闰土	讲的看瓜刺猹、雪地捕鸟、海边拾贝、看跳鱼儿		
邻人	清国留学生	赏樱花、学跳舞		
	衍太太	教唆撺掇小孩干坏事、散布流言、嫉恨心理		

【得法类比，举一反三】

请运用此思维方法研读《西游记》，就作品中“大闹天宫”“大闹五庄观”“三打白骨精”“三借芭蕉扇”“真假美猴王”等内容，品读悟空的这些行为中暗含的悟空的精神成长内涵，回味“悟空”带给我们的温暖回忆，又该如何体会情节中所蕴含的作者“理性”的价值判断?

请研读《水浒传》，就作品中“鲁智深倒拔垂杨柳”“鲁提辖拳打镇关西”“鲁智深大闹五台山”“鲁智深大闹野猪林”等情节，回味“鲁智深”带给我们的“温暖回忆”，立足当今时代，又该如何对鲁智深的这一系列行为进行理性批判?

请研读《红楼梦》，就作品中“林黛玉误剪香囊袋”“与宝玉共读西厢”“黛玉葬花”等情节，回味“林黛玉”带给我们的“温暖回忆”，立足当今时代，又该如何对林黛玉的这些行为进行理性批判?

通过上述尝试，学生对《朝花夕拾》中“旧事”与“朝花”有了更具体的体认，对“夕拾”与“重提”中的理性认识和思想价值体认更加充分，学生因为阅读《朝花夕拾》而拉近了与鲁迅作品的距离，对鲁迅的文字里蕴含的情感温度和思想深度有了初步的体认，语文学习不再畏惧 “鲁迅周树人”，还愿意举一反一、得法用法，去读读《西游记》《红楼梦》《水浒传》，不亦乐乎?

后　记

情真笔健咏语文

遥想辛巳仲夏，大学毕业之时，先师旭升先生便嘱我，“以后教书，一定要认真教，最好能弄一本属于自己的小册子”。这个念头，自登上讲台的第一天起，便一直念兹在兹。原以为文字的东西，敲敲打打拼拼凑凑，耗点时间，顶多三年五载就可弄成。没想到，弹指一挥间，二十一载转瞬过，今日才凑得这般模样，着实恼人。

就这，都还是在师傅卿平海老师的耳提面命、师兄刘勇老师的鼓励牵引之下，经四川省教科院语文教研员何立新老师，成都市教科院语文教研员程一凡老前辈、黎炳晨所长等人大力扶助，才生拉硬拽，匆匆草成，凑得《语林拾薪——言耕笔犁教语文》，庶几解众师友“扶泥上墙”之苦、“恨铁难成”之忧。

终于明白“少壮工夫老始成”的道理。原来，要弄一本小册子，不只是“想”的时候“想当然”，“听”的时候“很了然”，更要在“做”的时候“求自然”。如此，才可能于纷繁“语林”之中，寻觅一点光亮，拾得几星柴火。

于是硬着头皮，穷尽搜罗二十年来自己读文章过程中的一些粗浅思考，带领学生读文章、上阅读课产生的一些肤浅感受，以及读文解文教文中的一些想法和做法，梳爬归纳，终于聚焦“文本的教学解读与语文学科创意教学”这一问题，围绕“不同体裁的教材文本如何转化为教学文本”这一主线，汲取名家时贤的教学思想，不断深化自我认知，改进操作方法，撰写主题专题论文；围绕不同体裁的文本，深研文本特质，完成基于阅读“创意教学”的文本解读、教学内容选择以及重构的案例研究，在散文、古诗词、文言文、古今小说等不同文体教学的文本解读方面，就文本体式、文本意识、问题设计、学习活动、学法指导等，撰写文本解读案例，基于解读设计教学，基于设计开展教学并形成教学实录，在此基础上，初探不同体裁文本的解读基本切入点，教学设计的创新点，生成教学设计、教学实录的新颖点。

全书凡四章。第一章：管窥语文，概观语林，阐释个人的语文体认；第二章：细读深耕，觅径拾薪，阐释语文读法；第三章：觅道阅读，读涌新意，觅道阅读教学；第四章：缘读施教，教焕新貌，读教创新示例。其中，第四章共计五节，分别围绕“散文阅读教学”“古诗词阅读教学”“文言文阅读教学”“小说阅读教学”“教学觅法”等内容，汇集了：散文解读案例，散文教学设计，散文教学实录；古诗词解读案例，古诗词教学设计，古诗词教学实录；文言文解读案例，文言文教学设计，文言文教学实录；小说解读案例，小说教学设计，文言小说教学实录；“教学觅法”实例；还有随教学实录所做的教学反思。

一路走过来，而今年已不惑。虽系语文教师，躬耕教坛二十余载，虽孜孜未倦勉力笃行不辍，无奈天资愚钝，闻十犹难知一，是以语靡金句，文无佳篇，可谓“不名一文”。然承蒙时贤厚爱扶掖，启我愚钝，与我慧心，助我成长，故不敢怠惰随波故步自封、蜷卧方井窥管一隅。

而今幸得成都教科院附属学校张铮校长惠赐良机、督促引领，促成这本小册子得以杀青付梓。时常自忖，若无诸位师友、同人大力提携，仅以我自身之愚钝，能于三尺讲坛谋得稻粱果腹已属万幸，遑论可言诸纸片供诸同仁检校者也！

悲哉！先师于甲申（2004年）孟秋猝然离世，未得先生雅教片语只言，每念及此，痛彻心怀，今谨以此感激缅怀。所幸觅得一方育人乐土，教育之心犹有可待，教书育人定当倍加笃定潜心，舌耕三尺讲台，笔走格子光阴，仰止学界巨擘，追随教育时贤。

不揣浅鄙，语林拾薪，敢竭鄙怀，拙作初成，献芹方家，求教时贤。若蒙不弃，得允青眼，定勤勉如昨，拾薪不辍，言耕笔犁，再书新篇！

聊以为记。

岳国忠
岁在壬寅正月初八日